IDENTIDAD HISPÁNICA / LATINA

PAIDÓS CROMA / 41
Últimos títulos publicados:

Jorge J. E. Gracia

Identidad hispánica / latina

Una perspectiva filosófica

PAIDÓS

México • Buenos Aires • Barcelona

Cubierta: Joan Batallè

1ª edición, 2006

D.R. © de todas las ediciones en castellano,
Editorial Paidós Mexicana, S. A.
Rubén Darío 118, col. Moderna,
03510, México, D. F.
Tel.: 5579-5922, fax: 5590-4361
epaidos@paidos.com.mx
D.R. © Ediciones Paidós Ibérica, S. A.
Avenida Diagonal 662-664, planta baja
08034, Barcelona

ISBN: 968-853-658-X

Página web: www.paidos.com

Impreso en México - Printed in Mexico

Índice

Prólogo

¿POR QUÉ UN LIBRO SOBRE LA IDENTIDAD hispánica / latina en este momento? La respuesta no es difícil: tiene que ver con la demografía. Existen obvias razones prácticas en el mundo entero por las que todos deberíamos prestar atención a los hispanos / latinos y preguntarnos quiénes somos. Es un hecho consabido que estamos creciendo a un ritmo acelerado en todo el mundo. En la población mundial constituimos el grupo étnico más numeroso después de los chinos, y en los Estados Unidos somos ya el grupo minoritario más grande.[1] El único desacuerdo al respecto es sobre las cantidades exactas. Por ejemplo, si las cosas siguen el curso de los últimos años, eventualmente habrá más estadounidenses de origen hispánico / latino que de cualquier otro grupo étnico en el país, con el resultado inevitable de que los anglosajones dejarán de predominar y la cultura anglosajona cesará de ser el árbitro del país. El impresionante número de hispanos / latinos forzará al coloso de Norteamérica a cambiar costumbres arraigadas, y nuevas maneras de actuar y vivir —nuestras maneras de actuar y vivir— se convertirán en cosa común.

En el contexto global también se siente nuestra presencia con una fuerza creciente. No es sólo que Sudamérica sea casi exclusivamente hispánica / latina, o que por lo menos una tercera parte de Norteamérica lo sea, o que además estemos representados en Europa por la península ibérica y grupos minoritarios en Alemania, Suiza y otros países; más que esto, nuestra presencia se siente en el mundo entero, incluyendo a África y Asia, y estamos adquiriendo poder económico y político por doquier.

¡Qué porvenir! Para algunos es amedrentador, pero para nosotros es es-

---

[1] Davis, *et al.* (1988); "Area and population of the world" (1997); Vobejda (1988).

timulante. Es muy posible que los hispanos / latinos lleguemos a constituir el grupo étnico más grande en la nación más poderosa e influyente del planeta. Y si a esto le sumamos más de veinte países en otros lugares, aparte de minorías en diversos países, puede que lleguemos a ser uno de los grupos dominantes en el mundo, y si no en el mundo, por lo menos en América.

¿Quién hubiese adivinado esto hace seiscientos años, cuando Europa no tenía conciencia de los continentes del occidente, e Iberia era una tierra insignificante y dividida, con parte de su territorio dominado por una cultura del Medio Oriente? ¿Quién hubiese adivinado esto incluso hace cincuenta años, cuando la atención estaba concentrada en Europa y en la América anglosajona, mientras que la América Latina era vista como un lugar marginal, a lo más como una fuente de materia prima para el mundo industrializado? Pero dejemos el futuro de nuestra expansión mundial y regresemos a la pregunta inicial: ¿por qué un libro sobre la identidad hispánica / latina hoy?

La respuesta está muy clara: los hispanos / latinos necesitamos empezar un proceso de reflexión sobre quiénes somos, no sólo por nosotros mismos, sino también por el resto de la humanidad. Y esa reflexión y análisis de nuestra identidad no debe estar restringida a nosotros. Todos necesitamos estar involucrados en ella, porque su resultado nos afectará a todos y podría determinar el futuro.

Tomemos el caso de los Estados Unidos, por ejemplo. Un cambio de la magnitud que vislumbramos, un cambio que resultará en una nueva composición étnica y cultural de la sociedad estadounidense, podría ser catastrófico si ocurriera de improviso. Ya han ocurrido cambios de este tipo en el mundo en épocas anteriores. La gran migración de las tribus góticas que invadieron al Imperio Romano llevó a la virtual destrucción de la cultura romana y al establecimiento de la Edad Media. A Europa le tomó cientos de años recuperarse. Aun pequeños cambios de este tipo han sido frecuentemente traumáticos, por decir lo menos, cuando la migración de un pueblo de diferente cultura y origen étnico ha ocurrido.

Afortunadamente, tenemos tiempo. Estamos hablando de un proceso lento en el cual un caudal continuo de inmigrantes hispanos / latinos, sumado al alto índice de reproducción de algunos de aquellos que ya están en los Estados Unidos, tiene la capacidad de producir una mayoría absoluta en el país; pero éste es un resultado a largo plazo y no necesariamente cierto. Nadie ha pronosticado aún, por ejemplo, qué ocurrirá dentro de los próximos cincuenta años. Pero, ¿qué pasará en los próximos cien o 150 años?

No hay razón, pues, para que los estadounidenses de origen étnico diferente del nuestro tengan pánico, aun cuando los hechos no puedan ser ignorados. Estamos en los Estados Unidos para quedarnos y seguiremos creciendo. Tiene sentido, por lo tanto, comenzar a reflexionar sobre los cambios en la composición de la población de los Estados Unidos, y en el crecimiento de una comunidad hispánica / latina dentro de ella, que resultarán en diferencias en perspectiva y cultura, y afectarán el futuro del país.

A pesar de lo que he dicho, indudablemente algunos leerán estas palabras y se alarmarán. "¡Nos van a ahogar! ¿Qué haremos? ¿Qué podemos hacer? ¿Qué pasará con nuestro estilo de vida, nuestro lenguaje, nuestros valores y nuestra moral?" Las respuestas a estas interrogantes ya son obvias en ciertos sectores de la sociedad estadounidense. La llamada a establecer el inglés como idioma oficial del país se oye con frecuencia. La demanda de leyes migratorias más estrictas que limiten la inmigración de hispanos / latinos es otra de ellas. Una buena parte de la oposición a la educación bilingüe es aun otra. Por supuesto, estas reacciones son en cierto modo motivadas por miedo: el miedo a lo desconocido, el temor al extranjero y la trepidación sentida cuando uno cree estar perdiendo privilegios de los que ha disfrutado por mucho tiempo. Considérese un reporte emitido por el Consejo para la Seguridad Interamericana preparado para el Senado estadounidense, en el que los hispanos son presentados como peligrosos, como una fuerza subversiva que pretende apoderarse de las instituciones políticas del país e imponer el castellano como lengua oficial.[2] ¿Puede alguien seriamente creer que nosotros estamos involucrados en un complot para apoderarnos de las instituciones políticas de los Estados Unidos? ¿Y acaso tiene también sentido decir que intentamos imponer el castellano como el idioma oficial del país, cuando muchos hispanos / latinos no lo hablan? Sólo el miedo puede causar que alguien considere —y exprese públicamente— tales absurdos. El temor no soluciona nada, y las medidas adoptadas por él usualmente producen un efecto contrario porque son irracionales, y la irracionalidad es siempre un débil fundamento para la estabilidad, promoviendo, más que previniendo, el conflicto.

Por eso debemos empezar a reflexionar sobre los cambios que podrían acontecer, y preparar el camino para un trayecto confortable y beneficioso hacia el mañana. Repito, los hispanos / latinos estamos aquí para quedarnos, y es esencial para el propio beneficio de la nación estadounidense que comience a tenernos en cuenta. En efecto, es sorprendente que hasta el momento se haya hecho tan poco esfuerzo para entendernos. Existen algunos libros sobre nuestros temas y problemas, pero frecuentemente los encaran desde perspectivas más bien limitadas. Y se habla de cuando en cuando sobre lo que se ha dado en llamar "acción afirmativa" (*affirmative action*), y sobre el valor de nuestra inmigración para el país, pero la verdad de fondo es que los hispanos / latinos somos una fuerza no reconocida todavía por la

[2] Butler (1986).

mayoría de la sociedad estadounidense en general; en muchos sentidos, aún permanecemos invisibles. Los asuntos más críticos que los Estados Unidos encara se enmarcan en términos de blanco y negro, y de africanos *versus* europeos, mientras que los temas pertinentes a los hispanos / latinos se van por las rendijas.

La situación no es mejor fuera de los Estados Unidos. Es obvio que en la América Ibérica, España y Portugal, se le ha prestado una atención considerable a nuestro pasado, presente y futuro, y las cuestiones sobre nuestra identidad se han analizado con escrupuloso detalle. Pero el resto del mundo nos ha tomado poco en cuenta. Desde la perspectiva de gran parte de Europa, Asia y África, casi no existimos.

Para los hispanos / latinos, el primer paso indispensable para remediar esta situación es saber más acerca de nosotros mismos, pues hay que tener presente que la necesidad de saber acerca de nuestra identidad individual nos fuerza también a interrogarnos sobre nuestra identidad colectiva. Preguntas como: ¿quién soy yo?, ¿quién es él?, ¿quiénes somos? son fundamentales y están intrínsecamente relacionadas. La respuesta para cualquiera de ellas requiere la respuesta de las otras, tal como expuso acertadamente Buero Vallejo en su provocativa tragedia *El tragaluz*. Pero no sólo nosotros; los que no son hispanos / latinos también necesitan saber más acerca de nosotros, ya sea por mera curiosidad, ya sea por el futuro de la sociedad mundial.

Pero esto no es todo, puesto que la manera en que nuestra identidad es concebida y los términos usados para referirnos a ella tienen serias implicaciones para la manera en que somos vistos y tratados. Existen implicaciones sociales, raciales, étnicas y de clase que pueden enfatizar el prejuicio y producir la discriminación. En efecto, si aún no estamos convencidos de la imperiosa necesidad de reflexionar sobre la cuestión de nuestra identidad hispánica / latina por las razones ya indicadas, existen otras consideraciones que podrían eliminar nuestro escepticismo. Tómese en cuenta la llamada acción afirmativa con respecto a los hispanos / latinos en los Estados Unidos.[3] El gobierno de este país, y no sólo el gobierno, sino una gran mayoría de los ciudadanos también, están sujetos a ciertas leyes de acción afirmativa hacia los hispanos / latinos, y la implantación de estas leyes requiere una clara noción de nuestra identidad. A pesar de esto, no está claro que el gobierno, el pueblo estadounidense, o por lo menos los hispanos / latinos que residen en el país tengan en claro quiénes somos. En efecto, algunos se preguntan si, al fin y al cabo, tenemos una identidad; algunos responden afirmativamente, aunque sin saber qué es; y otros conciben nuestra identidad en términos esencialistas y exclusivistas que, como veremos adelante, son perniciosos.

[3] Gracia (2000a).

La confusión es profunda y extendida. Yo puedo dar fe de ella por mi propia, aunque limitada, experiencia. Por ejemplo, unos cuantos años atrás, uno de los compañeros de secundaria de mi hija mayor, el cual pertenecía a una próspera familia, postuló y fue aceptado en una de las universidades más prestigiosas del país. La razón principal fue que era hispano / latino, a pesar de que su sola conexión con el ámbito hispánico / latino era su bisabuela, originaria del suroeste de los Estados Unidos, cuyos descendientes habían olvidado por completo sus valores y cultura. Al mismo tiempo, los puertorriqueños que viven en Puerto Rico no califican como minorías hispánicas / latinas en las escuelas de medicina cuando solicitan entrada. ¿Quién es hispano / latino, entonces?

Ejemplos similares abundan y revelan no solamente abusos en las leyes que gobiernan la acción afirmativa con respecto a los hispanos / latinos, sino también una gran incertidumbre acerca de quién es hispano / latino y de los criterios con los que podemos ser clasificados como tales. Si lo que se pretende es evitar abusos en la sociedad e implantar sus leyes, hay que aclarar quiénes somos; en otras palabras, hay que resolver la cuestión de nuestra identidad.

Sin embargo, todavía podría uno preguntarse acerca de la necesidad de un libro sobre los hispanos / latinos en general, escrito originalmente en inglés por alguien que ha pasado gran parte de su vida en los Estados Unidos, y un libro que presta una desproporcionada atención a nuestra comunidad en ese país. ¿No es el castellano la lengua franca de los hispanos / latinos? ¿No debería este libro haber sido escrito originalmente en castellano y por alguien que sea más propiamente hispano / latino, alguien que no haya sido todavía "contaminado" por la cultura y los modos de pensar anglosajones? ¿No es acaso la comunidad hispánica / latina en los Estados Unidos una pequeña, marginal y marginada, fracción de la población hispánica / latina total en el mundo? ¿Cómo puede aquello que yo escriba ser considerado representativo de la experiencia hispánica / latina fuera de los Estados Unidos, así como pertinente para ella?

La respuesta a esta pregunta es política. Los Estados Unidos son efectivamente la nueva Roma, y el resto del mundo sus provincias. Sin duda, existen grandes diferencias entre estos dos países. La antigua Roma ejercía un imperio político, económico y militar que se extendía alrededor del Mediterráneo, mientras que el imperio de los Estados Unidos es principalmente económico y cultural, y se extiende al mundo entero. Los Estados Unidos es a la vez más y menos que Roma: más en extensión, menos en poder. La posición de los Estados Unidos en el mundo de hoy es muy importante, particularmente en lo cultural. Basta con viajar a cualquier parte del globo terráqueo, incluso a los puntos más remotos, para darse cuenta de que todo el mundo está tratando de copiar afanosamente lo que ocurre en ese país. Y esto sucede prácticamente con casi todas las expresiones culturales, desde el modo en que las noticias son presentadas hasta el tipo de música que la gente disfruta; desde las dimensiones más populares de la cultura, hasta los más altos niveles alcanzados por la llamada "alta cultura". Para triunfar en el mundo de hoy, hay que hacerlo en Nueva York.

Esta situación tiene la extraordinaria consecuencia de que incluso las más pequeñas voces en los Estados Unidos resuenan a través del mundo; una pequeña voz allí suena mucho más fuerte que una gran voz en cualquier otra parte. Ese país, para bien o para mal, se ha convertido en el modelo del mundo, y su lenguaje es la lengua franca de la humanidad. Hablar y escribir en otro lenguaje es una condena a la oscuridad, salvo que los estadounidenses tomen interés en lo que uno dice y lo traduzcan al inglés; pero hablar y escribir en inglés, y en los Estados Unidos en particular, abre las puertas a la posibilidad de recibir una atención universal. Este hecho es reconocido por aquellos que viven fuera del país, y especialmente por los intelectuales que desean ser oídos. Los "profetas" del pensamiento iberoamericano pelean como gatos boca arriba para que sus obras sean traducidas al inglés y publicadas en los Estados Unidos, y hacen todo lo posible por visitar y ser oídos en el coloso del norte. Aquellos que buscan poder usualmente están alertas de dónde encontrarlo, y observarlos revela, quizá más que ninguna otra cosa, dónde se encuentra éste.

Paradójicamente, entonces, los asuntos hispánicos / latinos se deben ventilar en inglés y en los Estados Unidos, porque de ese modo se asegura que se les preste la debida atención en otras partes del globo terráqueo. Hablar en ese país es como hablar a través de un micrófono poderoso que permite ser oído en todo el mundo.

Aun así, esto no explica totalmente la prominencia que se le da a la comunidad hispánica / latina estadounidense en este libro. Dos razones pueden ofrecerse para justificarla: la primera —parecida a las razones presentadas arriba— es política. El poder de los Estados Unidos es tal que cualquier segmento en su población tiene una influencia desproporcionada sobre el resto del mundo. Aunque la comunidad hispánica / latina en los Estados Unidos no es la mayor si se compara con otras comunidades hispánicas / latinas —a pesar de que con más de treinta millones ya es superior a la de muchos países iberoamericanos—, su influencia es desproporcionadamente mayor que lo que su tamaño pareciera garantizar. En muchos sentidos, esta comunidad tiene mucho más que decir acerca del futuro de los hispanos / latinos en todo el mundo que otras comunidades más numerosas que residen fuera de los Estados Unidos. Nótese bien que esta conclusión no se debe tomar prescriptivamente sino descriptivamente: no sostengo que éste es el modo en que las cosas deberían ser, solamente digo cómo son.

La segunda razón es más un asunto de retórica. La sociedad estadounidense tiende a ser provinciana y se preocupa principalmente de sus propios problemas internos. Ella ve el mundo a través de lentes estadounidenses, y la importancia que le da a un problema depende de cuán profundamente dicho problema la afecte. En el mapa mundial hecho por los estadounidenses, ¡el territorio de su país cubre más de las dos terceras partes del planeta!

Algunos autores sostienen que el provincialismo es algo típico de la sociedad estadounidense, y que otras sociedades no lo comparten. No creo que esto sea cierto. Considérese a los franceses, los alemanes y los japoneses. Toda sociedad es esencialmente provinciana hasta cierto punto por razones de supervivencia y autoconservación. Recuérdese lo que los griegos pensaban acerca del resto del mundo, considerando que todo pueblo que no era griego era bárbaro. Cuando hablamos de provincialismo, sólo hay diferencias de grado entre distintas sociedades. Pero sea éste un fenómeno característico de la sociedad estadounidense o no, no afecta nuestro argumento; el hecho importante para nosotros es que existe un sentido provinciano entre los estadounidenses y que para suscitar el interés de la comunidad estadounidense sobre un tema hay que mostrar cómo es que éste se relaciona con esta sociedad. Todo libro sobre los hispanos / latinos que busque llamar la atención del público estadounidense y, a través de ese público, llamar la atención del resto del mundo, tiene que tratar sobre nuestra situación en la Roma del siglo xx.

Existen algunos peligros en este énfasis desproporcionado puesto en la comunidad hispánica / latina estadounidense, en cuanto que ésta no es representativa de todas las comunidades hispánicas / latinas que existen fuera de los Estados Unidos. Ella difiere de otras comunidades en que es una comunidad minoritaria, compuesta en gran medida por gente marginada y en una situación desventajosa. Es más, ciertos subgrupos de hispanos / latinos están representados desproporcionadamente en ella. Los mexicanos y puertorriqueños, por ejemplo, constituyen una gran parte de ella, aunque no sean en ningún modo una mayoría de la comunidad hispánica / latina mundial. En efecto, los puertorriqueños conforman una pequeñísima parte de los hispanos / latinos en el mundo, y los mexicanos, que son un grupo más extenso, constituyen sólo una minoría en la totalidad de la población hispánica / latina mundial. El peligro en que incurrimos está en que ciertas conclusiones basadas en un análisis de la comunidad hispánica / latina en los Estados Unidos se apliquen a otras comunidades a las que no es apropiado hacerlo. Debemos tener esto presente y estar alertas de no caer en generalizaciones apresuradas. Por esta razón, este libro se esfuerza por mantener un horizonte universal.

El punto de vista que expongo aquí representa en cierta medida una perspectiva particular sobre los temas relacionados con nuestra identidad.

Éste no es un tratado científico, sino más bien un intento, desde mi situación, de captar una realidad con la cual todos los hispanos / latinos, y en efecto todos los ciudadanos del mundo, debemos involucrarnos. Las propuestas que hago están frecuentemente basadas en experiencias personales, teniendo en cuenta sólo una limitada porción de la experiencia total de los hispanos / latinos.

Cada uno de nosotros, entonces, seamos hispanos / latinos o no, tendrá algo que contribuir, modificar y desarrollar sobre la perspectiva ofrecida aquí. Nadie llegará jamás a tener una visión completa o a alcanzar "el punto de vista divino" soñado por algunos filósofos modernos, pues eso es imposible. Los simples mortales vemos el mundo sólo parcialmente y, parafraseando a san Pablo, en forma oscura. A pesar de ello, esto no significa que todos los puntos de vista sean necesariamente incorrectos o inadecuados. Una perspectiva puede ser incorrecta o inadecuada de dos maneras: por un lado, si es una mentira, esto es, si deliberadamente se cambia algo para que parezca diferente de lo que en realidad es; por otro lado, si presentamos la perspectiva como la única correcta, como si fuera el punto de vista divino, cuando sólo es nuestro punto de vista particular. La primera es deshonesta; la segunda, dogmática. Soy consciente de ambas posibilidades, de allí que, habiendo sido fiel a mi experiencia tanto como era posible, sólo aspiro a que la presente exposición tenga validez y exactitud en relación con mi propia vida. Este libro pretende ser honesto y no dogmático; aquellos que lo interpreten de otro modo distorsionan mi intención.

En conclusión, no pretendo que mis observaciones sean tomadas por algo más de lo que son, o sea, observaciones basadas en mis propias experiencias y creencias sobre muchos años de reflexión y lectura, pero aun así fundamentadas sólo en un horizonte limitado. No puedo reclamar validez universal para ellas, y en efecto cabe destacar que mis experiencias son muy particulares. Soy un transterrado (una persona mudada a otra tierra distinta de la propia), aunque ello no es nada que les sea ajeno a los hispanos / latinos, puesto que muchos de nosotros, especialmente los intelectuales, hemos tenido que dejar nuestras tierras de origen como resultado de la opresión política o por necesidades económicas. Soy un cubano transplantado que ha vivido la mayor parte de su vida fuera de Cuba: en los Estados Unidos, Canadá, España, Puerto Rico y muchas otras partes. De manera que soy una especie de ornitorrinco, una curiosa mezcla de diferentes elementos que configuran mi perspectiva y mis ideas. Por esta razón no puedo ser considerado un típico hispano / latino, si es que hay tal cosa: soy un producto peculiar, y quizá también lo sea mi punto de vista.

Por estos motivos, quisiera distanciarme de los muchos autodenominados representantes de la comunidad hispánica / latina, ya sea en los Estados Unidos, al sur del Río Grande, o donde sea. Me represento sólo a mí mismo y hablo sólo por mí mismo. No he recibido ninguna iluminación, sea divina o de otro tipo, y no tengo un conocimiento privilegiado, excepto de mi vida propia. Si algo de lo que digo concuerda con lo que otros precisan es porque hemos tenido experiencias semejantes. No pretendo ser tomado por uno de la nueva cosecha de profetas hispánicos / latinos de los que tanto abundan. Tampoco tengo una misión. Aquellos que la tienen frecuentemente hablan acerca de otros —de los pobres, de los olvidados y de los marginados—, pero actúan como si su misión fuese su propio beneficio: sus carreras, su fama o su inmortalidad. Quiero eliminar, desde el comienzo, toda impresión de que este libro es el manifiesto de una empresa misionera, la revelación de una nueva religión social o el credo de una fe étnica. A todas ellas me opongo por principio.

A pesar de que las experiencias en las que apoyo mis reflexiones son particulares, e incluso quizá idiosincrásicas, no son estrechamente provincianas. Esto implica que el punto de vista que presento no tiene que ser único; puede ser compartido, como dije anteriormente, por aquellos que hayan tenido experiencias similares. Los primeros diecinueve años de mi vida los pasé en Cuba, pero he vivido más de treinta años en los Estados Unidos, cinco en Canadá, uno en España y uno en Puerto Rico. He visitado casi todos los países de la América Ibérica, y he pasado periodos considerables en algunos de ellos. Mi esposa es oriunda de la Argentina, y ambos hemos viajado extensamente por toda Norteamérica. A México, España, la Argentina y Puerto Rico los conozco de cabo a rabo, más de lo que conozco Cuba o los Estados Unidos. Por suerte, he desempeñado muchas funciones en las cuales he tenido contacto con los problemas y los asuntos que nos conciernen a los hispanos / latinos. He estudiado el pensamiento filosófico nuestro de todo el mundo y he sido el primer presidente del Comité para Hispanos de la Sociedad Filosófica Estadounidense. Esto no significa que hable con autoridad, pues no hay autoridad en los asuntos de los que trata este libro; significa meramente que lo que digo es resultado de una amplia experiencia, y por esta razón confío en que el libro sea de utilidad para otros, hispanos / latinos o no. En efecto, quizá precisamente porque represento algo fuera de lo común, lo que digo puede tener algún valor, puesto que muchas veces lo extraño e insólito revela más claramente ciertos aspectos de una totalidad.

El lector debe sentirse aliviado al saber que, a pesar de que soy filósofo de profesión —y el libro presenta una perspectiva filosófica—, no encontrará ni mucha filosofía técnica ni jerga erudita en él, y que los pensamientos que contiene se expresan en un lenguaje común. Sin duda, el libro contiene filosofía, pero he tratado de presentarla de una manera que sea comprensible para cualquiera que tenga una educación moderada. Los filósofos suelen llevar a todo lo que discuten un punto de vista general que frecuentemente se omite en los estudios especializados de antropólogos, sociólogos, sociopsicólogos e historiadores culturales. Nosotros llenamos las lagunas que dejan los demás, presentando así un cuadro general donde aquéllos sólo nos dan detalles específicos. Esto debería funcionar bien en el contexto presente.

Hay dos puntos más que deben quedar claros. En primer lugar, es común referirse a los Estados Unidos como América en muchas partes del globo, y a sus ciudadanos como americanos, aun en nuestra América. Esta terminología ignora que América incluye a Norteamérica, Centroamérica, Sudamérica y el Caribe, y que, hablando estrictamente, los habitantes de todos estos lugares merecen ser llamados americanos. Por esta razón usaré 'estadounidense' en lugar de 'americano' para referirme a los ciudadanos de los Estados Unidos y reservaré el término 'América' para el todo compuesto de América del Norte, América Central, América del Sur y el Caribe. Además, mantendré una distinción entre la América Latina, la América Francesa y la América Ibérica. La última comprende los países que formaron parte de los imperios españoles y portugueses; la segunda la constituyen los países que fueron parte del imperio francés; y la primera está compuesta de las dos últimas. Espero que esta terminología sirva para mantener cierta precisión y evitar muchas de las ambigüedades y confusiones que frecuentemente permean el discurso sobre las cuestiones de que tratamos aquí.

Este libro está dividido en siete capítulos y una conclusión. Aunque la intención de los capítulos es presentar un solo punto de vista y, por tanto, están estrechamente relacionados, muchos de ellos se pueden leer independientemente, pues pretenden ser ensayos sugestivos sobre los temas de los que tratan, en el sentido de que su fin es más incitar a la reflexión que solucionar las cuestiones que presentan. El capítulo 1 plantea la controversia sobre la apelación hispánica / latina. Comienza con un análisis de los orígenes de los términos 'hispano' y 'latino', y de allí procede a explorar los argumentos a favor y las objeciones en contra de sus usos, así como la posibilidad de no usar ningún nombre.

El capítulo 2 presenta el problema de la identidad y su relación con los nombres que usamos para identificar, especialmente los nombre étnicos. Allí se introducen distinciones entre tipos diferentes de identidad, así como las aproximaciones epistémicas y metafísicas a la identidad. Este capítulo presenta un análisis que nos da algunos de los instrumentos conceptuales necesarios para evitar confusiones en las reflexiones subsiguientes, y por lo tanto constituye la parte más abstracta y técnica del libro. Aquellos que no tengan paciencia para los tecnicismos que presenta pueden omitir su lectura.

El capítulo 3 explica el modo en que propongo que se entienda la identidad hispánica / latina, esto es, en términos histórico-familiares. Rechazo toda perspectiva esencialista según la cual los hispanos / latinos tenemos propiedades comunes que constituyen nuestra esencia y que podrían servir para distinguirnos absolutamente de otras personas y grupos. Al contrario, propongo concebirnos como una familia ligada por relaciones históricas cambiantes, que a su vez generan propiedades particulares que pueden servir para distinguirnos de otras personas en contextos específicos. Más aún, esta concepción inclusiva y relacional justifica el uso de 'hispano' para referirnos a nosotros mismos.

El capítulo 4 ilustra la unidad de la familia hispánica al examinar el origen y el carácter de la filosofía hispánica en el siglo XVI. Y el capítulo 5 versa sobre los orígenes históricos de esta identidad en el mestizaje. Aquí se examina la gente que compone la familia hispánica antes de llegar a constituirnos, en el momento de nuestro origen y de nuestra historia subsiguiente. Su tesis principal es que el encuentro entre Iberia, América y África cambió tanto a Iberia como a América, y forjó una nueva realidad.

El capítulo 6 pretende explicar algunos de los elementos presentes en cualquier búsqueda de identidad de grupo a través del examen de la búsqueda consciente de una identidad filosófica iberoamericana, tanto en la América Ibérica como en los Estados Unidos. Y el capítulo 7 ilustra nuestra situación en los Estados Unidos en términos de nuestro lugar en la comunidad filosófica de ese país. En él sostengo que, por ejemplo, a diferencia de los filósofos afroestadounidenses, los filósofos hispano-estadounidenses somos percibidos como forasteros. Esto, unido al espíritu eurocentrista y anglocentrista de la filosofía estadounidense, y su énfasis en el linaje, tiende a excluir a los hispanos de la comunidad filosófica estadounidense y a la filosofía hispánica del currículo filosófico. Por último, la conclusión recapitula brevemente las tesis principales del libro y añade algunos comentarios sobre el futuro.

En la composición de este libro he usado algunos trabajos previamente publicados, aunque todo ello ha sido modificado sustancialmente e integrado dentro de la argumentación presentada en el libro. Dentro de los materiales usados tenemos los siguientes: "Hispanics, philosophy and the curriculum", en *Teaching Philosophy*, 22, 3 (1999), pp. 241-248; "The nature of ethnicity with special reference to hispanic/latino identity", en *Public Affairs Quarterly*, 13, 1 (1999), pp. 25-42; capítulos 1º y 2º de *Filosofía hispánica: concepto, origen y foco historiográfico* (Pamplona, Universidad de Navarra, 1998); "Hispanic philosophy: Its beginning and golden age", en *Review of Metaphysics*, 46, 3 (1993), pp. 475-502; y (con Iván Jaksiç) "The problem of philosophical identity in Latin America: history and approaches", en *Inter-American Review of Bibliography*, 34 (1984), pp. 53-71. Algunas partes del capítulo 7 han sido expuestas durante el año 1988 en la conferencia "Hispanics in the US: cultural locations", llevada a cabo en la Universidad de San Francisco, y algunas presentaciones televisadas sobre el tema por la cadena C-SPAN. Quisiera agradecer a los directores de estas revistas y colecciones, así como al coautor del mencionado artículo, el permiso para usar estos materiales.

Existe una versión inglesa de este libro titulada *Hispanic / Latino identity: a philosophical perspective* (Oxford, Blackwell, 2000), pero no es exactamente igual que el presente. Este texto no podría ser una traducción directa del inglés porque su público es muy diferente. Así y todo, comencé con una traducción que hizo Sandro D'Onofrio, a quien le estoy inmensamente agradecido por toda la labor y el tiempo que puso en hacerla. Pero la traducción fue sólo el punto de partida para la elaboración del texto en castellano. Este último tiene mucho en común con la traducción del inglés, pero también difiere en aspectos importantes. He añadido glosas; he modificado la terminología; he puntualizado cosas que en el texto en inglés habían quedado imprecisas; he corregido alguno que otro error; y, en fin, no me he privado de expandirme donde lo he creído necesario. Además, he tomado en consideración algunas de las críticas que ya se han publicado sobre el texto en inglés, aunque no las he discutido explícitamente porque ya lo he hecho en otro lugar. De las muchas críticas que se han publicado sobre el libro, he tenido en cuenta principalmente las de Robert Gooding-Williams, Eduardo Mendieta, Gregory Pappas, J. L. A. García y Richard Bernstein, publicadas en *Philosophy and Social Criticism* 27, 2 (2001), 1-50, y las de Linda Martín Alcoff, Susana Nuccettelli y Paula Moya, en varios lugares. Mi respuesta a las primeras cinco se encuentra en el mismo número de la revista en que se publicaron las críticas, páginas 51-75. En suma, las ideas principales del libro siguen siendo las mismas, pero mucho del detalle ha sido cambiado.

Existe un tipo normal de carácter, por ejemplo, en el cual los impulsos parecen convertirse tan rápidamente en acciones que no hay tiempo para que las inhibiciones surjan. Éstos son los temperamentos "temerarios" y "mercurios", que rebasan con la vivacidad y hierven con la conversación, tan comunes en las razas latinas y celtas, y con los que contrasta tan claramente el carácter inglés grave y de sangre fría. A nosotros, estos individuos nos parecen monos, y a ellos, les parecemos reptiles.

WILLIAM JAMES, *Principios de psicología*

Las decisiones del anglosajón tienden a ser calculadoras, y en ese sentido gobernadas por la razón; mientras que las decisiones más improvisadas de los hispanos están dirigidas por el sentimiento.

JORGE MAÑACH, *Frontiers in the Americas*

CAPÍTULO 1

¿Cómo debemos llamarnos?

¿DEBEMOS LLAMARNOS HISPANOS? ¿Debemos llamarnos latinos?[1] ¿O debemos rechazar cualquier nombre? Éstas son las únicas alternativas reales que tenemos, puesto que no hay ningún otro término que tenga un uso amplio con el cual referirse a nosotros. 'Iberoamericanos' y 'latinoamericanos' excluyen importantes componentes de la población mundial hispánica / latina, y no son aceptados en todas partes; ambos términos excluyen a los ciudadanos estadounidenses y a los iberos (que interpreto como a los habitantes actuales de la península ibérica), por lo que no sirven si queremos ser más incluyentes.[2] Algunos sociólogos y activistas han propuesto 'raza' y 'chicano' para referirse a aquellos de nosotros que vivimos en los Estados Unidos, pero estos términos son objetables por muchas razones evidentes, y no se han podido establecer en el uso común.[3] 'Chicano' queda demasiado estrecho, pues incluye sólo a los miembros de la comunidad mexicano-estadounidense, siendo un término completamente ajeno a cualquiera que no pertenezca a

---

[1] De aquí en adelante, y por razones de economía de lectura, usaré los términos 'hispano(s)' y 'latino(s)' de forma inclusiva para referirme también a las hispanas y latinas.

[2] En España y en algunos países iberoamericanos, existe hoy en filosofía un intento de usar el término 'iberoamericana' (escrito algunas veces IberoAmericana, Ibero-Americana o Iberoamericana) para referirse tanto a la filosofía de Iberia como a la de la América Ibérica. En efecto, la primera enciclopedia de filosofía que se ha publicado en castellano lleva el título de *Enciclopedia IberoAmericana de filosofía*. Pero debería resultar obvio que el término 'Ibero-América' no se refiere a Iberia y América tomadas en conjunto, sino más bien a la parte de América que es en cierta medida ibérica, excluyendo así a la misma Iberia.

[3] Para otras posibilidades, véase Treviño (1987).

esa comunidad, tanto en ese país como en otros lugares.[4] 'Raza' es un término demasiado racial como para ser útil, y además está estrechamente asociado con el suroeste de los Estados Unidos.[5] Es más, algunas de las objeciones que presentaremos aquí en contra de 'hispano' o de 'latino' se aplican más claramente a estos términos.

Este asunto tiene que ver con las siguientes cuestiones: ¿qué implica el uso de nombres como 'hispano' y 'latino'? ¿Debemos usar uno y no el otro? ¿Debemos rechazar cualquier término? Y si es que vamos a tomar decisiones de este tipo, ¿sobre qué base debemos hacerlas? Estas cuestiones son importantes, porque los nombres identifican, nos dicen cosas tanto de aquello que nombran como de lo que sabemos con respecto a lo que nombran. En otras palabras, como diríamos los filósofos, ¿existe un conjunto de condiciones necesarias y suficientes asociadas con alguno de estos nombres, de modo tal que definan quiénes somos: hispanos o latinos? Más aún, si existen estas condiciones, ¿se nos aplican sin consideración de tiempo, en un momento particular, o en más de un momento, pero no en todos? En este capítulo, examino algunos argumentos en contra del uso de 'hispano', 'latino' y de cualquier otro nombre. Permítaseme comenzar señalando algunos hechos sobre el origen y la gramática de estos términos, que raramente son tomados en cuenta y que explican algo acerca de la controversia y la confusión concerniente a sus usos.

Hispanos *vs.* latinos

'Hispanos' y 'latinos' se usan como nombres y adjetivos. Las formas adjetivales indican con claridad que fueron usadas en un principio con el propósito de ser descriptivas. Esto o aquello se llamaba hispano o latino, e incluso hoy hablamos de comida hispana o latina, país hispano o latino, de personas hispanas o latinas y así sucesivamente. Pero también usamos 'hispano' y 'latino' como nombres. En este caso hablamos de personas individuales o de grupos de personas. Hablamos de un hispano o latino, o de hispanos y latinos.

El término en inglés, *Hispanic,* es la transliteración del término castellano 'hispánico', que se usa siempre como adjetivo.[6] En nuestro idioma, uno se refiere a "un hispano" o "una hispana", pero no a "un hispánico" o "una

[4] Para más datos sobre este rótulo, véase Fairchild y Cozens (1981); Marín (1984).
[5] 'Raza' lo ha propuesto y usado Hayes-Bautista (1980; 1983), entre otros. Más recientemente, sin embargo, en Hayes-Bautista y Chapa (1987), favorece a 'latino'.
[6] *Diccionario manual e ilustrado de la lengua española* (1981), p. 829b.

hispánica". Todos estos términos tienen una raíz común: el término latino *Hispania*, que era usado por los romanos para referirse a la península ibérica. El origen de *Hispania* es, en sí mismo, un misterio no resuelto. Se suele decir que es de origen prerrománico, y que en un principio significaba "tierra de conejos". Con el tiempo la evolución lingüística transformó el término latino en el castellano 'España', el cual, a causa del éxito militar de los castellanos en la península ibérica, fue adoptado por ellos para designar el reino que establecieron y el país que hasta hoy ampliamente controlan.

La hegemonía castellana se estableció lentamente, sin embargo. El proceso que la afianzó comenzó con la Reconquista, la campaña de setecientos años llevada a cabo contra los moros por los reinos cristianos de la península ibérica. Hubo diversos frentes en la campaña, pero tres se destacaron especialmente y dieron lugar a tres unidades políticas importantes: uno, en el oeste, dio origen al reino de Portugal; otro en el este, al principado de Barcelona y el reino de Aragón; y el tercero en el centro, a Castilla. Hubo también otras unidades políticas, las cuales fueron integradas paulatinamente a estos tres, como las de Navarra, Asturias, las islas Baleares y Valencia.

De los tres reinos más importantes, el de Castilla fue particularmente agresivo y exitoso en la conquista de territorio. Fernando de Aragón[7] e Isabel de Castilla se casaron en el siglo XV, de manera que luego de la muerte de Isabel en 1504 y de algunas disputas entre los herederos al trono, la España moderna llegó a estar gobernada por un único monarca, el mismo Fernando. Desde esa época, 'España' se ha reservado para esta unión política, aunque hubo un periodo relativamente breve durante el cual Portugal estuvo bajo la autoridad del rey de España, por lo cual se podría decir que por aquella época España también incluía a Portugal.

Una de las consecuencias de estos eventos históricos es que el término 'español' llegó a ser usado no sólo para hablar de los ciudadanos españoles, sino también de la lengua castellana. Aún hoy, en España y la América Ibérica cuando nos referimos a la lengua, 'español' significa el idioma de los castellanos, aunque también se usa 'castellano' para referirse a ella. En los Estados Unidos, la traducción inglesa del término, *Spanish*, es la que se usa.

'Hispano' no sólo se usa para designar a los habitantes de España, sino también se aplica a los habitantes de los pueblos hispanohablantes de los países iberoamericanos, y a las personas descendientes de españoles o iberoamericanos que residen en los Estados Unidos. Sin embargo, algunas veces el término se reserva para los iberoamericanos de ascendencia puramente española.

[7] En aquel entonces Aragón se había unido ya con el principado de Barcelona, el reino de Valencia y las islas Baleares.

El término equivalente en inglés de 'hispano', *Hispanic*, se usa esencialmente en el mismo sentido en los Estados Unidos, con la excepción de que
algunas veces los españoles son excluidos de la clase de gente que denota.
Hispanic frecuentemente conlleva el sentido de no ser europeo;[8] connota el
ser derivado de español y, por tanto, no realmente español. Que a uno se le
llame *Spanish* significa que o uno es español o bien es descendiente directo
de españoles y, a su vez, esto significa que uno puede ser español unas veces,
pero no siempre, que uno es español en forma derivada, pero no del todo
español, o sea *Hispanic*. Por otro lado, la posición oficial asumida por la
Oficina Estadounidense de Censos, en 1988, manejaba los términos *Spanish*
e *Hispanic* indistintamente.[9] Esto refleja un uso que se remonta desde hace
mucho tiempo. Contrariamente a ciertas opiniones expresadas de vez en
cuando en los Estados Unidos, *Hispanic* no fue una creación de la burocracia de los censos estadounidenses en los años setenta, aunque es cierto que
esa burocracia adoptó el término a partir de esa época.[10]

La situación es diferente con el uso de 'hispano' en la América Ibérica y
España, puesto que este término se usa para referirse a los iberoamericanos,
españoles y sus descendientes en los Estados Unidos. Nótese también que,
en líneas generales, los portugueses y los brasileños no son incluidos en la
categoría de hispanos.[11] Usualmente Hispanoamérica incluye a los países
que fueron en una época colonias de España, no de Portugal. Pero el término en inglés *Hispanic* frecuentemente incluye tanto a los descendientes de
españoles como a los de los portugueses y, por supuesto, también a los de
los iberoamericanos.

[8] Algunos diccionarios en inglés registran el uso de *Hispanic* con este sentido, por
ejemplo, *Webster's third new international dictionary* (1966).

[9] De acuerdo con la Oficina Estadounidense para el Censo (1988, p. 51): "Una
persona es de origen español / hispano si el origen de la persona (ascendencia) es
mexicano, mexicano-estadounidense, chicano, puertorriqueño, dominicano, ecuatoriano, guatemalteco, hondureño, nicaragüense, peruano [o] salvadoreño; de otro país
hispanohablante del Caribe, o de América Central o del Sur; o de España". Algunos
investigadores siguen la línea del censo, por ejemplo, Marín y VanOss. Marín (1991),
p. 20.

[10] Hayes-Bautista y Chapa (1987), p. 64. El uso de *Hispanic* para algo relacionado con —o derivado de— la gente, la lengua o la cultura, ya sea de España o de
España y Portugal, y como un sinónimo de 'latinoamericano', se registra en el *Webster's
third new international dictionary* (1966). Los hispano-estadounidenses han adoptado
el deplorable hábito de muchos otros estadounidenses de pensar que todo lo que pasa
en el mundo, y en particular en la América Ibérica, es resultado directo de lo que
pasa en los Estados Unidos, y especialmente de las acciones del gobierno de ese país.

[11] Aunque existen excepciones. En 1927, por ejemplo, Unamuno sugirió un amplio sentido de 'hispano' que incluía a todos los habitantes de la península ibérica y
a aquellos que han sido tocados por ella, donde fuere. Unamuno (1968), p. 1081.

Evidentemente, éste es un cuadro confuso; no existe una razón consistente por la que los términos 'hispano' e *Hispanic* deban ser usados de ese modo.[12] Si es que vamos a emplear estos términos, debemos aclarar estas confusiones y establecer algunos parámetros de uso. Curiosamente, muy poco se ha hecho al respecto en España y la América Ibérica, a pesar de que el hispanismo ha sido discutido ampliamente, tanto por españoles como por iberoamericanos. La llamada Generación del 98 inicia una corriente de textos sobre el tema que continúa hasta hoy.[13] En efecto, durante la dictadura de Francisco Franco en España, hubo un esfuerzo concertado para establecer 'hispano' como el término apropiado para describir los fenómenos culturales españoles e iberoamericanos, en un intento de reinsertar a la América Ibérica dentro del universo español. Pero este esfuerzo no fue exclusivo del gobierno. Eduardo Nicol, uno de los intelectuales españoles que salió de España a causa de la guerra civil, propuso el término 'hispánica' para referirse a la filosofía española e iberoamericana.[14]

Por otro lado, la situación del término 'latino' no es mucho mejor. Éste fue creado por los franceses, quienes necesitaban un término que pudiese integrar a la América francesa, la española y la portuguesa en una unidad que contrastara con la región anglosajona. El término original que introdujeron fue *Amérique Latine*. 'Latino', por supuesto, significa de origen latino, y es la contrapartida de 'anglosajón'. Como muchas otras cosas hechas por los franceses, esta estratagema tuvo éxito duradero, aun cuando los franceses que residen en Norteamérica y en las Antillas generalmente se dejan fuera de esta categoría. En general, la gente se refiere a las regiones americanas españolas y portuguesas como la América Latina o Latinoamérica, y sus habitantes se denominan a sí mismos latinoamericanos. Muy pocos incluyen a Quebec y a las Antillas francesas dentro de la América Latina. Cabe resaltar que 'Latinoamérica' y 'América Latina' son traducciones directas del inglés y del francés, respectivamente. Como es usual, nosotros copiamos al resto del mundo hasta en lo que tiene que ver con nuestro nombre.

Esta base lingüística produjo el término 'latino' escrito con mayúscula cuando se usa en inglés, según las reglas gramaticales de esa lengua. El término se usa ampliamente para referirse a personas que descienden de iberoamericanos, sin considerar su ascendencia particular. En este sentido, las personas nacidas en la América Ibérica descendientes de judíos polacos, que

---

[12] La confusión es frecuentemente reconocida, aunque pocas veces comprendida.

[13] "La Generación del 98" se refiere a un grupo de intelectuales españoles que floreció a fines del siglo XIX. Entre ellos se incluyen figuras tan célebres como Ganivet y Unamuno; véase Ramsden (1974). Unamuno (1968) habla de "hispanidad".

[14] Nicol (1961), pp. 53, 61-64 y 161. Unamuno (1968, p. 1083) había anticipado esta noción. Heredia (1994) la usa, así como Gracia (1993).

emigran a los Estados Unidos, así como sus hijos, son considerados latinos. Igualmente, los afrocubanos, y sus hijos que viven en los Estados Unidos, son considerados latinos. Todos los descendientes de las poblaciones precolombinas de la América Ibérica y la mayor parte de aquéllas de lugares en los Estados Unidos que formaron parte del imperio colonial español son consideradas de la misma forma. Sin embargo, los amerindios estadounidenses, es decir, los ciudadanos de los Estados Unidos de origen precolombino, pero cuyos antepasados residieron en zonas externas a lo que constituye el territorio estadounidense hoy, no lo son. Es más, los hijos de españoles nacidos en la América Ibérica son considerados igualmente latinos, aunque no así los españoles mismos; y los hijos de los españoles que han emigrado directamente a los Estados Unidos son considerados algunas veces como tales y otras no.

El término 'latino' también ha adquirido vigencia en nuestra América. Cuando uno viaja por países iberoamericanos se ven letreros como "comida latina" y "restaurante latino", y en la conversación, el término se usa también frecuentemente para denotar a los iberoamericanos y contrastarlos con los angloamericanos. El término 'hispano' se usa principalmente en contextos eruditos y para denotar a los habitantes de la América Ibérica colonizada por España.

Así pues, tenemos para escoger dos nombres: hispanos y latinos. Uno de los principios más anhelados por los seres humanos es, por supuesto, el que a cada persona se le permita escoger cómo desea ser llamada, aunque esto se da muy raramente. A cada uno debería permitírsele escoger su nombre, ya que los nombres pueden acarrear serias consecuencias. Algunos de ellos desvirtúan a los que los poseen, causándoles serias repercusiones en sus vidas.[15] Y, en principio, también a cada grupo debería permitírsele escoger su propio nombre de grupo, siempre que a su vez a los miembros del grupo se les permita objetar y llamarse a sí mismos por cualquier nombre que deseen. Digo "en principio", porque la ignorancia y el prejuicio no deben permitirse sin ser cuestionados. No es bueno que una opinión basada en el error persista sin cuestionarse, en especial cuando ella afecta a otras personas. Por esta razón, he decidido pronunciarme sobre el asunto, aunque lo que voy a decir aquí no debe tomarse como un intento por obstruir la creatividad y los derechos de los individuos y los grupos a nombrarse como gusten.

Estas advertencias deberían ser suficientes para alertarnos de cuán divididos estamos en cuanto al nombre que preferimos, hasta tal punto que algunos de nosotros llegamos a alterarnos, y hasta enfurecernos, cuando

---

[15] Recientemente algunos académicos han sostenido que incluso el escribir mismo, y no sólo el uso de nombres, ha funcionado como un mecanismo de dominación en la América Latina; véase Rama (1984); Mignolo (1993).

alguien nos llama de un modo contrario a nuestros deseos. Algunos queremos que se nos llame hispanos y objetamos que se nos nombre 'latinos',
mientras que otros queremos ser llamados latinos y no toleramos que se nos
diga 'hispanos'.[16] En efecto, algunos llegan al punto de que rechazan asociarse con otros hispanos / latinos sólo por el uso de estos términos.

Hace algunos años, cuando el Comité para Hispanos en Filosofía de la
Sociedad Filosófica Estadounidense realizó una encuesta para determinar
cuántos de nosotros formábamos parte de la comunidad filosófica en los
Estados Unidos, los profesores y los estudiantes de posgrado respondieron
en la mayoría de los casos sin mayores objeciones. Pero un grupo considerable de estudiantes de pregrado, con mención en filosofía, de una escuela
californiana, decidieron no responder a la encuesta por el uso del término
hispanos en el nombre del comité.

Fuera de aquellos que se oponen tanto a 'hispano' como a 'latino', existen otros que rechazan cualquier nombre que los una con otros grupos de
hispanos / latinos. Esta situación ha empeorado en los Estados Unidos a
causa de los esfuerzos burocráticos por parte de las agencias del gobierno,
desde los años setenta, por imponer el término *Hispanics* sin el reconocimiento y el respeto debido a las legítimas diferencias de los diversos grupos
que caen bajo el epíteto. El uso del término 'latino' se ha debido en parte a
un esfuerzo popular en contra de esta homogeneización burocrática artificial.[17] En fin, ¿cuál es el problema?, ¿por qué la controversia?

El caso en contra de 'hispano'

Entre las muchas objeciones que se pueden aducir contra el uso de 'hispano'
para referirnos a los miembros de nuestro grupo, sobresalen cinco.[18] Son
argumentos muy diferentes, y su poder lógico y persuasivo también difiere.
El primero y el segundo pueden describirse como empíricos, pues sostienen
que no existe una justificación empírica para el uso del término. El tercero
es más difícil de caracterizar. Estoy tentado a llamarlo moral, pero cuando
lo examinemos se verá que esta calificación no es del todo correcta. Las
objeciones cuarta y quinta son pragmáticas, en el sentido de que señalan las

---

[16] Entre los que están a favor de 'latino' tenemos a Hayes-Bautista y Chapa
(1987), p. 66; Pérez Stable (1987). Por otro lado, Treviño favorece 'hispano' (1987),
p. 69. Además de las opiniones de investigadores, es obvio que la población hispana
/ latina en sí misma también está dividida sobre estos rótulos. Por ejemplo, véase
Fusco (1992).

[17] Oboler (1995), p. vii.

[18] Para otras: *ibid.*, pp. xi-xxi; Nelson y Tienda (1985).

consecuencias indeseables del uso de 'hispano'.

La primera objeción sostiene que 'hispano' es, en principio, un término confuso, y al menos inútil, puesto que no tiene una connotación clara, esto es, no indica un conjunto claro de propiedades compartidas entre las cosas que nombra. En este sentido, por ejemplo, el uso de 'argentino' es tanto útil como claro, puesto que todos los argentinos tienen en común que al menos son ciudadanos de la Argentina. Esto hace efectiva la denotación del término (*i.e.,* las entidades que nombra). Naturalmente, quizá existan además otras características comunes a los argentinos, pero si así fuese, esto sólo le añadiría una raya más al tigre, pues una sola propiedad es suficiente para justificar el uso del término.

Algo similar se puede decir acerca de términos más generales como 'humano', por ejemplo, pues todo ser humano tiene algo en común con los otros seres humanos —ya sea el uso de razón, el lenguaje o alguna otra— aun cuando no haya acuerdo sobre lo que es común. Igualmente, las cosas rojas tienen en común que, cuando las miramos bajo ciertas condiciones, se nos aparecen de cierta manera, lo que nos permite distinguirlas de otras cosas que no llamamos rojas.

Ahora bien, el argumento en contra del uso de 'hispano' es, precisamente, que no hay ninguna propiedad —o conjunto de propiedades— connotadas por el término y, por lo tanto, que no se usa efectivamente para denotar nada. En suma, puesto que no podemos señalar una connotación definitiva o precisa de 'hispano', este término no puede usarse para designar ninguna cosa.[19]

Una de las premisas en que se basa esta objeción es que para que un término se emplee en forma efectiva debe connotar alguna propiedad, o algún conjunto de propiedades, que sea común a todas las cosas de las que el término se predica. A esto los filósofos solemos llamarle esencia: un conjunto de propiedades que siempre —y exclusivamente— caracterizan a las cosas denominadas por un mismo término. Esta opinión es ampliamente compartida y ha recibido mucho apoyo a lo largo de la historia.

La objeción se funda en el hecho de que 'hispano' puede entenderse en

---

[19] La opinión según la cual hay propiedades compartidas por los hispanos está muy difundida. Con referencia a los hispanos en los Estados Unidos en particular, consúltese, por ejemplo, Marín y VanOss Marín (1991), pp. 1-2, 5-7 y 11-17. Entre aquellos que han señalado rasgos especiales, véase (para colectivismo y poder a distancia) Hofstede (1980); (para colectivismo solo) Marín y Triandis (1985); (para simpatía) Triandis *et al.* (1984); (para un sentido especial de familia) Moore, con Pachón (1976); (para cierto sentido del tiempo) Hall (1983); y (para la mezcla de características) Shorris (1992), p. xvii. Para una aproximación más general, véase Mañach (1975); García Calderón (1979), pp. 247-260 y ss.; y el capítulo 6 de ese libro.

múltiples sentidos, entre los cuales podríamos mencionar los siguientes: territorial, político, lingüístico, cultural, racial, genético y de clase. Pero ninguno de éstos es suficientemente efectivo como para establecer una esencia, o sea, una propiedad, o conjunto de propiedades, que pueda identificarse fácilmente como esencial de los hispanos.

Considérese una concepción territorial. La justificación de este uso consistiría en demarcar un territorio con base en el cual 'hispano' podría ser efectivamente aplicado. Pero esto tiene muy poco sentido si se toma por sí solo, pues ¿sobre qué bases puede uno establecer los límites de un territorio? Se puede hablar de montañas y ríos, pero esto difícilmente puede explicar el uso del término. Supongamos que alguien pretendiese insistir en que hispano es todo aquello que concierna a la península ibérica, por ejemplo. Esta perspectiva tiene la ventaja de que los límites o fronteras territoriales de la península parecen estar suficientemente claros: el agua la rodea completamente, con excepción del noreste, donde los grandes Pirineos se levantan separándola del resto de Europa. Así pues, en principio parece tener sentido que un término describa a la gente que vive en esa tierra. Sin embargo, los problemas de demarcación persisten, puesto que ¿dónde exactamente se localiza el límite entre la península y el resto de Europa? Quizá en el punto más alto de las montañas, pero aun así la cosa no está clara. Supóngase que existe una pequeña villa cuyos habitantes son descendientes de seis familias que se establecieron en un área de los Pirineos y han llegado a mezclarse entre ellos completamente, aunque tres familias vinieron de un lado de los Pirineos, y las otras tres del otro. Y supóngase, además, que la villa está localizada en una meseta por la cual cruzan los puntos fronterizos más altos, de modo tal que dividen a la villa en dos partes. Según nuestro criterio, tendríamos que llamar a uno de estos dos lados hispano, y al otro, galo. Evidentemente, esto no tiene sentido en una comunidad compuesta de personas estrechamente relacionadas entre sí.

En el intento de trazar límites territoriales entre la América hispana y la anglosajona se podrían encontrar dificultades similares. Supóngase que aceptamos al Río Grande como una línea divisoria entre ellas. ¿Qué haríamos con la gente del lado estadounidense que tiene ascendencia mexicana? ¿Y qué con los descendientes de anglosajones en el otro lado? Además, ¿qué haríamos con las semejanzas y las diferencias culturales? En conclusión, no importa cómo se conciban las justificaciones territoriales del uso de términos como 'hispano', ellas fracasan, pues no existe nada en un territorio que pueda justificar algunos usos actuales legítimos de los términos.

Considérese ahora una interpretación política.[20] Aquí tenemos varias

[20] Una concepción político-cultural en los Estados Unidos se presenta en Padilla (1985), pp. 75 y ss.

posibilidades, pero todas ellas inaceptables. Una es considerar a los hispanos como elementos constitutivos de la unidad política que conocemos como España. En este sentido, 'hispano' se refiere a las personas que forman parte de ese país. Pero existen al menos dos objeciones en contra de esta concepción. En primer lugar, el término parece duplicar otro ya en uso: 'español / a'. ¿Para qué necesitamos 'hispano' si ya tenemos 'español' para referirnos a las personas que forman parte del Estado español? En segundo lugar, la unidad política que conocemos como España no siempre ha tenido los mismos límites territoriales y, por lo tanto, no siempre ha incluido al mismo grupo de personas. En efecto, esta unidad política surgió sólo después de las muertes de Isabel y de sus sucesores inmediatos, Juana la Loca y Felipe el Hermoso, al dejar a Fernando de Aragón como único gobernante de Castilla y Aragón. Anteriormente, España no existía como tal. La unificación de España se calcula que ocurrió completamente cuando Fernando anexó la parte ibérica del reino de Navarra en 1512; pero esta unidad política no mantuvo siempre los mismos límites. Durante el reinado de Felipe II en el siglo XVI, como ya se dijo anteriormente, Portugal llegó a formar parte de ella, aunque sólo por un periodo relativamente corto. Gibraltar fue parte de España por un par de siglos, antes de que los británicos se apoderaran de la zona, hace unos doscientos años. Y algo similar se puede decir de Perpiñán.

Otra posibilidad sería interpretar el término para referirse a todas las unidades políticas de la península ibérica, tomadas en conjunto: España, Portugal, Cataluña, Navarra y las demás. Pero esto no resolvería nada, porque habría que ver por qué algunas unidades deben incluirse y otras no. ¿Por qué dejar fuera a la región vasca francesa? ¿Por qué no incluir a Perpiñán? ¿Qué hacer con las islas Azores y las Canarias? Y, por supuesto, esto dejaría fuera a toda la América Ibérica. ¿Sobre qué base podríamos concebir estas distinciones para justificar el uso del término 'hispano'?

Otro modo de justificar este uso es en función de la gente que habla español.[21] Pero en sentido estricto, 'español' no es el nombre correcto de la lengua que hablamos; la lengua que se conoce con este nombre es, de hecho, el castellano. Los castellanos se han apropiado del término 'español' por un proceso similar al cual los Estados Unidos se ha apropiado de 'América'; es una cuestión de prominencia y de poder. Es más, esta lengua es usada por muchas personas de las cuales no es la lengua materna. Algunas de éstas residen en la península ibérica misma, como los vascos, los gallegos y los catalanes; pero otros se encuentran en la América Ibérica, como los mayas y

---

[21] Por el énfasis en el lenguaje como factor unificador en los Estados Unidos, véase *op. cit.*, pp. 151-154. Esta opinión es común en la prensa, por ejemplo, "A minority worth cultivating", *The Economist* (25 de abril de 1998), p. 21. Para el énfasis en un contexto filosófico fuera de los Estados Unidos, véase Heredia (1987).

los tarahumaras; y aun otras residen en los Estados Unidos, en Australia y en Alemania. ¿Son todas estas personas hispanas? Nadie lo pensaría, lo que implica que el criterio lingüístico no es efectivo.

Incluso, existen personas consideradas hispanas que no tienen al castellano como su idioma materno. Considérese el caso de algunos bolivianos que hablan aimara de cuna. De acuerdo con este criterio, ellos no deberían considerarse hispanos y, sin embargo, aquellos que favorecen el uso de 'hispano' sí pretenderían hacerlo. Es más, si aquellos bolivianos emigraran a un país anglosajón serían clasificados como hispanos. También tenemos el caso de las personas que no hablan castellano, pero que, de cualquier modo, son consideradas hispanas. Tómese el caso de los hijos de puertorriqueños y de cubanos en los Estados Unidos, quienes nunca aprendieron castellano, y que no sólo son considerados hispanos por muchos, sino que, con frecuencia, ellos mismos se consideran de este modo. Es evidente que 'hispano' y 'hablante de castellano' no son expresiones sinónimas. Además, está también un asunto de la competencia lingüística. ¿Cuánta competencia lingüística necesita uno en castellano para ser considerado hispano? Si el grado de competencia requerida es muy elevado, se tendría que descalificar a muchos niños e incapacitados mentales; y si se requiere un grado muy bajo, entrarían en la categoría muchos estudiantes de esta lengua que no son considerados hispanos.

Supóngase por un momento que nada de lo dicho en contra de considerar al idioma un criterio de hispano lo descalifique como tal. Aun así, el criterio lingüístico podría cuestionarse en la medida en que aporta muy poco a la identidad en cuestión. El argumento indicaría que el castellano no es mucho más que los elementos de una gramática, y esto no explicaría la identidad del grupo. En efecto, ¿cuánto puede haber en común, aun lingüísticamente hablando, entre algunos afrocubanos, algunos bolivianos y algunos asturianos? El acento sería muy distinto, y también lo sería el vocabulario, así como gran parte de la sintaxis. ¿Se comprenderían entre ellos? Hasta cierto punto sí, pero esto no se puede dar por sentado. En tales condiciones, ¿se puede realmente considerar a la lengua el fundamento de la identidad hispánica?

Ampliar nuestra concepción de lo hispánico al incluir otras lenguas ibéricas, e incluso quizá algunas lenguas amerindias, no sería útil, porque el criterio todavía sería demasiado estrecho y demasiado amplio a la vez.[22] Sería muy estrecho al no resolver el problema de los vascos franceses o, de nuevo, el de las personas de otras culturas que aprenden esas lenguas; y

[22] Uso el término 'amerindio' para referirme a lo que tiene un origen precolombino, y 'amerindio estadounidense' para hablar de aquello que tiene un origen precolombino en los Estados Unidos.

sería demasiado amplio al faltarle más cohesión que al castellano. Claramente, el criterio lingüístico no nos ayuda a entender lo hispánico.

El criterio cultural es más prometedor, aunque un cuidadoso escrutinio lo muestra también falible.[23] A primera vista, pareciera que la cultura podría funcionar como un criterio demarcador efectivo de lo hispánico.[24] Después de todo, ciertas prácticas y ciertos rasgos culturales parecen separarnos a los hispanos de otras culturas, ya que compartimos una suerte de características idiosincrásicas de este tipo que no se encuentran en otras culturas. Entre éstas se incluye el idioma, o las familias de idiomas, los valores, la religión, las costumbres sociales y así muchas más. La cultura podría resolver los problemas que las demarcaciones territoriales y políticas han presentado; proveería de límites a los territorios, y a la vez cruzaría fronteras políticas artificiales. Pero incluso la cultura falla bajo el escrutinio.

Considérese el modo en que hablamos de los hispanos al referirnos a personas que comparten la cultura española. Esto indudablemente despierta ciertas dudas, como: ¿qué es la cultura española? ¿Es ésta la cultura de la unidad política que conocemos como España? ¿Incluye a las culturas catalana y vasca? ¿Por qué la separamos de la cultura portuguesa y no de estas otras? Pero quizá sea separable de todas éstas, en cuyo caso estaríamos hablando, digamos, de la cultura castellana. Pero la cultura castellana se reduciría entonces a la cultura de aquellas personas que hablan castellano. Mas, ¿debemos referirnos a los que hablan castellano como lengua materna o a los que han adquirido el idioma más tarde? ¿O quizá, a fin de cuentas, tiene que ver con el territorio? ¿O con las fronteras políticas? ¿Y por qué excluir a la América Ibérica? El problema de incluir a la América Ibérica es que allí tenemos una variedad de culturas que están bien integradas en algunos casos, y en otros no, pero que de ninguna manera pueden ser consideradas españolas. Un breve paseo por el Zócalo de la ciudad de México y por la Plaza del Sol de Madrid es suficiente para confirmar lo dicho. Entonces, ¿qué criterios debemos usar, y a quiénes deberíamos llamar hispanos? Es evidente que el criterio cultural es demasiado impreciso como para asistirnos, y cuando tratamos de precisarlo, terminamos reduciéndolo a otros criterios que ya se han mostrado inadecuados ante nuestro escrutinio.

La raza parecería *prima facie* como una mejor elección. Obviamente el

---

[23] Un criterio cultural de lo étnico en general ha sido propuesto por Appiah (1990, p. 498). Para este criterio en el contexto hispano, véase Heredia (1994, p. 135).

[24] El intento culturalista de definir la nacionalidad o lo étnico ha sido favorecido por muchos autores en la América Ibérica. En México, Samuel Ramos y Octavio Paz se distinguen. Del primero, véase (1963), pp. 125-153. Del segundo, véase (1961). Para otros ejemplos, véase el capítulo 6 de este libro. Para el contexto de los Estados Unidos, véase Padilla (1985), p. 57. Horowitz (1975, p. 124) critica el énfasis cultural en la comprensión de lo étnico.

término tiene una connotación más científica. La raza parece no depender de la cultura, y aquellos que pertenecen a una raza se supone que comparten características físicas claramente distinguibles. No parece ser nada difícil separar a la gente de acuerdo con la raza. Sin embargo, este criterio también crea problemas, dos de los cuales son importantes: en primer lugar, la raza difícilmente es un criterio claro de separación en la medida en que parece incluir, a fin de cuentas, elementos culturales y sociológicos.[25] Frecuentemente vemos que individuos que tienen una apariencia diferente están clasificados como miembros de una misma raza, y gente que parece similar se clasifica como miembros de diferentes razas. En algunos casos, la clasificación racial está más relacionada con el linaje reciente que con cualquier otro factor. La situación de Sudáfrica y de los Estados Unidos es, ciertamente, muy ambigua en cuanto a la raza se refiere. En la primera, la clasificación racial se ha modificado frecuentemente por medio de procedimientos legales, y en general se acepta que, en los Estados Unidos, una buena parte de la población de color cada año se convierte en blanca.[26]

Pero esto no es todo pues, aunque la raza fuese un criterio indiscutible de distinción entre la gente, no parece existir ninguna raza a la que se pueda llamar hispana. En efecto, muchas personas que son llamadas hispanas pertenecen a razas diferentes. ¿Una raza hispánica? ¿Cuáles podrían ser sus características? Aun en la misma península ibérica, e incluso dentro de lo que conocemos hoy como España, no existe una uniformidad en la apariencia, o en los rasgos físicos. En efecto, existen aun diferencias fisiológicas entre algunos grupos ibéricos (por ejemplo, la constitución sanguínea de los vascos es diferente de la de otros iberos en ciertos aspectos). Los habitantes de la península ibérica son quizá una de las poblaciones más mixtas de Europa. Además de los celtas, iberos prerrománicos, vascos, griegos, fenicios, cartagineses, bereberes, romanos, vándalos, suevos y visigodos, entre otros, la península ha tenido, a lo largo de su historia, una gran afluencia de moros, que empezó en el siglo VIII, y también de judíos en diversos periodos

[25] En el siglo XIX, algunos de los pensadores iberoamericanos más lúcidos ya habían rechazado la noción de raza. Véase José Martí, por ejemplo (1946), p. 2035. Otros cuestionaron las bases biológicas de las razas, por ejemplo, Ortiz (1911). Para la temática en los Estados Unidos: Locke (1992, pp. 10-12) y Outlaw (1996). Para otros estudios sobre el tema de la raza, véase Appiah y Guttman (1996); Zack (1993); Harris, ed. (1998). La interpretación de 'hispano' y otros rótulos étnicos, como raciales, es aún muy común. En efecto, incluso recientemente la Oficina de Censos de los Estados Unidos clasificaba a "hispano" junto con las categorías "negro" y "blanco". "Mexicano" dejó de ser una categoría racial recientemente en el censo de 1940 en los Estados Unidos (Marín y VanOss Marín, 1991, p. 20).
[26] Para Sudáfrica, véase Minh-Ha (1991), p. 73.

de su historia; y algunos descendientes de amerindios frecuentemente se han mudado hacia allá y se han mezclado con otros miembros de la población. Incluso, existen africanos, indios (de la India) y asiáticos que se han asentado (voluntariamente o por la fuerza) en Iberia en distintas épocas, los cuales se han mezclado con la población de España y Portugal. Esto hace completamente imposible hablar de una raza española, o ibérica, para referirnos a la gente de la península ibérica. Y la situación se torna más compleja cuando incluimos a la América Ibérica en el cuadro, porque los elementos africanos y amerindios en ella son sustanciales, y son ellos mismos diversos y se han entremezclado entre sí. Es más, existe una reciente inmigración europea no ibérica y otra asiática en la América Ibérica. Alberto Fujimori, el presidente de Perú durante la década de los noventa, era de ascendencia japonesa, y un número considerable de asiáticos reside en Paraguay, de italianos y galeses en la Argentina, de alemanes en Chile y de franceses en Cuba. ¿Cuál es, entonces, la raza hispánica?

A principios del siglo XX, cuando los filósofos estuvieron deslumbrados por la biología y las teorías evolutivas de Darwin, el filósofo mexicano José Vasconcelos propuso la idea de que, en la América Latina, se estaba gestando una quinta raza, la cual, en lugar de ser excluyente como las otras cuatro, llegaría a ser una mezcla de todas ellas. En sus especulaciones, sostuvo que esta raza estaría guiada más por el amor que por el interés.[27] La teoría de Vasconcelos es inspiradora, pero fundamentalmente defectuosa, puesto que se basa en una noción confusa de raza. Sin embargo, hay en ella un punto importante del que debemos tomar nota: no existe una sola raza en la América Latina, sino más bien una verdadera amalgama de razas y de combinaciones raciales. Y esta situación puede extenderse a las comunidades ibérica e hispano-estadounidense. Si es que hubiera una raza hispánica, cosa que realmente dudo, debe de estar aún en proceso de formación y constituirá forzosamente una mezcla extraordinaria.

Algunos argumentan que no es una raza, sino más bien un linaje genético lo que confiere unidad a los hispanos, y que este linaje supone constituir tanto una condición necesaria como suficiente para el uso apropiado del término, y para la identidad de aquellos a quienes se les aplique.[28] *Prima*

[27] Vasconcelos (1957a). En Gracia y Jaksiç, eds. (1988), pp. 71-100.
[28] Este argumento fue propuesto por Corlett (2003, cap. 2) para el término 'latino' y para lo étnico en general (1996, pp. 86-89). El argumento se encuentra frecuentemente implícito en las investigaciones sobre la identidad hispánica / latina. Sin embargo, la extensión de 'latino' para Corlett, *de facto* corresponde a la extensión de 'hispano'. Nótese que algunas veces el carácter de un apellido, como un apellido español, se toma como una condición necesaria y suficiente para el uso de 'hispano' o de la identidad hispánica. Pero como generalmente los apellidos dependen del linaje, los argumentos que he presentado en contra de éste se aplican igualmente

facie, esto parece tener sentido. Ciertamente, resuelve muchos de los problemas anteriores suscitados a causa de los criterios territorial, político, lingüístico, cultural y racial. Según este criterio genético, los hispanos pueden mudarse a muchos lugares, unirse a distintas naciones, hablar lenguas diferentes, poseer diversas culturas y pertenecer a diferentes razas y combinaciones raciales, mientras siguen siendo hispanos.

Este punto de vista, sin embargo, encara por lo menos tres problemas serios.[29] El primero es que involucra o una circularidad o una reducción respecto de algún otro factor, puesto que el linaje genético siempre tiene un origen. La membresía en una línea genética presupone la línea genética. El problema radica en que la identidad de la línea genética debe ser asumida (de allí la circularidad) o analizada en términos de factores no genéticos, como el territorio, la unidad política, la lengua, la cultura y así sucesivamente (de aquí la reducción). Si soy hispano porque puedo rastrear mi linaje hasta mis abuelos, ¿qué los hace a ellos hispanos?

El segundo problema es que el linaje genético es un criterio de identidad tanto demasiado estrecho como demasiado amplio. Es demasiado estrecho porque hay hispanos que no tienen un linaje genético que los conecte a otros hispanos, por ejemplo, algunos hijos de inmigrantes galeses en la Argentina, o los de los judíos que migraron a varias naciones hispánicas. Y el linaje genético es demasiado amplio, porque tendría que incluir una décima generación de descendientes de hispanos que no han vivido en países hispánicos, no han tenido relaciones con otros hispanos y ni siquiera comparten con ellos rasgos culturales.

Esto me lleva a una tercera dificultad: el linaje genético es muy impreciso como criterio, en la medida en que no está claro lo que incluye, pues en definitiva, ¿qué lo constituye? ¿Una genealogía sin ninguna mezcla o una genealogía parcialmente mezclada? Si es lo primero, dudo de que muchos de nosotros pudiésemos calificar como hispanos; si es lo segundo, bastaría con un antepasado hispano —separado por diez generaciones— para ser incluido en la categoría, lo cual no tiene mucho sentido.

Finalmente, se podría argumentar que 'hispano' denota una clase particular de gente. El problema con esta posición es que se hace muy difícil

---

aquí. Para la discusión de apellidos como indicadores de lo étnico, véase Isaacs (1975), p. 50. Una opinión común entre los sociólogos relacionada con el tema es que lo étnico es adquirido al nacer, e involucra elementos tanto físicos como socio-culturales. *Ibid.* y Horowitz (1975), p. 113.

[29] Para un análisis sociológico del papel que desempeña la ascendencia en la situación étnica hispánica / latina, Nelson y Tienda (1985). Los problemas de esta perspectiva se han examinado también en otros contextos de identidad, por ejemplo, Ruch (1981), p. 180.

hablar de una clase de ese tipo. Para que tenga sentido hablar de esta manera, uno debería empezar por separar, de entre un mayor grupo de gente, a
aquellos que podemos distinguir como pertenecientes a la clase de los hispanos. Pero, ¿cuál es ese grupo mayor de personas? ¿Aquellos que hablan
castellano? ¿Aquellos que residen en España? ¿Aquellos que residen en la
América Ibérica? ¿Aquellos que tienen cierta raza o ciertos antepasados? Ya
vimos que hay dificultades al tratar de establecer una demarcación con base
en cualquiera de estas categorías, pues, aun suponiendo que pudiéramos
hacerla, todavía tendríamos que separar el subgrupo hispánico del mayor
grupo de gente, y tendríamos que hacerlo en términos de clase. Pero, ¿a qué
subgrupo o clase nos vamos a referir como hispánica? Algunos opinan que
los hispanos deberían ser sólo las personas que tienen ascendencia española. Pero, ciertamente, esto haría resurgir los problemas asociados con el uso
de 'español' y, más aún, éste no es el modo en que la mayoría de las personas usa 'hispano'. Y otros criterios, como la educación, el estatus social,
etc., también fallan, puesto que ellos obviamente mantendrían vínculos con
grupos de no hispanos que tienen el mismo nivel educativo, igual estatus
social y así sucesivamente. En definitiva, éste no parece ser un modo efectivo de distinguir a los hispanos de otros grupos de gente.[30]

En suma, la objeción empírica nos dice que no existe de hecho una
propiedad identificable, o un grupo de propiedades, que se pueda reconocer
como compartida por aquellas personas que uno quisiera llamar hispanos y,
por lo tanto, carecemos de un criterio apropiado para distinguirlas de otras
personas. Si usamos una jerga filosófica, podríamos decir que el uso de 'hispano' es injustificado en la medida en que no existen condiciones necesarias o suficientes identificables ni de su uso apropiado ni de la identidad de
aquellos a quienes se les aplica el término. Ninguna de las condiciones mencionadas —territorio, unidad política, lengua, cultura, raza, linaje genético
o clase— funciona como condición necesaria o suficiente. En conclusión,
debemos abandonar la empresa de tratar de identificar a los hispanos sobre
la base de algún tipo de propiedad discernible empíricamente.

Nótese que esta objeción puede utilizarse no sólo en contra de 'hispano', sino también, y más radicalmente, en contra de cualquier intento de
incluir a los iberos, a los iberoamericanos y a algunos estadounidenses en un
mismo grupo. Retornaré a este punto cuando hablemos de la alternativa
que rehúsa todo nombre, pero ahora permítaseme exponer la segunda objeción.

Esta objeción es también empírica en la medida en que, según ella, no

---

[30] Este argumento ha sido propuesto por diversos autores, particularmente en el
contexto de quienes vivimos en los Estados Unidos. Por ejemplo, Hayes-Bautista
(1980), p. 355.

existen fundamentos discernibles y empíricos que justifiquen el uso de 'hispano', pero a diferencia de la primera objeción, que negaba que el término tuviese una connotación, ésta argumenta que su connotación 1) es demasiado estrecha, de modo tal que excluye algunos elementos necesarios, y 2) no balanceada, ya que privilegia algunos elementos sobre otros. Su idea clave es que el uso de 'hispano' para describir a los miembros de la comunidad iberoamericana en la América Ibérica, o a la comunidad latina en los Estados Unidos, privilegia injustamente los componentes españoles, ibéricos y europeos de esas comunidades, ya sean culturales o raciales, dejando de lado, algunas veces completamente, otros elementos esenciales. 'Hispano' significa, en cierto sentido, derivado de español o ibérico, y por ende europeo, enfatizando así este elemento más que los factores amerindios y africanos que son parte integral de nuestra comunidad.

Algunas veces este argumento se presenta en términos de nacionalidad: se dice que el uso de 'hispano' no refleja propiamente las diferencias nacionales. Esta versión del argumento es más débil, porque las diferencias a las que se refiere frecuentemente no son más que construcciones artificiales, creadas por ciertas élites poderosas, y superpuestas sobre una amplia gama de gente muy diversa.

Entendida en un sentido cultural o racial, sin embargo, ésta es una objeción poderosa. Los rótulos y los nombres establecen prioridades y envían mensajes, y si, efectivamente, 'hispano' implica un privilegio de los elementos españoles, iberos y europeos en detrimento o exclusión de los factores amerindios y africanos en nuestra comunidad, esto es ciertamente inaceptable. Si el término sólo puede entenderse de este modo, debería descartársele en favor de otro más inclusivo e imparcial.

La tercera objeción en contra del uso de 'hispanos' sostiene que, aunque el término pueda ser perfectamente apropiado cuando se aplica a los españoles en particular, o a los iberos en general, y a los descendientes de españoles e iberos en la América Ibérica y los Estados Unidos, es indecente usarlo para referirse a los iberoamericanos o a los latinos que residen en los Estados Unidos que no tengan ascendencia española o ibera. La razón es que los antepasados de estas personas sufrieron enormes atrocidades y crueles abusos por parte de los conquistadores ibéricos, y, en muchos casos, las consecuencias de tales atropellos aún son evidentes. 'Hispanos' se refiere, antes que nada, a las personas que fueron responsables de las atrocidades y los abusos, de manera que emplear este término para referirse a aquellos que los sufrieron no sólo es incorrecto, sino repugnante.

Ahora queda claro por qué he calificado esta objeción como moral. Su fuerza radica en gran medida en consideraciones de este tipo: es moralmente incorrecto llamar hispanos a los iberoamericanos y a los latinos. A pesar de ello, no queda suficientemente claro si es que existe un principio moral

justificado por el que se pueda derivar esta conclusión. Quizá alguien podría argumentar que se deriva del siguiente principio: "Es incorrecto utilizar
para el oprimido un nombre que corresponde al opresor". Pero esto no es
útil, pues no hace evidente por qué este principio tiene fuerza moral. En
otras palabras, a pesar de que la forma del principio es prescriptiva, no es
obvio por qué debe adoptarse. En efecto, hay situaciones en las que es ciertamente beneficioso para el oprimido usar un nombre que pertenece al opresor, ya que la identificación con el último puede ayudar al primero a evitar
ciertas medidas opresivas impuestas por el opresor. Y si la vida, la muerte y
el bienestar y malestar del oprimido dependen del uso del nombre del opresor, alguien que desee defender al primero parecería moralmente obligado a
usar ese nombre. No queda claro, pues, que el principio en cuestión esté
moralmente justificado en todas las circunstancias. De cualquier modo, el
que tanto el principio como la objeción sean presentados como juicios morales garantizaría la descripción de la objeción como moral, aun cuando la
justificación moral correspondiente no estuviese clara o no fuera posible.

Existe una versión de esta objeción que resulta particularmente significativa para el uso de 'hispanos', con respecto a aquellos de nosotros que
residimos en los Estados Unidos, y especialmente a los mexicano-estadounidenses del suroeste estadounidense que son mestizos. La objeción es que
un pequeño grupo de gente del suroeste se ha apropiado de 'hispano' para
llamarse a sí mismos, porque se consideran descendientes puros de españoles, con la intención de distinguirse de los "mexicanos", a quienes consideran mestizos y, desde su perspectiva racista, como una clase inferior de seres
humanos. En estas condiciones, ¿tiene sentido el uso de 'hispanos' para
referirse, precisamente, a los mestizos o a los mexicano-estadounidenses?[31]
Dos puntos merecen nuestra atención: primero, si el término ha sido usado
para diferenciar y discriminar, no puede emplearse ahora para unir; segundo, si el uso del término implica puro español, no mestizo y no mexicano,
entonces, ¿cómo puede ser usado para referirse a mestizos y mexicanos?

La cuarta objeción en contra del uso de 'hispanos' es pragmática. Indica
que el uso del término acarrea consecuencias inaceptables. Éstas resultan de
que, no importa lo que se diga, 'hispanos', ante todo y principalmente, les
compete a los españoles, de manera que puede ser usado sólo secundaria y
derivadamente para referirse a los iberoamericanos y a los latinos. Lo cual
hace a estos últimos, por así decirlo, ciudadanos de segunda clase, y perpe-

---

[31] Oboler (1995), pp. 25-27. En 1980, la Spanish American Heritage Association declaró que "Un hispano es una persona caucásica de ascendencia española. Los
mexicanos y puertorriqueños estadounidenses ni son caucásicos ni tienen ascendencia española, por lo tanto no son hispanos". Citado por Hayes-Bautista y Chapa
(1987), p. 64.

túa la relación dominador-dominado entre españoles (en particular) o ibe-ros (en general), por un lado, y latinoamericanos y latinos, por el otro. Por lo tanto, resultaría prácticamente nefasto para los segundos dejarse llamar hispanos, aun cuando esto no signifique que los efectos de tal denomina-ción fueran similares a los que ocurrieron durante la época colonial. Hoy los países iberoamericanos son naciones completamente independientes de Es-paña, e incluso algunos de ellos son más ricos y poderosos que ella.[32] Más aún, los latinos en los Estados Unidos están completamente fuera del alcan-ce de cualquier tipo de poder, político o de otra naturaleza, que España pudiese ejercer sobre ellos. Sin embargo, aun así existiría una dependencia de tipo psicológico y un sentido cultural de servilismo que no sería saluda-ble para los iberoamericanos y los latinos.

La quinta y última objeción es también pragmática: señala que el uso de 'hispanos' tiene connotaciones negativas y, por lo tanto, potencialmente perjudiciales. No sólo es que 'hispano' involucre "derivadamente español", sino que además el término se asocia en muchos lugares con cualidades negativas: ociosidad, bellaquería, relajamiento moral, chusmería, ignoran-cia, drogadicción y otras cosas por el estilo. También connota la mezcla de raza, lo cual, en las sociedades racistas, puede acarrear consecuencias muy serias. En resumen, el uso de 'hispanos' puede crear una atmósfera hostil para nosotros, puede llevar a la discriminación y a la vez crear obstáculos a nuestra efectiva integración en sociedades donde constituimos una mino-ría, como en la estadounidense.[33]

El caso en contra de 'latinos'

El caso en contra del uso de 'latinos' empieza con una objeción empírica similar a la primera objeción mencionada en contra de 'hispanos'.[34] Digo "similar" en vez de "la misma", porque aquellos que proponen el uso del primero no incluyen a los países ibéricos en esta designación. En efecto, una de las razones por la que favorecen 'latinos' en lugar de 'hispanos' es que asocian el último término con España. Ellos aceptan en particular las obje-ciones segunda, tercera y cuarta, presentadas anteriormente contra el uso

[32] Esta situación está en un proceso de cambio debido a la integración de España en la comunidad europea y a su reciente resurgimiento económico.

[33] Debemos tener en cuenta que, a pesar de que los casos más flagrantes de discriminación han ocurrido en los Estados Unidos, los trabajadores hispanos inmi-grantes han sufrido discriminación en Alemania, Suiza y otros países de Europa.

[34] Para otros argumentos, véase Murguía (1991).

de 'hispanos'. No quieren tener nada que ver con un término que creen que designa principalmente a un antiguo opresor y cuyas consecuencias todavía afectan a aquellos dominados por sus antepasados. Pero aun si se restringe el uso del término 'latinos' para la América Ibérica y ciertos miembros de la población en los Estados Unidos, los problemas empíricos mencionados vinculados con el uso de 'hispanos' pueden aplicarse, *mutatis mutandis*, a este caso, porque la población de la América Ibérica y la supuesta población iberoamericana en los Estados Unidos parecen tener tan poco en común como tienen los supuestos referentes de 'hispano'. Como no es necesario repetir lo que ya hemos dicho, en su lugar voy a presentar otras cinco objeciones que se pueden plantear en contra del uso de 'latinos' en particular.

La primera de éstas sostiene que, si la designación 'latinos' se mantiene sin aplicarse a los países ibéricos, entonces es demasiado estrecha para que sea útil. Si el argumento a favor de este término y el rechazo de 'hispanos' es que el último no es aceptable a causa del abuso que los iberos ejercieron sobre la población oriunda de América, entonces ¿qué podemos hacer con los descendientes de los iberos que viven en América, y cuyos antepasados se asentaron aquí desde hace varios cientos de años? Ciertamente, ellos no serían latinos. Pero, si no lo son, ¿qué cosa son? En otras palabras, ¿qué es lo que debemos entender por criollo?

'Criollo' se usó durante el periodo colonial para designar a las personas nacidas en América de antepasados españoles.[35] Obviamente, los criollos y sus descendientes poseen algunos elementos de la cultura española, incluso la lengua, y nunca sufrieron las atrocidades que los conquistadores infligieron a los africanos traído a América como esclavos y a los amerindios. En efecto, algunos de ellos, o de sus antepasados, pueden haber sido responsables de algunas de estas atrocidades. Esto quiere decir que, si el uso de 'latinos' pretende precisamente dejar fuera todo lo relacionado con lo español o lo peninsular, los criollos y sus descendientes también deben quedar fuera. Pero entonces, ¿cómo vamos a llamar a estas personas? ¿Cómo debemos considerarlas? Me imagino que algunos quisieran deshacer la historia enviándolos de regreso a Iberia, pero los deseos no cambian las cosas. Los descendientes de los criollos están en la América Ibérica para quedarse.

Una comparación con los africanos traídos a la América Ibérica puede aclarar más el panorama, pues los africanos son tan extranjeros en América como los criollos.[36] En efecto, hay criollos cuyas familias han estado en

[35] Existen contrapartidas de este término en portugués que se refieren a los inmigrantes portugueses y a sus descendientes que viven en América, y también en francés para designar a los inmigrantes galos y a sus descendientes.

[36] En efecto, es posible que el término 'criollo' pueda haberse aplicado originalmente a los hijos de los africanos nacidos en América, y sólo después haber sido

América más tiempo que cualquier familia africana del continente. Así pues, si los criollos deben excluirse de la extensión de 'latinos' porque no son amerindios, también debería excluirse a los africanos. Es más, si estamos interesados en mantener una consistencia imparcial, las mismas razones nos obligarían a excluir a los mulatos (la mezcla entre europeos y africanos); y aun más nos llevaría a preguntarnos qué hacer con la población resultante de la mezcla de amerindios con no amerindios. ¿Deberíamos embarcar a los africanos de vuelta hacia su continente y ahogar en el océano a todo linaje mixto? ¿Y qué hacemos con las culturas mixtas? ¿Rechazamos todo lo ibérico? Eso incluiría el idioma mismo, por supuesto. Pero ¿qué colocaríamos en su lugar? ¿El inglés, el lenguaje de otros opresores?

Basta con una breve revisión de la historia de gran parte de la América Ibérica para darse cuenta de que mucho de lo que se considera valioso y constitutivo de ella, hoy en día, es resultado del esfuerzo de criollos, negros, mulatos y mestizos. No tiene ningún sentido usar una designación que excluya necesariamente a alguno de estos grupos.

Pero eso no es todo. Existe otro factor importante que debe mantenerse presente en este asunto, y es que la América Ibérica es eminentemente mixta. Hay algunos iberoamericanos que pueden aducir una ascendencia ibérica plena, e igualmente hay otros que pueden reclamar su ascendencia africana o amerindia pura. Pero, abrumadoramente, la mayoría de los habitantes de nuestra América y la mayor parte de los "latinos" que viven en los Estados Unidos son mixtos. Para ellos, rechazar 'hispano' es rechazar parte de lo que son genéticamente. Pero no sólo eso, pues también sería rechazar parte de lo que son histórica y culturalmente. La América Ibérica de hoy no es la América precolombina, ni Iberia es hoy lo que fue antes de encontrarse con América. La actual cultura de la América Ibérica y de Iberia es una mezcla de elementos amerindios, africanos e ibéricos que se juntaron en la historia.

Una segunda razón en contra del uso de 'latinos' es que no se les debería permitir monopolizar el término a los latinoamericanos, iberoamericanos o a los latinos estadounidenses. Si 'latinos' se toma en sentido de "origen latino", y como opuesto al anglosajón, entonces los iberos tienen tanto derecho al nombre como los otros mencionados. En efecto, su derecho al nombre es ciertamente mayor que el de los amerindios, porque éstos no tienen nada en común con los romanos en lo genético o histórico (excepto a través de Iberia). Por otro lado, ¿quién sería capaz de decirles a los franceses, quienes acuñaron el término precisamente para distinguirse ellos mismos de los

---

utilizado por los descendientes de los iberos para distinguirse de los iberos mismos. En la Argentina, los términos 'criollo' y 'criollito' se usan para referirse a la gente de piel oscura, quienes parecen tener mezcla de sangre. Morse (1964), p. 136; también *Diccionario manual* (1981).

anglosajones, que ellos no tienen derecho a ese término? ¿Sobre qué base se podría establecer este argumento?

Esto me lleva a la tercera objeción, o sea, que 'latinos' tiene una designación demasiado amplia. Propiamente, el término significa tener origen latino, y los latinos fueron los antiguos romanos (en efecto, sólo un pequeño grupo de gente del *Latium*, la tierra que rodea Roma). Por extensión, el término también se usa como adjetivo para referirse a ciertas partes de Europa en la Edad Media, en la que la lengua latina era usada, o para referirse a ciertas personas que usaban esta lengua. En este sentido, los latinos son contrastados con los musulmanes o los judíos, por ejemplo. Según este criterio, no sólo a los residentes de lo que posteriormente ha llegado a llamarse Italia o España se les llamaba latinos, sino incluso a los residentes de Alemania y Gran Bretaña. Incluso, el término llegó a aplicarse a las personas cuyas lenguas derivan del latín, es decir, a los hablantes de las llamadas lenguas romances. Así, se les llama latinos a los hablantes de castellano, italiano, francés, catalán, rumano y a otros por el estilo, pero no así a los que hablan inglés, alemán o ruso. Recuérdese que la razón por la que se introdujo el término 'América Latina' fue, precisamente, para circunscribir a los latinos de América, de modo tal que pudiesen contrastarse con los anglosajones que hablaban lenguas no derivadas del latín. En efecto, si retrocedemos al siglo XIX, cuando el término comenzó a utilizarse, vemos que quienes lo proponían enfatizaban precisamente la herencia romana y francesa: la América Latina es latina por sus tradiciones legales (derecho romano) y religiosas (Iglesia católica romana).[37]

En suma, los latinos en los Estados Unidos y los latinoamericanos e iberoamericanos no tienen derecho de apropiarse exclusivamente de 'latino'. Incluso, el uso de la versión inglesa del término, 'Latinos', en los Estados Unidos resulta más paradójico aún. ¿Por qué, entonces, usar el término castellano, cuando se pretende evitar toda connotación ibérica? Y si lo que se desea es alejarse de cualquier terminología eurocéntrica, ¿por qué usar un término relacionado con la quintaesencia europea: Roma? ¿Acaso hemos olvidado que Roma ha sido el símbolo y el icono de todo imperialismo, expansión, militarismo, conquista y colonización en los últimos dos mil años? ¿Hemos olvidado a Carlomagno, Carlos V, Napoleón y Hitler? Roma ha sido la inspiración, el combustible que ha encendido la ambición de todo tirano que ha querido erigirse a sí mismo como emperador del mundo, y de toda nación que ha aspirado a establecer un predominio sobre las demás. Y si se objeta que el imperialismo, la expansión militar, la conquista y la colonización romanas también produjeron beneficios, tales como la diseminación del conocimiento y el progreso para los conquistados, hay que respon-

---

[37] García Calderón (1979), pp. 154-155.

der que estas ventajas no estaban previstas y se produjeron accidentalmente al margen de un proceso iniciado por razones muy diferentes. Además, es obvio que las mismas se podrían haber llevado a cabo por medios más pacíficos y beneficiosos; Roma representa el lado siniestro de este proceso. El uso de 'latino', como un acto de rebelión en contra de los expansionismos ibéricos y europeos, no sólo es paradójico sino también ridículo. Aquellos que insisten vigorosamente en el uso del término, o tienen una memoria de muy corto plazo o muy selectiva. Pero los buenos fundamentos requieren de una memoria buena e integral. Ésta es una lección que aquellos que sufrieron a manos de Hitler han aprendido bien; y nosotros deberíamos aprender de su experiencia. Basémonos en los hechos, y seamos precavidos con los símbolos que adoptemos.

Queda una objeción en contra del uso de 'latinos' que necesita ser explicada. Si es objetable adoptar cualquier nombre impuesto por un grupo de gente extranjera, ¿por qué adoptar el nombre que nos dieron los franceses? La adopción del nombre francés parece ser otro ejemplo de la actitud servil que muchos de nosotros tenemos respecto de ciertos países europeos, y particularmente de Francia y de Inglaterra. Inclinarse ante los franceses, o ante los ingleses, es tan nefasto y repugnante como inclinarse ante los españoles o los portugueses; en efecto, puede que sea peor, porque la mayoría de nosotros tenemos alguna sangre ibérica y, ciertamente, mucho de las culturas ibéricas, pero ¿cuánto se podría decir que tenemos de los franceses o los ingleses? Quizá un barniz literario e ideológico en las clases altas, pero nada realmente profundo. Si el fin que perseguimos es liberarnos de lo extranjero, entonces en verdad no deberíamos seguir la iniciativa francesa; más bien, deberíamos ser nosotros mismos los que escojamos nuestro nombre.

El caso en contra de todo nombre

El cuadro presentado parece ser un mal indicio respecto del éxito de la tarea de buscar un nombre para el grupo de gente que algunos llaman hispanos y otros latinos. En efecto, quizá lo mejor sería abandonar la empresa por completo: rechacemos todo nombre. En este contexto, los argumentos remiten en algunos sentidos a los que ya hemos expuesto. Me referiré a cuatro en particular, que podríamos caracterizar respectivamente como empírico, político, lógico y pragmático.[38]

Ya hemos visto diversas versiones del argumento empírico: éste señala

[38] Para otras objeciones en el contexto estadounidense en particular, véase Giménez (1989).

que no hay nada que los llamados hispanos / latinos tengan en común. No hay una unidad o una realidad que exista detrás del nombre, porque no hay propiedades comunes a todos nosotros. Cualquier nombre, entonces, resulta ser una creación artificial de quienes tienen en mente fines propios, como el poder político, la riqueza o cosas por el estilo. Una búsqueda de los elementos de unidad, tal como hemos visto, no nos lleva a ninguna parte. En efecto, algunos intelectuales han señalado que incluso denominaciones como 'América Latina' son problemáticas.[39] En realidad, nos dicen, la América Latina no existe. Sólo existe un grupo de países con sociedades muy diferentes que, considerados en conjunto, no tienen nada en común. La denominación 'América Latina', tal como 'hispano' o 'latino', ha sido impuesta por personas o grupos de personas para quienes es conveniente aglutinar a los países o a los pueblos de esa parte del mundo, y usualmente el propósito que subyace en este acto es la dominación y la explotación.

Pensemos en los siguientes cuatro países, considerados netamente latinoamericanos: Argentina, Brasil, Ecuador y México. El castellano es la lengua franca en tres de estos países (Argentina, Ecuador y México), y en el otro (Brasil) se habla portugués. En la Argentina, la población es principalmente caucásica y de ascendencia europea; en el Ecuador, la población es predominantemente amerindia, compuesta por descendientes de varias tribus que estuvieron sometidas al Incanato antes del encuentro; en Brasil, una gran parte de la población es de origen africano, o es una mezcla de africano con portugués; y en México, la población es principalmente de origen amerindio e incluye pueblos autóctonos tan diferentes como los mayas y los nahuas. La geografía y la economía de estos cuatro países son diferentes, y también muchos componentes de sus culturas. Entonces, ¿sobre qué base pueden aglutinarse éstos bajo el término 'América Latina'?

Enfoquémonos ahora en los hispanos de los Estados Unidos. ¿Acaso formamos en realidad una comunidad? ¿Qué es lo que tenemos en común chicano-estadounidenses, cubano-estadounidenses, dominicano-estadounidenses, puertorriqueños y colombiano-estadounidenses, por ejemplo? ¿Qué tienen en común un cubano-estadounidense acaudalado, que afirma tener ascendencia europea pura y que vino a los Estados Unidos en los años sesenta como exiliado político, con un bracero pobre, descendiente de mesoame-

---

[39] Hayes-Bautista y Chapa (1987, p. 61), olvidando los trescientos años de ocupación ibérica, sostienen que la única cosa que los países latinoamericanos tienen en común es la presencia de la política extranjera estadounidense, tal como fue expuesta en la doctrina Monroe en 1823. También véase Benedetti (1972), p. 357. Éste es otro ejemplo de la actitud a que nos referimos anteriormente, según la cual los Estados Unidos son siempre la razón de todo lo que pasa en la América Ibérica. Afortunadamente, no todos están tan ciegos, por ejemplo, Ottocar (1966).

ricanos, que cruzó la frontera de los Estados Unidos con México ilegalmente en busca de trabajo manual? Algunos contestan: ni la raza, ni el estatus social, ni el nivel económico, ni los valores. Es incluso cuestionable que hablen el mismo idioma o tengan la misma fe. Quizá sus idiomas sigan las mismas reglas gramaticales, pero en cuanto al vocabulario, el acento y la pronunciación son tan distintos como si se tratase de dos idiomas tan diferentes como el portugués y el castellano. Y algo semejante puede decirse de la religión. En efecto, se podría mantener que la versión de catolicismo en que creen la mayoría de los cubanos —con elementos africanos— es una religión diferente del catolicismo de muchos braceros, que incluye elementos de religiones amerindias.[40]

Esta misma comparación puede repetirse una y otra vez. El punto es obvio: la comunidad hispánica en los Estados Unidos no comparte nada en común. Pero esto no debería sorprendernos, puesto que ya hemos visto que la comunidad hispánica fuera de los Estados Unidos tampoco comparte nada en común. Si vamos a hablar de comunidades, debemos referirnos a grupos más pequeños, quizá grupos nacionales: cubanos, mexicanos, dominicanos, puertorriqueños y así sucesivamente. Pero éstos también muestran enorme diversidad. Así que quizá deberíamos subdividirlos aún más, en puertorriqueños de Puerto Rico y puertorriqueños de los Estados Unidos, cubanos de Cuba y cubanos de los Estados Unidos y así sucesivamente. O quizá deberíamos ir más lejos, y hablar de cubanos de Cuba, cubanos de Miami y cubanos de Nueva York. En efecto, los puertorriqueños mismos han adoptado un nombre para los puertorriqueños que viven en Nueva York: *Newyorican*. Además, no debemos olvidarnos de las diferencias de género, de manera que habría que dividir las mencionadas unidades aún más, en mujeres neorriqueñas, mujeres puertorriqueñas de Puerto Rico y categorías por el estilo. Son estas unidades más pequeñas las que parecen compartir algo, y es a ellas a las que las personas se sienten ligadas. El sentido de pertenencia es primero con respecto a ellas, y sólo más tarde, si es que existe, con respecto a la categoría creada artificialmente de hispano o latino.[41] Y digo si es que existe, porque hay mucha evidencia que revela profundas rivalidades y resentimientos entre algunas de estas comunidades. Por ejemplo, recuerdo que la primera cosa que oí en la radio en 1972, cuando fui profesor visitante en Puerto Rico, fue un ultimátum del "Comando Anticubano" dado para todos los cubanos que vivían en la isla: "Váyanse de Puerto Rico a más tardar en una semana, o su seguridad personal estará en peligro".

---

[40] Para las diferencias en las prácticas y las afiliaciones religiosas de los hispanos en los Estados Unidos, véase Klor de Alba (1988), pp. 126-128.

[41] Schutte (2000).

El uso de un nombre para estos diversos grupos implica una homogeneización forzada de elementos muy disímiles y, por ello, una distorsión de la
realidad en que vivimos. No existe una clase natural hispana o latina; más
bien ésta es cosa artificial, creada por burócratas, agencias de gobierno, naciones extranjeras o grupos particulares, que pretenden ejercer su poder sobre otros, o establecer una hegemonía sobre ellos. La homogeneidad lleva a
la hegemonía.

El argumento político en contra del uso de todo término para referirse a
los hispanos / latinos se desarrolla más o menos de la siguiente manera: la
razón de que no haya propiedades que puedan ser asociadas con la gente a
la que le estamos buscando un nombre es que esta gente no forma un grupo
coherente con libertad de desarrollarse como una comunidad y como una
sociedad. La única cosa que todas estas personas distintas tienen en común
es su situación marginada y la dominación impuesta sobre ellas por otros.
Pero como la marginación toma diferentes formas y la dominación se origina en diferentes fuentes, ellas no pueden justificar un nombre común.
La América Latina en particular ha sido relegada a los márgenes tanto de la
América anglosajona como de Europa, y ha sufrido la dominación de una
variedad de potencias coloniales y de naciones industrializadas. Los países
latinoamericanos han sufrido la dominación política de España, Portugal y
de otras potencias que se aventuraron en América, y la explotación económica de los Estados Unidos, Francia y Gran Bretaña. Esto ha resultado en el
desarrollo de diversas clases sociales, cuyos intereses están diametralmente
opuestos y que sólo comparten un barniz de cultura común. En lo profundo, no hay una sociedad coherente ni un pueblo unido; nos han robado la
autenticidad y sólo nos queda el haber sido, y todavía ser, objeto de la explotación. En efecto, no existirá un pueblo, una sociedad o un grupo de
personas que puedan compartir características que los unan hasta que las
fuerzas de la opresión sean derrotadas.[42] Hasta entonces, se debe resistir
todo intento de imponernos nombre.

La objeción sociológica sostiene que no hay evidencia de que todos los
miembros del grupo llamado hispanos / latinos usen un único nombre para
referirse a sí mismos, o siquiera de que tengan alguna conciencia de pertenecer a un mismo grupo. Pero como, según este argumento, el denominarse a
sí mismo, o al menos el tener conciencia de identidad, es una condición
necesaria para la conformación étnica,[43] no tiene sentido imponer artificial-

---

[42] De un modo muy curioso, Padilla infiere justo lo contrario, favoreciendo el
uso de 'latino', precisamente por la desigualdad entre los latinos (1985, pp. 12-13).
En la América Latina también se han hecho análisis en este sentido, por ejemplo,
Rivano (1965).

[43] Para temas relacionados, Belliotti (1995), p. 175, y Corlett (1996), p. 88.

mente un nombre a una gente que no lo acepta y no se piensa a sí misma como pueblo.

El argumento lógico puede plantearse de la siguiente manera: todos los seres humanos tienen la misma naturaleza, y las diferencias culturales y étnicas son meramente superficiales y accidentales.[44] Pensar de otro modo implica confundir lo que es esencial con lo accidental, y esto es caer en un error de tipología.[45] No hay por qué buscar algo que caracterice a los hispanos / latinos y los separe de otras sociedades y grupos, pues desde un punto de vista lógico, la búsqueda de características esenciales de un grupo cultural o étnico es inútil. Los grupos culturales y étnicos están en proceso de cambio constante y sus características comunes son puramente superficiales. Los elementos esenciales de la sociedad humana no son diferentes entre un grupo y otro, sino que más bien son los mismos en todos los seres humanos. Debemos dejar de esforzarnos en tratar de encontrar características comunes entre grupos que nos separen de otros seres humanos y, de igual modo, dejar de tratar de encontrar nombres que nos aíslen a unos de otros. La humanidad es una y cualquier intento por desmembrarla está condenado al fracaso.

El último argumento es pragmático: debemos suspender todo intento de darles un nombre a los llamados hispanos / latinos, no sólo porque no existe evidencia de que compartamos algo que otros seres humanos no tienen, sino, y de más importancia, porque hacerlo facilitaría nuestra opresión, nuestra marginación de la mayoría y nuestra enajenación. Darnos un nombre crea un instrumento de manipulación. La identificación y la denominación siempre conllevan un aspecto práctico, aun cuando éste no sea el único aspecto involucrado en ellas. Cuando un grupo se identifica y se denomina a sí mismo, es usualmente para separarse de otros con quienes no desea ser identificado, y este tipo de acto suele anteceder a acciones hostiles en contra de esos otros. Cuando un grupo le da un nombre a otro, la intención es similar: separación y hostilidad. De ahí se sigue que, cuando esto ocurre, la identificación y la denominación no suelen ser benignas, sino que llevan consigo ciertos peligros para los identificados y denominados, o aun para aquellos que vienen a ser contrastados con ellos.

Además, la identificación y la denominación crean otros problemas, puesto que, al realizarlas, siempre se enfatizan las similitudes y se descuidan las diferencias. A su vez, esto puede producir falsas generalizaciones sobre los miembros del grupo identificado o denominado. Se les considera

[44] Para una concepción de lo étnico como una clase artificial, Corlett (1996), pp. 83-93.

[45] Para errores de tipología, Carnap (1959).

iguales, o casi iguales, y sus diferencias individuales se ignoran para poderles imponer el molde que justifica su nombre. Esto permite la formación de estereotipos, caricaturas y distorsiones, los cuales, a su vez, proporcionan un terreno propicio para el crecimiento del prejuicio.

De aquí a la eliminación de la individualidad sólo hay un pequeño paso. Las personas se convierten en elementos indistinguibles de un conjunto cuyos miembros son, esencialmente, réplicas unos de otros. La persona deja de ser quien es y se transforma en una unidad de clase.[46] Entonces, ¿por qué correr el riesgo? Es mejor quedarse sin un nombre de grupo y conservar solamente los nombres propios. De este modo, somos quienes somos, como individuos, y podemos ser tratados como tales. No tenemos que padecer por asociación y tampoco seremos tentados, como individuos, a considerarnos mejores o superiores que los demás. El siglo XX ha tenido suficientes naciones, razas, culturas y sociedades supuestamente superiores e inferiores. Abandonemos todo intento de restablecer estas concepciones, renunciando al afán de encontrar un nombre común para cada grupo de personas, incluyendo a aquellos que algunos llaman hispanos o latinos. Nos irá mucho mejor siendo simplemente Jorge, María o Cuauhtémoc.

En contra de los nombres étnicos particulares que están en uso, y especialmente de 'hispanos' y 'latinos', una versión de la objeción anterior argumenta que tienen malas connotaciones entre la población general, y por lo tanto producen una percepción negativa de los así llamados, tendiendo a perpetuar su situación desventajosa en la sociedad. Llamar a alguien "hispano" o "latino", así como llamarlo "negro" o "persona de color", conlleva en sí toda suerte de equipaje negativo, degradando a la persona denominada y causándole múltiples daños.

Finalmente, queda la cuestión sobre la distribución de los recursos. En un país como los Estados Unidos, por ejemplo, donde muchos de los recursos son administrados por una vasta burocracia, la distribución de éstos depende del panorama que esta burocracia tenga de los diversos grupos entre los cuales se debe hacer la distribución, por lo que esta actividad depende a su vez de las categorías clasificatorias y nombres usados por la burocracia. La aglutinación de todos los hispanos / latinos en un bloque que ignora las diferentes características y condiciones de los diversos subgrupos que constituyen al grupo más amplio tiene consecuencias profundas y adversas para el bienestar de algunos miembros de esos subgrupos.[47] Una cien-

---

[46] Oboler (1995), p. xvii. Las identidades genéricas falsas son particularmente dañinas cuando se usan para formular e implantar políticas sociales. Cafferty y McCready (1985), p. 253.

[47] Particularmente en riesgo están los grupos marginados, los pobres, los que carecen de derechos. Hernández y Torres-Saillant (1992); Giménez (1989), pp. 558-562.

cia defectuosa lleva a una política defectiva y a una justicia social deficiente. Ciertos recursos se dan a quienes no los necesitan simplemente porque ellos están clasificados de cierta forma. Esto agota los recursos, que siempre son limitados, y priva a aquellos que realmente los necesitan. Puedo dar fe de ello personalmente, porque he visto cómo, en los Estados Unidos, se han dado becas de estudio a hijos de familias prósperas solamente porque se les califica como hispanos / latinos, mientras que muchos estudiantes realmente necesitados no reciben ninguna ayuda.[48]

Conclusión

No hay razón por la que se deba dudar de la buena fe de aquellos que usan las razones presentadas en contra de 'hispano', 'latino' o de todo nombre propuesto para identificarnos. En efecto, la honestidad y la franqueza con las que estas razones se proponen dan razón de su autenticidad y les dan credibilidad. Pero aquí hay algo más que esto. La oposición a la denominación en general, y a los nombres que hemos discutido en particular, está enraizada en la firme necesidad de apreciar y de validar quiénes y qué somos. Como persona individual o como grupo, no hay nada que nos desestabilice más que ser tratados y considerados como algo distinto de lo que pensamos de nosotros mismos. Esto implica desdoblar nuestra identidad, socavar nuestra propia credibilidad y destruir nuestra dignidad. Los nombres poseen el poder de hacer esto. Descubrir que a uno se le considera en forma distinta de lo que uno piensa, es algo demoledor. No debe sorprendernos, entonces, que muchos de nosotros nos rehusemos a la denominación en general o nos opongamos a algún nombre en particular. Pero esto no es todo, porque los nombres son importantes en cuanto que revelan nuestra identidad. Éste es el tema del siguiente capítulo, que establece una propedéutica útil para la presentación de mi tesis en el capítulo tercero, donde sostendré que no sólo es un nombre útil para nosotros, sino que es también necesario si pretendemos comprendernos a nosotros mismos.

[48] Gracia (2000a).

CAPÍTULO 2

¿Qué hay en un nombre? La relación de los nombres con la identidad y la etnia

EN EL PRÓLOGO HE DICHO QUE ESTE LIBRO no es filosófico en sentido estricto. Sin embargo, para poder realizar nuestra tarea de modo efectivo, es recomendable que usemos algo de filosofía. Su propósito es aclarar las cuestiones y la terminología pertinentes, de modo tal que no perdamos de vista los asuntos importantes, simplemente porque el lenguaje usado sea impreciso, o porque el aparato conceptual sea inadecuado o confuso. En particular, el tema de este capítulo requiere un enfoque más técnico. Así pues, comienzo con un breve análisis filosófico del problema de la identidad, y tres de las diversas formas que éste puede tomar. Luego, vuelvo a la relación entre nombres e identidad, pues los nombres se usan generalmente para identificar. Finalmente, me ocupo brevemente de las peculiaridades de los nombres étnicos. Mi tesis general es que éstos sirven para establecer la identidad y, en particular, la identidad étnica. Esto significa que su uso tiene importantes implicaciones para este tipo de identidad y en cuanto a cómo son considerados y tratados los grupos étnicos en la sociedad. El lector que encuentre el capítulo difícil de seguir, o que no esté especialmente interesado en los tecnicismos filosóficos, puede pasar directamente al capítulo tercero, a partir del cual encontrará el resto del libro más accesible.

El problema de la identidad

A pesar de tener un uso coloquial difundido, el término 'identidad' es de origen erudito. Es la transliteración del latín, *identitas* (que a su vez es un derivado de *idem*). Pero hay otro término, más común, 'mismidad', que viene del adjetivo 'mismo'. Estos términos son equivalentes en significado; generalmente, no hay ninguna diferencia entre decir que algo es idéntico a otra cosa y decir que algo es lo mismo que otra cosa. La noción de identidad es una de las más versátiles de nuestro marco conceptual; la aplicamos a todo tipo de cosas, tales como colores, personas, tiempos, espacios, relaciones, esencias, experiencias, eventos y conceptos. Hablamos de personas o de sus vidas como si fueran idénticas o como si fueran de idéntico tipo; decimos que una hija es idéntica a su padre, con respecto a tal o cual característica; nos referimos al uso de conceptos idénticos en el pensamiento; estamos de acuerdo con que, algunas veces, tenemos idénticas experiencias; y hablamos acerca de haber estado en idénticos lugares al mismo tiempo, de ser esencialmente idénticos y de vivir en situaciones idénticas. En efecto, aquí se podría traer a colación un gran número de ejemplos que ilustren la utilidad y la funcionalidad de esta noción en el lenguaje diario, pero los ya presentados son suficientes para nuestro propósito.

La noción de identidad está obviamente relacionada con la noción de similitud. Ciertamente, es muy usual encontrar autores que usan 'idéntico' (o su sinónimo común, 'mismo') y 'similar' como términos intercambiables. Esto ocurre porque algunas veces, en el lenguaje común, intercambiamos esos términos. Por ejemplo, decimos que dos objetos tienen un color idéntico, aun cuando los matices del color en cuestión varíen. En este sentido no hay diferencia entre identidad y similitud. Pero es igualmente cierto que frecuentemente admitimos y usamos nociones de identidad y similitud que son diferentes. En efecto, en el mismo ejemplo usado, decimos que dos objetos son similares en color precisamente porque tienen matices particulares de color que son diferentes.

Se pueden hacer importantes distinciones entre las nociones de identidad y similitud. Quizá la más pertinente sea que la similitud siempre ocurre en el contexto de la diferencia. Para que dos cosas sean similares, también deben ser diferentes en algún sentido, aunque la diferencia en cuestión se deba referir a aspectos distintos de aquellos en los que se basa la similitud. Así, uno puede hablar de dos personas similares siempre que difieran en algún sentido. Si no difieren de ningún modo, entonces se les consideraría como idénticas, esto es, como la misma persona. Las condiciones de similitud de dos cosas, por ejemplo, X y Y, pueden expresarse del siguiente modo:

X es similar a Y si, y sólo si, X y Y: 1) tienen al menos una característica que es idéntica en ambos y 2) también tienen al menos una característica que no es idéntica en ambos.

En esta fórmula, las características se entienden en sentido muy amplio, pues incluyen cuanto se pueda decir de una cosa, y por lo tanto no sólo cualidades sino también relaciones, posiciones, tiempos, estados, acciones y otras cosas más. Ahora bien, en contraste con la similitud, la identidad no requiere la diferencia; de hecho, la ocluye. Esto no quiere decir que dos cosas no puedan considerarse idénticas con respecto a cierta característica y diferir en algún otro aspecto. Por ejemplo, una hija puede ser idéntica a su padre con respecto al color de cabello, siendo diferente respecto de la personalidad. Obviamente, para que la hija y el padre sean idénticos con respecto al color de cabello, esa característica no debe diferir en modo alguno. Si hubiese alguna diferencia, como podría ser que el color de uno fuera más claro que el del otro, debería hablarse con más propiedad de una "similitud de color de cabello". Podríamos expresar esta concepción de la identidad entre dos cosas, por ejemplo X y Y, y de la identidad de sus características, con las dos proposiciones siguientes:

X es idéntico a Y si, y sólo si, no hay nada que pertenezca a X que no pertenezca a Y, y viceversa.

X es idéntico a Y, con respecto a una característica particular C, si, y sólo si, no hay nada que pertenezca a C en X que no pertenezca a C en Y, y viceversa.

La primera fórmula expresa lo que podría llamarse *identidad absoluta,* porque se aplica a toda la entidad en cuestión; la segunda podría llamarse *identidad relativa,* ya que se aplica sólo a alguna(s) característica(s) o aspecto(s) de una entidad.[1] Uno de los motivos por los que frecuentemente se enturbia la distinción entre identidad y similitud es que el mismo término, 'diferencia', se usa frecuentemente como opuesto de ambos, aun cuando existe otro término que podría utilizarse para expresar con más propiedad la oposición: 'disimilitud'. Similar-diferente e idéntico-diferente se consideran pares de opuestos en el castellano. Sin embargo, este uso generalmente no se extiende necesariamente a otras lenguas. En la Edad Media, por ejemplo, se hizo un esfuerzo concertado por mantener las nociones de identidad y similitud separadas, y esto fue apoyado con el uso de términos distintos para expresar los opuestos de cada cual. 'Diferencia' *(differentia)* era usado, por lo menos en el discurso filosófico técnico, como opuesto a 'similitud' *(similaritas),* mientras que 'diversidad' *(diversitas)* era empleado como opuesto de 'identidad' *(identitas).*[2]

Ahora bien, para que la identidad tenga significado, tiene que presupo-

[1] No existe un acuerdo general sobre el mejor modo en que deben entenderse la similitud y la identidad. Para una concepción distinta de las dadas, véase Brennan (1988), p. 6.

[2] Gracia (1987).

ner la no identidad. Una presupone a la otra, y viceversa. La identidad de algo implica su no identidad con algún otro. Estas nociones son interdependientes en el mismo sentido en el que lo son las nociones de gato y de no gato. 'Gato' tiene significado siempre que 'no gato' lo tenga, y viceversa. En efecto, si no hubiese nada que no lo fuera, la noción misma de gato carecería de sentido. La identidad es necesaria para la no identidad, y la identidad de algo implica su no identidad con otra cosa.

No toda identidad de la que hablamos es del mismo tipo, sin embargo. Existen, por lo menos, tres clases fundamentales y distintas de identidad, a las que llamaré *acrónica, sincrónica y diacrónica,* respectivamente. Las identidades sincrónica y diacrónica se relacionan con el tiempo, mientras que la identidad acrónica está al margen de él. La identidad acrónica no tiene referencia en el tiempo; la identidad sincrónica se aplica en un momento particular, y la identidad diacrónica se aplica en dos (o más) momentos diferentes.

Estos tres tipos de identidad generan tres problemas diferentes para aquellos que desean darles una explicación. En el caso de la identidad acrónica, uno necesita determinar las condiciones necesarias y suficientes que hacen que una cosa sea idéntica al margen del tiempo. Éste es otro modo de decir que uno necesita establecer qué hace que una cosa sea lo que es. Para la identidad acrónica del presidente Fox necesitamos establecer el conjunto de condiciones, tales como propiedades y relaciones, que lo hacen ser el presidente Fox. Yo llamo a este asunto el *problema de la identidad* propiamente dicho.

Puesto que el tiempo no es pertinente para este tipo de investigación, las entidades atemporales, como los números y la materia, pueden ser incluidas en ella, aunque la identidad acrónica de las entidades temporales también puede ser investigada. En efecto, esta clase de investigación se aplica a cualquier cosa que pueda ser objeto de la reflexión. Podríamos preguntarnos acerca de las condiciones necesarias y suficientes de una persona individual o de un grupo de personas, pero también de conceptos, proposiciones, eventos y demás.

Nótese que las condiciones de la identidad acrónica pueden incluir condiciones temporales. Esto puede ocurrir cuando las entidades cuya identidad se investiga son temporales, en la medida en que su identidad está ligada con su temporalidad. Por ejemplo, se puede argumentar que haber nacido en un momento determinado es parte de las condiciones de identidad de una figura histórica, como el presidente Fox, pero decir que las condiciones de identidad del presidente Fox incluyen condiciones temporales no implica que la cuestión de su identidad tenga que ser enmarcada en términos temporales. Una cosa es preguntarse qué hace que el presidente Fox sea el presidente Fox, otra distinta, qué hace que el presidente Fox sea el presidente Fox en un momento determinado, y aun otra es preguntarse qué hace que el presidente Fox sea el presidente Fox en dos (o más) momentos diferentes; incluso cuando las respuestas a estas tres cuestiones resultan ser la misma. Las condiciones de que X sea X pueden incluir condiciones temporales, aunque esta cuestión no tenga que ver con el tiempo. Nos podemos preguntar sobre las condiciones de la identidad del presidente Fox sin referirnos a esas condiciones en un momento determinado. Ésa es la diferencia entre la identidad acrónica por un lado, y las identidades diacrónica y sincrónica por el otro.

El caso de la identidad sincrónica es diferente del de la identidad acrónica en la medida en que lo que se busca en la primera es establecer las condiciones necesarias y suficientes que hacen que una cosa sea la cosa que es en un momento determinado. ¿Qué es lo que hace que el presidente Fox sea quien es el 4 de julio del 2001? Esta diferencia es significativa porque restringe las clases pertinentes de cosas a las temporales. No tendría sentido preguntarse por las condiciones de identidad de entidades atemporales en un momento determinado. Por ejemplo, las cuestiones concernientes a la identidad sincrónica no podrían aplicarse a los números o a Dios, si este último se concibe como un ser fuera del tiempo, tal como lo hicieron san Agustín y otros teólogos cristianos. Al margen de esta diferencia importante, las identidades acrónica y sincrónica son similares porque sus análisis no toman en cuenta el paso del tiempo; esta abstracción es la que las distingue a ambas de la identidad diacrónica.

La identidad diacrónica tiene que ver con las condiciones necesarias y suficientes que hacen que una cosa sea idéntica en dos (o más) momentos distintos. ¿Qué es lo que hace que el presidente Fox sea el mismo el día en que tomó posesión como presidente y el día de hoy? En efecto, es usual para los filósofos hablar del problema de la identidad diacrónica como el problema de la "identidad a través del tiempo" o el problema de la "continuidad temporal".[3] La identidad diacrónica se da sólo en aquellas entidades cuya existencia es susceptible al paso del tiempo. No tiene sentido hablar de la identidad diacrónica de las entidades instantáneas o atemporales.

En el contexto presente tratamos de un grupo de personas: los hispanos / latinos. Este grupo es temporal no sólo en la medida en que se localiza en el tiempo, o en la que sus miembros individuales se localizan en él, sino también en la medida en que el grupo y sus miembros están sujetos al paso

---

[3] Chisholm (1970). La identidad diacrónica no debe confundirse con la duración. La duración requiere que algo sea idéntico en dos o más momentos diferentes (identidad diacrónica) y haber permanecido idéntico a través de todo el lapso entre esos momentos. Las condiciones de duración involucran más que las condiciones de la identidad diacrónica. Véase Gracia (1996), pp. 69-79.

del tiempo. En general, la cuestión que nos concierne se refiere a las condiciones necesarias y suficientes por las cuales el grupo es el grupo que es. Acrónicamente, la cuestión corresponde a lo que hace que los hispanos / latinos seamos quienes somos, al margen del tiempo; aunque esto no implica que ciertas condiciones temporales no puedan usarse para responder a la cuestión, como ciertos eventos ocurridos en momentos determinados, o incluso la temporalidad en sí, esto es, el estar sujeta al tiempo o a su paso. Precisamente, por ejemplo, así como nacer en una determinada fecha es parte de las condiciones de la identidad acrónica del presidente Fox, igualmente, un cierto evento u origen temporal podrían, en principio, ser parte de las condiciones de la identidad acrónica de los hispanos / latinos.

Por otro lado, sincrónicamente, la cuestión corresponde a lo que hace a los hispanos / latinos ser lo que somos en un momento determinado, por ejemplo hoy o el último 26 de julio. Y, diacrónicamente, las condiciones que se necesitan para ser identificados son aquellas que hacen ser los mismos a los hispanos / latinos en dos (o más) momentos diferentes. Por ejemplo, lo que hace que los hispanos / latinos sean los mismos en 1550 y 1750, o en 1673 y 1842, o a lo largo de su historia.

Entonces, en principio, podríamos plantear tres diferentes cuestiones en relación con la identidad hispánica / latina. Una es atemporal: ¿qué nos hace ser lo que somos? La segunda es temporal, pero abstraída del paso del tiempo: ¿qué nos hace ser lo que somos en un momento m (donde m es reemplazable por cualquier momento particular que se desee: ahora, el año pasado, doscientos años atrás, etc.)? Y la tercera es temporal y toma en consideración el paso del tiempo: ¿qué es lo que nos hace ser lo que somos en dos o más momentos, digamos m_n y m_{n+1}? En los tres casos, lo que se busca es un conjunto de condiciones: las condiciones necesarias sin las cuales no seríamos lo que somos, y las condiciones suficientes que nos distinguen de todos los demás. En principio, el conjunto de condiciones para la identidad acrónica, sincrónica y diacrónica pueden ser distintas, y si lo son o no, es parte de la polémica. Más aún, de lo que dijimos anteriormente se desprende que, si existe una identidad hispánica / latina, el hecho mismo implica la identidad de otros grupos además de los hispanos / latinos, y la no identidad de los hispanos / latinos con ellos. Lo que constituye nuestra identidad también es, asumimos, aquello que nos separa de los demás, y por lo tanto está ligada a la diferencia.

Otro asunto que se debe mencionar al principio corresponde a la distinción entre el problema de la identidad y el problema del discernimiento de la identidad. El problema de la identidad —concíbase en términos acrónicos, sincrónicos o diacrónicos— es ontológico, y tiene que ver con lo que una cosa es, al margen del modo en que la concibamos (de allí el término 'ontológico', que significa discurso acerca del ser). Su solución, si es que hubiera alguna, consiste en la determinación de las condiciones necesarias y suficientes de la identidad de la cosa en cuestión. El problema del discernimiento es un asunto epistemológico que involucra la determinación de las condiciones necesarias y suficientes de nuestro conocimiento de la identidad, ya sea acrónica, sincrónica o diacrónica (de allí el término 'epistemológico', que significa discurso acerca del conocimiento).

La cuestión ontológica, por lo tanto, involucra una investigación de las condiciones necesarias y suficientes de la identidad de los hispanos / latinos, mientras que la cuestión epistemológica tiene que ver con la investigación de las condiciones necesarias y suficientes de la identificación de los hispanos / latinos, esto es, las condiciones que posibilitan que un sujeto capaz de conocer identifique efectivamente a los hispanos / latinos. Para mantener estas dos cuestiones separadas y evitar complicaciones innecesarias al resolverlas, prefiero referirme al segundo asunto como el *problema de la identificación*, y al primero como el *problema de la identidad*. Más específicamente, cuando la identificación en cuestión involucre diferentes momentos, esto es, una identidad diacrónica, entonces me refiero a la búsqueda de sus condiciones necesarias y suficientes como el *problema de la reidentificación*. Sin embargo, para nuestros propósitos presentes, el adherirse a estas exquisiteces filosóficas no es necesario, aunque siempre es útil tenerlas en cuenta.

Nombres e identidad

En el lenguaje común nos planteamos los temas de la identidad y de la identificación con preguntas como "¿quién soy?", "¿quiénes son ustedes?", "¿quién es Perón?" Y cuando alguien me pregunta "¿quién eres tú?", mi respuesta más frecuente es: "Jorge Gracia"; es decir, respondo diciendo mi nombre, aunque podría también decir algo como, "el hijo de Ignacio Gracia" o "el miembro más viejo del Departamento de Filosofía de la Universidad de Búfalo que tiene por lengua materna el castellano". En los dos últimos casos, respondo dando lo que los filósofos llamamos una descripción definida, es decir, el tipo de descripción que empieza con el artículo definido y se supone es aplicable sólo al referente de la cuestión. Igualmente, cuando alguien pregunta "¿quién es él?" o "¿quién es Perón?, las respuestas se dan usualmente en términos de nombres propios o de descripciones definidas. Ahora bien, algunas veces también nos hacemos este tipo de preguntas sobre los grupos, y en estos casos, nuevamente, la respuesta toma la forma de una suerte de nombre o descripción definida. "¿Quiénes son ellos? Ingleses, papistas, los creyentes o quienes sean." O también podríamos preguntar "¿qué son ellos?", y respondemos: "franceses, el pueblo de Dios, o los condenados".

El caso de la reidentificación es un poco distinto. Aquí usualmente preguntamos acerca de algo más concreto: "¿Es él Jorge Gracia?", "¿es ése el pueblo de Dios?" Que la pregunta en este caso contenga el nombre propio o la descripción definida del que se busca identificar es una confirmación de que alguien, en un momento determinado, es el mismo que en algún otro momento, de manera que se asume su identificación e identidad en primer lugar.

Estas preguntas y respuestas están relacionadas con la identidad porque tienen que ver con las condiciones que hacen que algo sea lo que es. ¿Qué es lo que me hace ser quien soy? Pero ellas también tienen que ver con la identificación porque involucran las condiciones que nos hacen saber lo que algo es. ¿Qué es lo que me hace a mí, o a otros, saber quién soy? Estas condiciones están especificadas a través de los nombres y las descripciones que usamos al responder a estas preguntas. Por consiguiente, los nombres y las descripciones son muy importantes, en cuanto parecen decirnos algo fundamental sobre las cosas que nombramos con ellos; hacen explícita la razón de que seamos quienes somos. Es un hecho desafortunado que los nombres de pila se nos den al nacer y que no tengamos nada que decir al respecto, porque ciertos nombres pueden constituir una carga pesada para sus portadores. Considérese el caso de una de mis tías abuelas. Nuestro apellido es Gracia, igual que el término 'gracia', y a ella le dieron por nombre de pila Soila Pura. La conjunción nombre-apellido suena, entonces, igual que "Soy la pura gracia". Recuerdo que, cuando era muy pequeño, cada vez que me enojaba cuando algo ocurría frustrando mis deseos, mi padre me decía: "Piensa que las cosas podrían ser peor: ¡podrías haber tenido un nombre como el de tu tía abuela!" Al principio, por supuesto, yo no entendía bien qué es lo que me quería decir; pero después me resultó claro que aquella señora debió de haber sufrido mucho durante toda su vida a causa de la caprichosa designación de mis tatarabuelos. Obviamente, una de las más serias consecuencias de su nombre puede haber sido que ella nunca fue tomada muy en serio. Imagínensela siendo presentada a una audiencia, a la que se supone iba a dirigirse. Todos hubiesen empezado a reírse ante la mención de su nombre, y allí hubiera acabado todo el asunto.

Una opinión común entre nuestros contemporáneos con respecto a los nombres sostiene lo opuesto a lo que yo he explicado: los nombres no nos dicen nada acerca de las cosas que nombramos con ellos. Ellos no informan nada, son meros indicadores. Usar un nombre es igual que apuntar con el dedo: cuando lo hago, llamo la atención sobre algo, pero no digo nada acerca de lo apuntado.

Los nombres son básicamente de dos clases: comunes y propios. Los nombres comunes se aplican a más de una cosa y se supone que indican las propiedades o relaciones comunes de las cosas a las que se aplican. Algunas de estas propiedades o relaciones se atribuyen sólo a individuos que poseen existencia por sí mismos; 'gato', 'árbol', 'humano' y 'mujer' son de este tipo, porque los gatos, los árboles, los humanos y las mujeres existen por sí mismos. Otras propiedades o relaciones se adjudican a individuos que no existen por sí mismos; 'fuerte', 'rojo' y 'virtuoso' indican propiedades que no se presentan como individuos que pueden existir por sí mismos, porque este o ese rojo, o tal o cual fuerte, no existen por sí sino en esta o aquella cosa que es roja o fuerte.

Al contrario, los nombres propios se supone que se aplican sólo a una cosa, y esta cosa en cuestión es usualmente una persona, un animal o algo semejante; estos nombres se llaman propios, precisamente, porque le pertenecen a alguien. 'Yahvé', 'Rigoberta Menchú', 'Hernán Cortés' y 'Chichi' son nombres propios. El primero se aplica al dios judeocristiano, el segundo y el tercero a dos personas, y el cuarto a una gata que tuve. Por supuesto, algunos nombres propios, como 'María' y 'Patricio', se aplican a más de una persona, pero ésa es una coincidencia, en parte debida a nuestra falta de imaginación lingüística. En todo caso, a diferencia de los comunes, los nombres propios no indican nada en común entre las cosas que nombran.

Aquellos que han desarrollado la opinión según la cual los nombres comunes no nos dicen nada acerca de las cosas que nombran, han tomado como modelo los nombres propios, y expresan su teoría en términos de las nociones de denotación (o referencia) y connotación (o sentido). La connotación de un nombre es lo mismo que el conjunto de propiedades pertenecientes a la cosa nombrada, mientras que su denotación es la cosa (o cosas) nombrada(s) misma(s). Según este punto de vista, los nombres propios, por ejemplo 'Perón', no connotan, sino que sólo denotan.[4] Si el nombre propio, 'Perón', tuviera connotación, ésta consistiría en las propiedades que caracterizan a Perón, como que fue argentino y esposo de Evita, que tuvo la nariz aguileña, que gobernó la Argentina, etc. La denotación de 'Perón', por otro lado, es el individuo que llamamos Perón. Un nombre propio como 'Perón', de acuerdo con esta perspectiva, no nos dice realmente nada acerca de Perón; solamente lo señala.

Existen buenas razones por las que se ha propuesto esta teoría, pero quizá la más convincente de ellas tiene que ver con la identidad a través del

---

[4] Mill (1872), p. 21; Russell (1956), pp. 200-201; Wittgenstein (1961, 3. 203). El punto esencial de lo que ha llegado a llamarse "la teoría de la referencia directa" consiste en la negación de que los contenidos conceptuales asociados con los nombres aseguran el referente. Véase Salmon (1989), p. 445.

tiempo, esto es, con la identidad diacrónica. Los individuos a los que les damos nombres propios no tienen propiedades fijas a lo largo de su existencia, y sin embargo, los nombres que les conferimos continúan señalándolos, efectivamente, a través del tiempo. Yo fui bautizado como Jorge y sigo usando este nombre a pesar de que, por fortuna para mis amigos y para mí, he aprendido a controlar ciertas funciones fisiológicas que no sabía cómo controlar cuando me fue otorgado el nombre. Todo esto está muy bien, pero sugiere una dificultad. Si los nombres no tienen connotación y no existen propiedades en las cosas que nombran a través de su existencia, ¿cómo es que identificamos efectivamente aquellas cosas como las mismas a través de su existencia? Existen modos de hacerlo, por ejemplo, al sostener que los nombres propios tienen tanto denotación como connotación, pero no es fácil.[5] Ésta es la razón por la que muchos han renunciado a intentarlo.

Para nuestros propósitos, es importante que lo que se ha dicho sobre los nombres propios se aplique también a los nombres comunes, como 'gato' o 'perro'. En este caso, la teoría sostiene que los nombres comunes funcionan como propios y, por lo tanto, no tienen una connotación porque las propiedades que las cosas nombradas tienen pueden cambiar; y de hecho eso ocurre con frecuencia. En efecto, quienes están en favor de este punto de vista sostienen que no existen modos de fijar las propiedades de ninguna cosa, porque no existe algo así como la esencia, esto es, un conjunto de propiedades que siempre pertenecen a cierta clase de cosas. Las cosas cambian, pero aun así nos referimos efectivamente a ellas con los nombres que les hemos dado, lo que significa que los nombres en cuestión no están necesariamente relacionados con algún conjunto particular de propiedades. Los tigres no necesitan tener rayas —siempre podríamos encontrar a alguno que no las tenga— y los perros no necesariamente tienen la capacidad de ladrar, de hecho ¿no existen, acaso, algunos que no ladran?[6]

Todo esto resulta bastante razonable a primera vista, pero el hecho es que aprendemos a usar los nombres a través de descripciones de algún tipo, y cuando los usamos pensamos en ciertas propiedades de los objetos que nombramos. Es más, al responder a las preguntas que tienen que ver con la identidad, frecuentemente y de un modo efectivo, intercambiamos nombres y descripciones. Cuando pregunto "¿quién es él?", la respuesta puede ser "Perón" o "el esposo de Evita", por lo que parece que el nombre propio es equivalente a la descripción. Ciertamente, cuando alguien me menciona a Perón, de inmediato pienso en el esposo de Evita, porque ésa es la persona que asocio con ese nombre, y también pienso en algunas propiedades que

---

[5] Searle (1984), pp. 232-233; Quine (1953).
[6] Kripke (1981), especialmente pp. 48, 109.

me dijeron que Perón tenía, como que fue de nacionalidad argentina, fue el presidente de ese país y tuvo nariz aguileña. Por supuesto, puede resultar que la persona que me mencionó a Perón sea una peronista decepcionada, y que actualmente estaba pensando en su perro y no en el pasado presidente de la Argentina. Pero en ese caso, eventualmente quedaría claro en la conversación que los individuos acerca de los cuales hablábamos eran diferentes, es decir, que sus propiedades no encajaban en la misma descripción. En verdad, al principio quizá no fuera obvio, pues yo podría decir que tengo una gran admiración por la sabiduría de Perón y por el hecho de que, generalmente, obtuvo lo que deseaba, algo que mi interlocutora, conociendo mi *modus operandi,* podría tomar como una referencia irónica a su perro. Pero, tarde o temprano, ella llegaría a notar que estoy hablando definitivamente de otro individuo totalmente distinto. Cuando digo que, particularmente, admiro el modo en que Perón manejó su retorno a la Argentina como presidente, luego de haber robado millones del tesoro público, y que los infelices ciudadanos a los que había timado lo recibieron con entusiasmo, el punto quedaría totalmente esclarecido.

Más aún, si quiero que mis estudiantes sepan de la persona a la que me estoy refiriendo cuando uso el nombre 'Sócrates' en clase, tengo que usar algún tipo de descripción. Nada lograría repitiendo el nombre, y como no puedo señalar a la persona en cuestión apuntando con mi índice, porque está muerta y desaparecida, sólo me queda describir las propiedades que hacen posible —para nosotros— el distinguirla de otros seres. Algunos sostendrían, por lo tanto, que esas propiedades constituyen la connotación del nombre.[7]

Cuando nos referimos a los nombres comunes, este asunto parece ser incluso más obvio, pues estos siempre son traducibles a otros nombres comunes, con los que nos parece que describimos las propiedades que caracterizan a las cosas acerca de las cuales estamos hablando. Tómese un nombre común como 'crueldad', cuyo uso está asociado con ciertos tipos de conducta y no con otros. La tortura se describe como un tipo de crueldad pero, ciertamente, el acto de ayudar a un ciego a cruzar la calle no lo es. Ésta es la razón por la que tenemos diccionarios, donde las palabras se definen y se muestra su uso apropiado. Los diccionarios nos informan acerca de las propiedades que asociamos con las cosas, en relación con las cuales usamos los nombres en cuestión.

Lo que he dicho hasta ahora no va, necesariamente, en contra de la teoría de que los nombres, ya sean propios o comunes, nunca se asocian con un conjunto necesario de propiedades que se encuentran en las cosas que

[7] Véase nota 5; Russell (1948), p. 303.

nombramos mediante ellos. Uno puede sostener que los nombres funcionan efectivamente, incluso cuando no existe tal conjunto necesario de propiedades. Esto es posible porque, aun si el conjunto está compuesto de diferentes propiedades, siempre hay un conjunto de ellas al cual, aquellos que usan el nombre, pueden referirse para poder comunicarse. Los usuarios del nombre aprenden a usarlo, precisamente, basándose en un conjunto tal, a pesar de que no todos los que lo aprenden a usar tienen en mente las mismas propiedades.[8] Nunca habrá problemas acerca del uso de un nombre, en la medida en que siempre exista algo en común entre lo que piensan los que usan el nombre en un momento determinado y lo que otros hablantes puedan pensar.

Considérese el siguiente caso. Digamos que Isabelita pensaba en Perón como esposo de Evita y como presidente de la Argentina, que Evita pensaba en Perón como su esposo y como un general del ejército argentino, y que yo pienso en Perón como esposo de ambas, de Evita e Isabelita. Es obvio que las propiedades que Isabelita y yo le atribuimos a Perón son diferentes. Sin embargo, Isabelita y Evita pueden afirmar que ellas están hablando acerca del mismo individuo, y Evita y yo podemos decir también lo mismo; y aun Isabelita, Evita y yo podemos decir que hablamos de la misma persona. Y esto a pesar de que, cuando pienso en Perón, no estoy pensando en nada de lo que piensa Isabelita. La clave es Evita, porque ella funciona como un puente entre Isabelita y yo.

En suma, un nombre nos dice algo y, por ese motivo, puede ser peligroso. Un nombre es un mensaje para otros; es lo que queremos que el mundo piense. Un nombre es una etiqueta que ponemos en las cosas; puede ser un distintivo honorífico o una mancha de vergüenza. Pensemos en una medalla; consideremos la letra escarlata. Ambas tienen una función: identificar y decir. Como ha señalado Harold Isaacs: "Los nombres parecen ser los símbolos de identidad más simples, los más literales y los más obvios".[9] Ellos tienen que ver con lo que decimos, y más aún, con lo que pensamos. De allí que, cada vez que tratamos de atrapar nuestros pensamientos, encontramos que estamos usando nombres. No deja de ser sorprendente que la Biblia le atribuya al primer ser humano la tarea de denominar. Uno podría pensar que es totalmente asombroso que esta faena no se atribuya a Dios mismo, puesto que parece haber algo verdaderamente divino en la empresa.

Los nombres sirven para categorizar el mundo porque van acompañadas de conceptos, esto es, de las maneras en que pensamos sobre las cosas y las propiedades que les atribuimos. Los conceptos son ventanas hacia el mundo. Imagínese el mundo como un campo enorme en medio del cual nos

---

[8] Más sobre el tema, véase Gracia (1988).
[9] Isaacs (1975), p. 46.

encontramos. El campo es tan vasto que, para aprehenderlo, debemos ignorar tal o cual aspecto de él, pues de otro modo no podríamos apreciarlo en su totalidad; debemos obviar detalles para poder ver la composición completa. Si echamos una mirada a este campo inmenso a través de una ventana, sin embargo, veremos más y menos a la vez. Aquí, de improviso, existe un espacio manejable que se presta a la observación; podemos concentrarnos en los detalles sin caer en la dispersión casi infinita del panorama total. Vemos al ave cantar en una rama de un árbol que no habíamos notado antes, cuando estábamos en el campo, anonadados por la inmensidad del paisaje. Había tanto más que ver allí, que tuvimos que concentrarnos en las cosas más sobresalientes en detrimento de las menos obvias. Una visión amplia requiere de principios amplios, mientras que una visión estrecha se organiza según parámetros más limitados.

Los conceptos son ventanas que nos permiten ver aspectos particulares de un panorama mayor. Y los nombres nos permiten manejar el mundo, porque son las etiquetas de los conceptos. En efecto, son instrumentos tan poderosos que algunos filósofos han sostenido que son todo lo que existe.[10] Hay mucho en los nombres, de allí que sea importante escogerlos con cuidado. Y esto se hace más crítico aún cuando se trata de denominarnos a nosotros mismos, o cuando un nombre se aplica a un grupo de personas. Efectivamente, los psicólogos sociales y los sociólogos han descubierto que las etiquetas que usamos para referirnos a los grupos tienen implicaciones importantes en cuanto a las actitudes y conducta hacia aquellos a quienes se les dan.[11]

Los nombres étnicos

Los tipos de nombre que se usan para hablar de diferentes grupos de personas son innumerables. En efecto, cada nombre común aplicado a las personas puede, en principio, servir como nombre de grupo, esto es, del conjunto de personas de quienes se predica el nombre. 'Fuerte' puede ser usado para hablar acerca de un grupo de personas donde todas sean fuertes; 'justo' para el grupo de personas justas; 'católicos' para el grupo que pertenece a la Iglesia católica; 'filósofos' para el grupo de los filósofos, y

---

[10] Probablemente no resulta perverso afirmar que esta opinión, en la medida en que rechaza la existencia de "significados", puede atribuirse a Quine (1973), p. 35; (1971), pp. 6, 16. Otro autor que parece haber sostenido que la única cosa que existe es el lenguaje, o los textos, es Derrida (1977).

[11] Brewer y Brewer (1971); Marín (1984); Fairchild y Cozens (1981).

así sucesivamente. No obstante, para nuestros propósitos nos interesan sólo los nombres étnicos.

Los nombres étnicos se confunden muchas veces, como veremos más adelante, con los raciales, nacionales y regionales. Los nombres raciales, como 'caucásico' (o más comúnmente 'blanco') y 'negroide' (o más comúnmente 'negro'), indican una comunidad con características raciales que frecuentemente se conciben en términos físicos. Los nombres nacionales, como 'británico' y 'ecuatoriano', indican un origen político común. Los británicos son ciudadanos del Reino Unido, una unidad política, y los ecuatorianos son ciudadanos del Ecuador, otra entidad similar. Y los nombres regionales, como 'africano', 'asiático' y 'europeo', se supone que indican un origen geográfico: los africanos son oriundos de África, los asiáticos de Asia y los europeos de Europa.

Los nombres étnicos, por otro lado, no se refieren a características raciales, políticas o regionales. Términos como 'polaco' o 'italiano', cuando se usan para designar a ciudadanos de otros países que no sean Polonia o Italia, no se refieren a la raza, ni a la unidad política de la que son ciudadanos, ni a la región en la cual habitan. Por supuesto, los dos ejemplos mencionados muestran que, frecuentemente, el mismo nombre se usa tanto para la nacionalidad como para referirse a la etnia. 'Polaco' puede utilizarse para designar a un ciudadano de Polonia, en cuyo caso está siendo usado como rótulo nacional; pero también se puede emplear para designar a un ciudadano estadounidense, en cuyo caso está siendo usado étnicamente. Y algunas veces el mismo nombre se utiliza racial y étnicamente; éste es el caso de 'africano' e 'hispano'.

Con frecuencia, se da por sentado que los nombres étnicos, o nombres usados étnicamente, se refieren a rasgos culturales comunes, pero esto es incorrecto. Sin embargo, algo que está bastante claro es que esos nombres sirven para identificar a los grupos étnicos, tanto en sentido epistemológico de revelación como en sentido ontológico de fundamento.[12]

Una interesante característica de los rótulos étnicos es que funcionan como nombres propios y comunes. Funcionan como comunes porque se aplican a muchos individuos y, generalmente, son tratados como si se refirieran a alguna propiedad común de —o relación entre— los individuos. Y funcionan como propios porque se aplican a grupos que se tratan como si fueran individuos, y el nombre frecuentemente se da de un modo similar a como se dan los nombres propios. Esto significa que mucho de lo que uno puede decir acerca de los nombres comunes y propios se aplica también a los nombres étnicos.

Una opinión común sobre la etnia entre los sociólogos es que ésta tiene

---

[12] Isaacs (1975), p. 50.

que ver con ciertos rasgos asociados con grupos sociales de origen extranjero. Por ejemplo, hablamos de la etnia polaca en Alemania, la etnia rusa en Estonia y la etnia hispana / latina en los Estados Unidos, porque éstos forman grupos sociales identificables, con características sociales derivadas de sus países y sociedades extranjeras a los países en que residen. En suma, las condiciones de lo étnico parecen incluir por lo menos lo siguiente:

1   La existencia de un grupo social (personas individuales por sí mismas no constituyen una etnia).
2   El grupo tiene rasgos distintivos e identificables, tanto culturales como sociales.
3   Los rasgos culturales y sociales que distinguen al grupo provienen de fuera del país en el cual reside éste.
4   Estos rasgos se consideran foráneos por el grupo dominante en el país de residencia.

Los polacos que residen en Alemania constituyen una etnia debido a que 1) muestran rasgos sociales y culturales identificables, 2) son distintos de los de la sociedad alemana, 3) tienen origen polaco, y 4) son considerados por los alemanes como foráneos. Igualmente, los hispanos / latinos constituyen una etnia en los Estados Unidos porque forman un grupo con rasgos sociales y culturales identificables que son foráneos —y considerados como tales por los estadounidenses— para la sociedad angloamericana, y que están enraizados en sus tierras ancestrales.

Por supuesto, se puede fácilmente formular objeciones en contra de al menos dos de las cuatro condiciones de la etnia mencionadas, la 2) y la 4), en el caso de los hispanos / latinos en los Estados Unidos. Para muchos de éstos, su patria ancestral es precisamente el territorio donde actualmente residen, o sea el suroeste de ese país, y es muy cuestionable que todos los hispanos / latinos compartan rasgos culturales o sociales comunes. Tendré algo más que decir al respecto en el siguiente capítulo, pero por el momento sólo deseo señalar que la conexión con las tierras ancestrales extranjeras plantea un problema serio. Lo hace no sólo por las razones mencionadas, sino también porque en un país como los Estados Unidos, compuesto en gran medida por inmigrantes, los rasgos culturales del grupo dominante también provienen de fuera del país. Los rasgos culturales anglosajones no son oriundos del territorio que constituye hoy los Estados Unidos.

Estos problemas indican que la etnia debe entenderse de modo distinto de como hemos estado asumiendo. No existen razones por las que uno no pueda hablar de una etnia que trascienda las fronteras políticas.[13] ¿Por qué

[13] Murguía (1991), p. 12, por ejemplo, ha propuesto la noción de panetnicidad;

hay que pensar que los polacos en Alemania constituyen una unidad étnica y los polacos en Polonia no? ¿Por qué no pueden los polacos en Alemania y los polacos en Polonia ser parte del mismo grupo étnico? No hay razones por las que se deba pensar sobre la etnia exclusivamente dentro del contexto de una unidad política particular. Efectivamente, existen problemas de demarcación que hacen inaceptable este enfoque restringido. Por ejemplo, ¿qué pasa cuando un grupo étnico llega a ser mayor que el grupo dominante? ¿No podría una situación como ésta cambiar las reglas del juego, de modo tal que el grupo dominante llegase a ser étnico, y el grupo mayor, a ser no étnico? ¿O es que lo étnico tiene que ver con la dominación, la política y el poder social? Queda incluso la interrogante de qué es lo que hace étnico a un grupo. Si es la cultura —tesis defendida por la mayoría de los que aceptan la concepción de la etnia a la que nos referimos— entonces, ¿cómo se puede distinguir un grupo étnico dentro de un país de un grupo étnico fuera del país?

Existen otras dificultades que podrían plantearse, pero permítaseme dejarlas y, en cambio, proponer una distinción entre grupos étnicos en términos nacionales, regionales y globales. Nacionalmente podríamos hablar de los polacos en Alemania como una etnia, pero regionalmente (esto es, en Europa) y globalmente (en todo el orbe), podemos también hablar de los polacos como si formaran una unidad étnica. Del mismo modo, podemos hablar de los hispanos / latinos como si formaran una unidad étnica en los Estados Unidos y también como si la formaran en todo el mundo, o en América. No existe una razón especial por la que debamos restringir la noción de lo étnico al contexto de una nación, una región o el mundo. Por supuesto, hay momentos en que es útil distinguir a los polacos de Alemania de los de Polonia, y un modo de hacerlo es hablando de la etnia polaca (en Alemania) y de los polacos sin más (en Polonia); pero esto crea confusión, porque restringe excesivamente la noción de lo étnico. Es mejor hablar de los polacos en Alemania y los polacos en Polonia. En cualquier caso, siempre es importante dejar claro el contexto. Para nuestros presentes propósitos, usaré el contexto global.

---

y Padilla (1985, pp. 62 *et passim*) habla de los diferentes niveles de la organización étnica.

Conclusión

En este capítulo, en primer lugar, he distinguido entre identidad —que ocluye la diferencia— y similitud —que requiere la diferencia—. En segundo lugar, he distinguido entre tres clases de identidad: acrónica (sin consideración del tiempo), sincrónica (en un momento determinado) y diacrónica (en dos o más momentos determinados). Estas distinciones nos ayudarán a plantear con mayor precisión la cuestión de la identidad hispana / latina. También he afirmado que los nombres importan, porque nos dicen algo sobre la identidad de aquello que nombran, ya que representan los conceptos que configuran el modo en que pensamos acerca del mundo. En particular, el uso de nombres étnicos tiene importantes consecuencias para la identidad étnica y para el modo en que los grupos étnicos son considerados y tratados en la sociedad. Finalmente, he sostenido que lo étnico no tiene que restringirse a un contexto nacional; podemos hablar también de grupos étnicos regionales y globales. Esto no nos aclara, sin embargo, cómo debe concebirse la etnia, y, especialmente, cómo debe entenderse la etnia hispánica / latina. Ésta es la tarea del capítulo siguiente.

CAPÍTULO 3

¿Por qué somos lo que somos? La clave de nuestra unidad en la diversidad

DESPUÉS DE TODO LO DICHO EN EL CAPÍTULO 1, parecería imposible argumentar en favor de un nombre, y menos todavía de una identidad común para todos nosotros, pero esto es precisamente lo que voy a hacer. Primero, propongo el uso de uno de los dos nombres a los que objetamos anteriormente: 'hispanos'. Segundo, sostengo que, a pesar de las muchas diferencias que nos separan a los hispanos, tenemos una identidad común de tipo familiar e histórico que no está basada en propiedades comunes.

La identidad y la necesidad de nombres étnicos

En el capítulo 1 examinamos varias objeciones no sólo en contra del uso de 'hispano' o 'latino', sino también en contra de cualquier otro nombre étnico. Los argumentos en cuestión no se usaron en contra del uso de todo tipo de nombre, pues, ciertamente, nos sería imposible prescindir de todos los nombres comunes y propios: de los primeros, porque toda oración con sentido necesita por lo menos de un nombre común, ya sea como sustantivo, adjetivo o verbo; y de los propios, porque constituyen uno de los instrumentos efectivos con que anclamos nuestro discurso en el mundo.[1] Si todos nuestros pensamientos se expresaran en oraciones que sólo incluyeran nom-

---

[1] Otro modo de hacer esto es mediante los deícticos, como 'éste' y 'yo', y también por medio de las descripciones definidas, como 'el último pájaro dodó'. Véase Gracia (1988, capítulo 6).

bres comunes, no podríamos vincular lo que decimos con ningún hecho concreto de la experiencia. Es por estas razones que los argumentos presentados anteriormente concernían exclusivamente a los nombres étnicos.

Cuatro diferentes tipos de objeciones se plantearon en contra del uso de estos nombres para denominar a los hispanos / latinos, pero éstas se pueden reducir a lo mismo: los nombres étnicos son inadecuados y peligrosos. Una manera económica y efectiva de responder a ellas, aunque sea indirectamente, es mostrar que al menos uno de esos nombres no es ni inadecuado ni peligroso, por lo cual la he adoptado en este capítulo.

Los factores que convierten el uso de los nombres étnicos en algo inadecuado y peligroso son dos: primero, que presuntamente homogeneizan lo que no es homogéneo y, segundo, que implican la existencia de características comunes donde no las hay. El punto de vista que presento aquí evita tanto la homogeneización como la falsa identificación de propiedades comunes. Además, como veremos, nos puede ayudar a eliminar el peligro de la opresión, la dominación, la discriminación, la marginalización y la distribución injusta de los recursos.

El modo de proceder que propongo es muy específico en la medida en que responde a objeciones muy particulares y, a la vez, sugiere una manera de entender la noción de hispano. También hay consideraciones generales que apoyan la adopción de nombres étnicos por lo que ellas nombran, pues en cuanto nos dicen algo acerca de lo que nombran, estos nombres lo identifican y tienen el poder de moldear actitudes hacia ello. Epistemológicamente, confieren información acerca de lo que nombran; ontológicamente, ayudan a establecer su identidad. Sin embargo, esto puede resultar perjudicial en cuanto pueden usarse para estereotipar, objetivar o debilitar; pero también puede ser beneficioso cuando estos nombres son una fuente de conocimiento y poder.

El carácter perjudicial o beneficioso del uso de los nombres étnicos depende en gran medida de, por lo menos, tres factores: 1) aquellos que nombran y establecen las condiciones concomitantes requeridas; 2) el carácter positivo o negativo de esas condiciones, y 3) la amplitud o la rigidez con que se conciben las condiciones. El primer factor es importante porque una cosa es adoptar un nombre para identificarnos, y otra totalmente distinta es que nos denominen, dejando que otros definan nuestra identidad. Nótese bien que he dicho "definan" en lugar de "establezcan" o "descubran". Lo hago porque, en vista de nuestros propósitos aquí, quiero mantenerme al margen de la controversia entre el constructivismo social y su contrario. El primero sostiene que las identidades son el resultado de una construcción social; el último, que son el producto de eventos ajenos a las fuerzas sociales y, por lo tanto, descubiertas en lugar de construidas. Al usar "definan" pretendo separarme de estas dos posiciones extremas. En efecto, mi punto de vista radica en que las identidades étnicas son consecuencia tanto de un proceso de construcción social como de factores externos a las fuerzas sociales.[2] Aparte de este asunto, necesitamos hacer hincapié en que, tanto adoptar un nombre como definir la propia identidad, son signos y actos de poder. Son lo primero, porque aquellos sin poder no tienen siquiera la prerrogativa de hacerlo; son otros los que establecen cómo es que deben ser llamados y quiénes son. Por eso, los que no tienen poder están a merced de los que determinan qué es importante o pertinente sobre ellos. Esto trae consecuencias serias, en cuanto que la percepción social cambia la realidad social: la manera como uno es percibido determina cómo es tratado, y a la vez afecta eventualmente quien uno es; la percepción social es, pues, un factor del cambio social. Nuestra identidad de grupo o individual depende de otros.

Es más, adoptar un nombre y definir la identidad propia constituyen actos de poder, porque limitan el poder de otros para denominarnos e identificarnos. Les dice: "Mira, yo soy quien soy, y no quien tú piensas o quieres que sea. Yo te digo quién soy, y tú tienes que respetarlo; no tienes potestad para decirme quién soy, sólo yo la tengo". En efecto, no nos debería sorprender que Yahvé (soy el que soy) sea el nombre que Dios escogió para identificarse a sí mismo en la Biblia.

El segundo factor importante en la adopción de los nombres étnicos es el carácter positivo o negativo de las condiciones asociadas con la identidad que define. Obviamente, un nombre cuyas connotaciones sean negativas es capaz de hacer mucho daño, mientras que uno con connotaciones positivas puede causar un gran bien. Pero tengamos en cuenta que adoptar o recobrar nombres con malas connotaciones por grupos que han sufrido discriminación puede ser un signo desafiante y un acto de poder cuando los nombres se entienden apropiadamente. Por ejemplo, eso es lo que ha ocurrido con 'judío'. Treinta años atrás a este término se le atribuía toda una serie de malas connotaciones entre los no judíos, y por esas razones lo evitaban quienes se oponían al antisemitismo, fuesen o no miembros de este grupo. Hoy día, sin embargo, el término ha llegado a ser un signo de poder y de orgullo.

El tercer factor importante en la adopción de nombres étnicos es la amplitud o la rigidez con las que se conciben las condiciones de identidad que los definen. Parte de las razones por las que la adopción de un nombre étnico fortalece es porque libera a los que lo adoptan de una relación de dependencia con aquellos que, de un modo u otro, les imponen otros nom-

---

[2] Parsons (1975). Elaboro mi punto de vista en Gracia (2005).

bres.[3] Denominarnos y definir nuestra identidad puede implicar también una liberación en la medida en que hace explícitos los prejuicios que puedan ser obstáculos para nosotros, pues abre posibilidades para desarticular esos prejuicios y para cambiar la forma en que actuamos. Conociendo quiénes somos podemos cambiar no sólo el modo en que otros piensan sobre nosotros, e incluso en el que pensamos sobre nosotros mismos, sino también el curso de nuestras acciones futuras. Pero aquí también hay un peligro: un nombre y las condiciones de la identidad que éste implique pueden funcionar como factores restrictivos y como fuentes de conflicto, si es que son concebidos muy estrecha y limitadamente. Ser algo puede tomarse como una limitación de poder ser otra cosa. Recuérdese el antiguo enunciado parmenídeo: lo que es, es; lo que no es, no es. Si se concibe que un grupo posee ciertas habilidades y limitaciones, esto se puede usar para cerrar sus vías de desarrollo y crecimiento. Por esta razón, el valor de un nombre étnico y de las condiciones de identidad implicadas por él dependerán de la amplitud de esas condiciones y de la rigidez con que se entiendan.

En suma, el uso de nombres étnicos y la definición de las condiciones de identidad de los grupos que nombran pueden ser, en principio, benéficos para los grupos en cuestión. Son así generalmente si se satisfacen tres condiciones: si el grupo es el que denomina y define; si las condiciones usadas en la definición son positivas, y si las condiciones no son ni estrechas ni rígidas. Hasta este punto, el uso de los nombres étnicos y la correspondiente autoidentificación resultan importantes en la medida en que colaboran en el establecimiento de un autosentido y una autoorientación.[4] De lo contrario, el uso de nombres étnicos y la definición de las condiciones de identidad de grupo pueden ser más perjudiciales que lo contrario. La tesis de este capítulo es que el uso del nombre que propongo para denominarnos a nosotros, 'hispanos', y el modo en que concibo nuestra identidad, son beneficiosos si tomamos en cuenta los requisitos señalados.

El argumento a favor de la identidad hispánica

Para poder fundamentar mi tesis, necesito regresar a un supuesto tácito en el análisis presentado en los capítulos anteriores. De acuerdo con él, el uso efectivo de un nombre común requiere de la identificación de una esencia, o sea, una propiedad o conjunto de propiedades que caractericen las cosas

---

[3] Mendieta (1997).
[4] Stephan (1992), p. 51.

nombradas por el nombre. Si no existe una esencia que pueda identificarse, el nombre carece de significado, siendo simplemente un sonido sin sustancia, y por lo tanto debe dejarse de lado para evitar confusiones innecesarias.

Unido a este supuesto aparece otro frecuentemente asumido por aquellos que tratan sobre la identidad. Según este último, una identidad propiamente dicha, correspondiente a un nombre, debería involucrar tanto consistencia como pureza.[5] Tener una identidad requiere propiedades que constituyan una totalidad coherente y que no estén mezcladas con otras.

La opinión según la cual el uso eficaz de los nombres requiere una propiedad, o un conjunto de propiedades, que se pueda identificar, ha sido cuestionada con éxito en la filosofía contemporánea. Esto no significa que no existan nombres cuyo uso esté justificado por una esencia, sino sólo que no todos los nombres son del mismo tipo y, por lo tanto, su uso no necesita justificarse de ese modo. Diversos nombres pueden usarse eficazmente aun cuando no haya una propiedad, o un conjunto de propiedades, que ellos connoten. Wittgenstein dio el ejemplo de 'juego'.[6] Este término se emplea eficazmente y, sin embargo, cuando tratamos de identificar, aunque sea una propiedad común a todos los juegos que los distinga del resto de las cosas, somos incapaces de hallarla. Algunos juegos usan pelotas, otros no; algunos juegos dan placer, pero no todos; otros demoran un buen tiempo, mas no así otros; muchos demandan concentración, muchos no; y un gran número requiere esfuerzo físico, pero otro tanto no y así sucesivamente.

Aplicando lo dicho a nuestro caso, proponemos que no es necesario que haya propiedades comunes para todos aquellos a quienes deseamos llamar hispanos, y para que el uso del término 'hispano' sea justificado o tenga sentido. En general, existe un modo de entender el concepto de lo hispánico que nos permite hablar con sentido de los hispanos y referirnos a ellos eficazmente, aun cuando la gente nombrada no comparta ninguna propiedad en común en todo tiempo y lugar. Específicamente, mi tesis consiste en que el concepto debe entenderse históricamente, o sea, como un concepto que involucra relaciones históricas. Los hispanos son el grupo de gente que comprende a los habitantes de los países de la península ibérica después de 1492, a los que habrían de formar las colonias de esos países, posteriormente al encuentro entre Iberia y América, y a los descendientes de esas personas que viven en otros países (por ejemplo, en los Estados Unidos), pero que conservan algún vínculo con esa gente. Se excluye a la población de otros países en el mundo y a los habitantes de Iberia y la América Ibérica antes de 1492, porque es a partir de ese año cuando los países ibéricos y sus

---

[5] Alcoff (1995), p. 261.
[6] Wittgenstein (1965), § 75, p. 35.

colonias en América desarrollaron una red de conexiones históricas que continúa hasta el día de hoy y que distingue a estas personas de otras.[7]

Este grupo de gente debe concebirse como si formara una unidad que traspasa las fronteras políticas, territoriales, lingüísticas, culturales, raciales o genéticas. Incluso, no es necesario que los miembros del grupo nos denominemos a nosotros mismos de un modo particular o que tengamos conciencia de nuestra identidad. En efecto, algunos de nosotros nos consideramos hispanos y tenemos conciencia de nuestra identidad de grupo, pero no es necesario que todos lo hagamos. El conocimiento no determina al ser, aun cuando frecuentemente influya sobre el ser. Lo que nos mantiene unidos, y a la vez nos separa de otros, es la historia y los eventos particulares de esa historia, más que la toma de conciencia de ella; una red única de relaciones históricas cambiantes suple nuestra unidad.[8]

Obviamente, las relaciones históricas tienden a generar propiedades comunes, pero este tipo de propiedades no va más allá de ciertos periodos, regiones o subgrupos de personas. La unidad puede existir sin comunidad. A puede seguir a B, B a C, y C a D, de modo que existe una conexión entre A y D, aun cuando A no tiene nada en común con D. Permítaseme explicar esto más detalladamente. Considérese el caso de A, B, C y D. A tiene una relación con B (*aRb*), B la tiene con C (*bRc*) y C la tiene con D (*cRd*). Pero no existe una relación directa entre A y C o D, ni entre B y D (para simplificar el asunto, asumo que la relación entre A y B es la misma que entre B y A, e igualmente en los otros casos). Ahora bien, las relaciones mencionadas nos permiten agrupar a A, B, C y D aunque no existan propiedades comunes a todos ellos, ni tampoco relaciones que los unan directamente. Existe, sin embargo, una relación entre A y B, otra entre B y C, y aun otra entre C y D. Al mismo tiempo, estas relaciones nos permiten separar al grupo ABCD de otros grupos, como, supongamos, MNOP, porque ninguno de los miembros de ABCD tiene relaciones con los miembros de MNOP, o porque las relaciones entre A, B, C y D son diferentes de las relaciones entre M, N, O y P. Agrupar implica unir y separar, y unir y separar resulta fácil cuando se realiza sobre la base de propiedades comunes para todos los miembros del grupo; pero no es necesario que esto se realice apoyándose en tales propiedades. También puede efectuarse sobre la base de propiedades o relaciones que no sean comunes a todos los miembros del grupo, siempre que haya

---

[7] Los filipinos parecen haber sido alguna vez parte de este mundo pero, ciertamente, no lo son actualmente. Los casos de Angola, Mozambique, Goa y otros similares son casos límite.

[8] Mi posición, pues, es diferente de la de los que abogan por una conciencia de historia compartida como condición necesaria para lo étnico. Véase Parsons (1975), p. 60.

propiedades o relaciones que vinculen a cada miembro del grupo con al menos algún otro miembro del grupo.

Este tipo de unidad, propongo, justifica la noción de hispano. Estamos aludiendo a un grupo de gente que no tiene propiedades comunes cuando se le considera como una totalidad. Su unidad no presupone algo común; es una unidad histórica fundada en relaciones. El rey Juan II de Portugal no tiene nada en común conmigo, pero tanto él como yo estamos entrelazados por una serie de eventos que nos relacionan y nos separan de la reina Isabel II de Inglaterra y de Martin Luther King. No es necesario encontrar propiedades comunes para todos los hispanos que permitan clasificarnos como tales. Lo que nos relaciona es el mismo tipo de cosa que vincula a los miembros de una familia, como diría Wittgenstein.[9] Puede ser que no haya ninguna propiedad común a todos nosotros pero, con todo, pertenecemos al mismo grupo porque estamos históricamente relacionados, como un padre con una hija, una tía con un sobrino y los abuelos con sus nietos. La metáfora del parecido familiar de Wittgenstein es particularmente apropiada en este caso, porque la historia de los hispanos es la de un grupo de gente, de una comunidad unida por eventos históricos. Sin embargo, la metáfora de la familia debe tomarse ampliamente para evitar que ésta se entienda como si se requirieran lazos genéticos. Uno no necesita tenerlos con otros miembros de su familia para formar parte de ella. En efecto, el matrimonio, la fundación misma de la familia, ocurre entre personas que se enlazan a través de un contrato, no por gestación. Y los parientes políticos llegan a ser familiares indirectamente, y otra vez, no por gestación. Esto significa que la noción misma de parecido usada por Wittgenstein puede ser confusa en la medida en que sugiera una conexión genética que, sin embargo, no se requiere. Esto implica también que ninguna exigencia de coherencia y pureza es pertinente. Las familias no son totalidades coherentes compuestas por elementos puros, sino que incluyen componentes contradictorios e involucran la mezcla. En efecto, la contradicción y la mezcla parecen ser elementos esenciales, pues una unidad viviente es imposible sin contrariedad y heterogeneidad.[10] Somos constelaciones de personas relacionadas con diferentes características, algunas veces incompatibles, pues no requerimos como condición necesaria pureza de ningún tipo. Por esta razón, las familias se hallan en un proceso constante de cambio y adaptación. Mi propuesta radica en que éste es el modo correcto de concebirnos como hispanos.

Ahora bien, las familias se constituyen por el matrimonio. De allí que se justifique preguntarnos: ¿existe un momento en la historia en el que la fa-

[9] Wittgenstein (1965), §67, p. 32.
[10] Unamuno (1968), p. 1081.

milia hispánica comienza a existir? Puesto que nuestra comunidad incluye habitantes no sólo de la península ibérica, sino también de aquellas partes de América colonizadas por los países ibéricos, debemos ubicar un momento en la historia en el cual nos juntamos, y yo propongo aquí el encuentro entre Iberia y América. No tiene sentido hablar de los hispanos antes de 1492; nuestra familia se constituyó, precisamente, a causa de los eventos desencadenados a partir del encuentro.

A pesar de todo lo dicho, nos podemos preguntar todavía por qué la necesidad o la ventaja de usar la categoría de hispano. Si no existen propiedades comunes para todos los hispanos, ¿qué obtenemos de una narrativa sobre los hispanos que no se haya logrado en las historias de los distintos países y pueblos que se reúnen bajo esta categoría? Concretamente, al usar este término, ¿podemos saber algo más que no se sepa ya a través de los estudios sobre, por ejemplo, españoles, catalanes, mexicanos, argentinos y otros pueblos hispánicos? Mi respuesta a esta interrogante es que éste es un modo efectivo de entender un aspecto importante de nuestra realidad histórica, que de otro modo perderíamos.

El estudio de los pueblos requiere del estudio de sus relaciones, de cómo uno influye sobre otro. En particular, un recuento histórico debe prestar cuidadosa atención a los eventos y los personajes que desempeñaron un papel importante en la historia, y debe evitar divisiones artificiales. Teniendo esto en cuenta, propongo que la noción de hispano representa, mejor que otras, al conjunto de gente de las naciones ibéricas y de los países latinoamericanos que fueron en algún momento colonias españolas y portuguesas, así como a los descendientes de estas personas que viven actualmente en otros lugares, pero mantienen vínculos cercanos con ellas, porque esta noción subraya la existencia de una realidad histórica que nos une. Dividir a los hispanos en términos de criterios políticos, territoriales, raciales, lingüísticos, étnicos, genéticos o culturales resulta en la pérdida de múltiples dimensiones de esta realidad histórica, aun cuando estas divisiones nos presenten aspectos de esa realidad que otras divisiones perderían.

El concepto de hispano nos permite darnos cuenta de aspectos de nuestra realidad que de otro modo ignoraríamos, porque los marcos conceptuales empleados resultarían o muy amplios o muy estrechos para poderlos apreciar. Anteriormente he indicado que los conceptos son ventanas hacia la realidad. El concepto de hispano es, ciertamente, una ventana hacia la historia de un capítulo dentro de la historia universal: el de nuestra historia. En el vasto panorama de la humanidad, éste presenta un marco que dirige la atención del observador hacia algo a lo que, bajo diferentes condiciones, se le podría prestar poca atención, o que quizá se ignoraría del todo, a causa de la inmensidad del paisaje. Gracias a él, podemos ver mucho en lo poco. 'Hispano' nos abre una ventana hacia nosotros mismos y, a través de ella, obtenemos un conocimiento que de otro modo no poseeríamos. Al mismo tiempo, nos permite notar cosas que no captaríamos si usáramos conceptos más restringidos como mexicano, argentino y español, por ejemplo. Éstos también son ventanas pero, como toda ventana, nos revelan cosas al excluir otras. Al usar categorías más restringidas perderíamos una vista más amplia. El empleo del término 'hispanos' revela algo único al reducir y ampliar simultáneamente nuestra perspectiva.

Esto no significa que el uso del término deba ser excluyente. Hablar y pensar acerca de los hispanos no ocluye que hablemos y pensemos de otras formas, es decir, que usemos otros principios de organización, y por lo tanto, consideremos otras unidades, pues estas organizaciones y unidades diferentes frecuentemente explican, enfatizan y revelan otros aspectos de la realidad que quedan ocultos de otra manera. No necesitamos mirar sólo a través de una ventana. Mi tesis es que la perspectiva basada en la noción que he propuesto explica, enfatiza y revela aspectos de nuestra realidad que de otro modo permanecerían descuidados, pero con esto no quiero decir que debamos excluir otras perspectivas. Sin duda, existen otros modos reveladores de pensar acerca de la realidad comprendida bajo el concepto de hispano. Podemos pensar en términos regionales, como latinoamericano, ibérico, centroamericano, iberoamericano y sudamericano; en términos lingüísticos, como quechua, castellano y vasco; en términos políticos, como brasileño o mexicano, y así sucesivamente. Y todas estas nociones, si es que están históricamente fundamentadas, nos revelan aspectos de la realidad hispánica que hubiesen pasado inadvertidos bajo diferentes concepciones.

En concreto, mi propuesta es adoptar 'hispano' para referirnos a nosotros: la gente de Iberia, la América Ibérica, algunos segmentos de la población en los Estados Unidos, después de 1492, y los descendientes de estas personas en cualquier parte del mundo, en la medida en que preserven vínculos con sus antepasados. Además, sostengo que el uso de este término no implica la existencia de propiedades en común para todos nosotros a lo largo de la historia. Su uso se justifica por una red de relaciones concretas que nos unen y, simultáneamente, nos separan de otros pueblos.

Nótese que el uso de 'hispanos' no pretende reflejar que algunas personas escojan llamarse así. Cuando se aplica una teoría contemporánea sobre los nombres a los nombres étnicos, algunas veces se afirma que el autodenominarse (o la autoidentificación, como se le llama frecuentemente) es tanto una condición necesaria como suficiente para el uso apropiado de un nombre étnico.[11] Si yo escojo llamarme hispano, otros deberían hacer-

---

[11] El fundamento filosófico de esta posición se remonta a algunos wittgensteinianos, como por ejemplo, Bambrough (1960-1961). Los sociólogos frecuentemente hacen de la autodenominación, la autodefinición y la autoconciencia, condi-

lo. Pero, ciertamente, la autodenominación no es ni necesaria ni suficiente en este contexto. No es suficiente, porque el uso de un nombre requiere una razón; debo tener alguna razón para escoger llamarme hispano. Y no es necesario, porque puede ser apropiado llamarme así, aunque yo no lo escoja. En efecto, existen muchos nombres que rechazamos, aun cuando los merezcamos. Por ejemplo, pocos criminales desean ser llamados así a pesar de que el epíteto es el apropiado. La teoría que he propuesto no resulta afectada por estas objeciones porque, aunque no pretende que haya propiedades comunes a todos los hispanos en todos los tiempos y lugares, acepta que ellas existan en determinados tiempos y lugares a causa de relaciones históricas particulares. Mi posición, pues, no es ni trivial ni circular.

Ahora debemos retomar la cuestión de la identidad para abordar las implicaciones de lo que se ha dicho relativas a ella, respecto del uso de 'hispano' y del concepto correspondiente. Recordemos que la identidad tiene que ver con conjuntos de condiciones necesarias y suficientes y que ésta puede entenderse acrónica, sincrónica o diacrónicamente. Acrónicamente, el conjunto de condiciones en cuestión haría explícito por qué algo es lo que es, al margen del tiempo; sincrónicamente, el conjunto de condiciones revelaría por qué algo es lo que es en un momento determinado, y diacrónicamente, el conjunto de condiciones especificaría que algo sea lo que es en dos o más momentos determinados. Es así como la identidad acrónica de los hispanos involucra las propiedades que hacen que los hispanos seamos quienes somos, fuera de cualquier consideración temporal; la identidad sincrónica involucra aquellas propiedades en un momento determinado, y la identidad diacrónica tiene que ver con esas propiedades en dos (o más) momentos.

La cuestión es: ¿existen esas condiciones? ¿Tiene sentido hablar de una identidad hispánica acrónica, sincrónica o diacrónica? Debería quedar claro que, estricta y acrónicamente, no tiene sentido aludir a un conjunto de condiciones necesarias y suficientes que se apliquen a todos los hispanos puesto que, como he sostenido, los hispanos no comparten ninguna propiedad en común que todos deban tener y que los distinga de otros. Sin embargo, tiene sentido hablar de una identidad hispánica acrónica en el modo explicado anteriormente, basada en relaciones históricas y familiares más que en relaciones de comunidad.

Sincrónicamente, de nuevo, el asunto no es sencillo. En principio, no hay razón por la que todos los hispanos no puedan tener algunas propieda-

---

ciones necesarias para lo étnico. Mi posición es que ellas desempeñan un papel en lo étnico, pero no son necesarias. Para la exposición de estas condiciones: Isaacs (1975), pp. 34-35; Parsons (1975), p. 56; Horowitz (1975), p. 113; Hayes-Bautista (1983), pp. 275-276.

des en común que los vinculen entre sí y los distingan de otros en algún momento determinado. Pero la realidad parece diferente, pues los vínculos hispánicos, aun en un momento determinado, tienden a ser familiares e históricos antes que generales. Cada grupo hispánico está relacionado de alguna manera a algún otro grupo hispánico, pero ningún grupo hispánico está relacionado a todos los otros grupos de la misma manera.

Finalmente, en sentido diacrónico, ocurre un fenómeno similar. Existen semejanzas fácilmente discernibles entre aquellos que llamamos hispanos en momentos diferentes, pero todas ellas tienden a ser históricas y familiares, más que basadas en propiedades comunes. A lo largo de nuestra historia, los hispanos han mostrado el tipo de unidad característica de las familias, más que una unidad de conjuntos o clases basada en propiedades compartidas.

En este punto, los hispanos parecen ser diferentes de los asiáticos y los asiático-estadounidenses, de los africanos y los afroestadounidenses, de los amerindios y los amerindio-estadounidenses. Al igual que los hispanos, los asiáticos están divididos en muchos subgrupos —coreanos, chinos, japoneses, malayos y otros más—, pero con la diferencia de que éstos no forman fácilmente una familia histórica del modo en que los hispanos lo hacen. En efecto, más que una familia, ellos aparecen como conglomerados de familias relacionadas unas con otras sólo ocasionalmente. Y lo mismo se puede decir de los africanos y los amerindios. Sin considerar factores de unificación superficiales o controversiales, como el territorio y la raza, parecen constituir conglomerados de grupos en gran medida independientes.

La situación de los hispanos es también diferente respecto de la de los otros grupos mencionados. En general, los asiático-estadounidenses reflejan la diversidad de sus orígenes y culturas, pero carecen de fuertes vínculos históricos que los unan. Por eso, en este caso, un nombre común es especialmente artificial. La situación de los afroestadounidenses es totalmente opuesta. Los africanos que fueron traídos a los Estados Unidos eran tan diversos como los asiáticos; venían de diferentes partes de África, de distintos países y de diversas culturas, pero se vieron forzados a homogeneizarse. Culturalmente, se les obligó a calzar una misma horma de manera que muchas de sus características más idiosincrásicas fueron destruidas, o casi destruidas: sus idiomas, valores, religiones y muchas cosas más. El caso de los amerindio-estadounidenses es similar al de los asiáticos, porque están subdivididos en grupos que tienen muy poco en común entre sí, excepto por un origen remoto. ¿Qué tienen en común los seminoles, los mohicanos, los apaches y los pueblos? Aglutinarlos a todos y rotularlos como "amerindio-estadounidenses" es tan artificial como colocar a vietnamitas, chinos, coreanos y otros grupos que viven en los Estados Unidos bajo el rótulo de 'asiático-estadounidenses'.

En contraste con estos dos últimos grupos, los hispanos tienen un vínculo histórico que los une, y en contraste con los afroestadounidenses, carecen de la homogeneización que en gran medida caracteriza a éstos. La historia entrelaza a los hispanos de un modo diferente que a los asiáticos, los africanos y sus descendientes. Hay un sentido en el que los hispanos de todo el mundo permanecen unidos que no se aplica a éstos. Quizá exista un vínculo físico más fuerte entre todos los africanos, incluyendo a los de los Estados Unidos, y entre los asiáticos y sus descendientes estadounidenses, y entre todos los amerindios latinoamericanos y de los Estados Unidos, que el vínculo que une a los hispanos, incluyendo a los hispano-estadounidenses. Pero hay un elemento histórico y familiar que está ausente entre los asiáticos, africanos y amerindios, que está muy claro en el caso de los hispanos.

Dos objeciones iniciales

Existen por lo menos dos serias objeciones al punto de vista que he propuesto, de las cuales debo ocuparme. La primera sostiene que no hago justicia al hecho de que los hispanos son, en efecto, diferentes de otros grupos, y que esta diferencia no puede explicarse simplemente en términos de conexiones históricas. Según el argumento, los hispanos son diferentes de los chinos, los franceses y sobre todo de los angloestadounidenses; esto hace que podamos decir quién es hispano y quién no, y que sepamos perfectamente qué diferencias nos separan de otros grupos. Una buena explicación de estas diferencias debería dar cuenta de nuestros modos distintos de pensar y actuar. No es suficiente negar, como lo he hecho yo anteriormente, que realmente existan propiedades compartidas por los hispanos, porque si ése fuera el caso no sería posible distinguirnos de otros, cosa que, efectivamente, hacemos. Por supuesto, descubrir esas propiedades podría ser muy difícil, o incluso a veces imposible de hecho, pero ello no implica que no existan; y que las que se hayan sugerido hasta el momento no funcionen, no quiere decir que la tarea sea lógicamente imposible.

La respuesta a esta objeción es que yo no afirmo que no existan propiedades comunes a los hispanos, y que, por consiguiente, no los podamos distinguir nunca de otros grupos. Más bien, he sostenido que no hay propiedades comunes a todos los hispanos que sean discernibles en todo momento y lugar. Esta posición no impide sostener que existan propiedades en común para algunos hispanos en todo momento y lugar, o en todo momento pero sólo en algunos lugares, o quizá en algunos momentos y en todo lugar; tampoco que no haya algunas propiedades para todos los hispanos en todo momento pero sólo en algunos lugares, o en algunos momentos en todos los lugares. No puede, pues, deducirse de mi propuesta que no hay propiedades comunes a los hispanos en todo momento y lugar. Mi punto de vista es que no existen propiedades que se puedan mostrar que son comunes a todos los hispanos en todo momento y en todas partes. En efecto, creo que los hispanos presentan propiedades generales en ciertas ocasiones y en ciertos sitios, y son precisamente ellas las que sirven para identificarnos en esas circunstancias. En cada época y en cada periodo, algunos hispanos han compartido propiedades que los entrelazan y los distinguen de otros grupos, pero éstas no se extienden necesariamente más allá de esas circunstancias, y, ciertamente, no es preciso que se extiendan para dar cuenta de nuestra identidad y diferencia frente a otros grupos.

Existen relaciones familiares que los hispanos comparten en determinadas circunstancias, las cuales sirven para distinguirnos de los no hispanos y son la fuente misma de las propiedades que usamos para tal fin. Las características físicas particulares, los rasgos culturales y el idioma, entre otros factores, pueden servir para distinguirnos a los hispanos en ciertos contextos, pero ninguno de ellos funciona como un criterio de distinción e identificación en todo tiempo y lugar. En un lugar donde todos y cada uno de los hispanos hablen castellano, por ejemplo, el idioma puede funcionar como un criterio suficiente para la identificación hispánica, aunque en otros lugares no pueda. Igualmente, en una sociedad o región donde todos los hispanos, y sólo ellos, tengan cierto color de piel, o una religión particular, o algún otro rasgo común, se pueden usar esas propiedades para identificarlos, aunque en otras circunstancias existan hispanos que no las compartan. Entonces, a pesar de que los hispanos no constituimos un grupo homogéneo, se pueden usar propiedades particulares para determinar quién es hispano en un contexto específico. La identidad hispánica no implica un conjunto de propiedades comunes que constituyan una esencia, pero esto no ocluye la identificación. Podemos determinar quién es hispano en cada contexto. Así como podemos decir fácilmente cuándo algo es un juego y cuándo no lo es, del mismo modo podemos decir quién es hispano y quién no en la mayoría de los casos. Pero, al igual que en los juegos, siempre existirán casos difíciles y otros que se prestan a clasificaciones múltiples.

En particular, en el caso de los hispanos en los Estados Unidos, existen factores adicionales que ayudan a resolver la cuestión de la identificación. Por ejemplo, somos tratados como un grupo homogéneo por los estadounidenses de origen europeo y africano; y aun cuando los hispanos no constituimos un grupo homogéneo, podemos ser fácilmente contrastados con ellos, porque no compartimos muchas de sus peculiaridades. Esto hace que nuestra identificación en los Estados Unidos no sólo sea posible, sino incluso relativamente fácil.

Este esclarecimiento de mi posición sirve también para responder a la segunda objeción mencionada anteriormente. Ésta sostiene que el criterio para la identidad hispánica que he propuesto es muy débil porque podría describir una situación en la que una sola propiedad sea compartida por dos individuos cualesquiera, lo cual no sería suficiente para conformar un grupo frente al resto de otros grupos. Considérese dos grupos que deseamos distinguir, compuestos de seis individuos cada uno: el grupo 1 está compuesto por A, B, C, D, E y F, y el grupo 2 por G, H, I, J, K y L. Según mi propuesta, no habría nada de malo en que cada uno de los miembros de cada grupo tuviese sólo dos propiedades. Para el primer grupo las propiedades serían (en paréntesis): A(a, b), B(b, c), C(c, d), D(d, e), E(e, f) y F(f, g), y para el segundo grupo serían: G(g, h), H(h, i), I(i, j), J(j, k), K(k, l) y L(l, m). Entonces, vemos que el último miembro del primer grupo tiene una propiedad en común con el primer miembro del segundo grupo; este hecho significa que se ha efectuado una separación arbitraria de ambos grupos, o sea que no existe mayor razón para acabar el grupo 1 con F, y empezar el 2 con G, que para acabar el primero con B, y empezar el segundo con C. Obviamente, el conjunto de propiedades del primer grupo (a, b, c, d, e, f y g) difiere del segundo (g, h, i, j, k, l y m). Pero existe al menos una propiedad común (g) entre ambos y esto produce una ruptura arbitraria entre los grupos, pues el primer grupo —A, B, C, D, E y F— podría estar constituido por A, B, C, D y E, mientras que el segundo —F, G, H, I, J y K— contendría a E, F, G, H, I, J y K. Por supuesto, otras combinaciones y separaciones son igualmente posibles.

La situación se torna más seria cuando consideramos que, en realidad, los miembros de cualquier grupo comparten no una, sino muchas otras propiedades con miembros de otros grupos que supuestamente se desean distinguir de ellos, cosa que efectivamente ocurre con los miembros de un grupo como los hispanos. En definitiva, la perspectiva que presento, según la objeción, es muy débil.

Un modo de responder a esta segunda crítica es modificar mi posición de la siguiente forma. En lugar de hablar de los miembros de un grupo, cada uno de los cuales comparte al menos una propiedad con, por lo menos, algún otro miembro del grupo, se puede proponer un conjunto de propiedades algunas de las cuales sean compartidas por cada miembro. Podríamos llamar a esta posición la tesis del fardo común. Supongamos que identifiquemos a un grupo con seis miembros: A, B, C, D, E y F. Y propongamos también un conjunto de seis propiedades: a, b, c, d, e y f. De acuerdo con esta tesis, cada miembro del grupo tendría algunas de estas propiedades, por ejemplo: A(a, b), B(a, b, e, f), C(c, d, f), D(b, c, d, f), E(a, e) y F(b, e, f). La ventaja de esta propuesta es obvia: aquí tenemos una posición que puede resolver las dificultades indicadas. Vemos con claridad que ahora tenemos un lazo más estrecho entre los miembros del grupo, y fácilmente podemos separar al grupo de otros mostrando cómo los individuos que no son miembros del grupo no poseen ninguna, o un número suficiente, de las propiedades usadas para definir al grupo.

Ahora, apliquemos la tesis del fardo común a los hispanos y supongamos que existe un conjunto de doce propiedades distintas que todos los hispanos poseen (la selección presentada aquí es puramente arbitraria y no debe dársele importancia): hablante de lengua ibérica, descendiente de ibérico, nacido en Iberia, nacido en la América Ibérica, descendiente de amerindio, descendiente de africano, ciudadano de país ibérico, ciudadano de país iberoamericano, residente de país ibérico, apellido ibérico, amante de la música iberoamericana. Al usar este criterio, Juan de los Palotes califica como hispano porque es de ascendencia ibérica, nació en la América Ibérica y habla castellano. Sus hijas también califican porque hablan castellano, igualmente descienden de ibéricos, tienen apellidos españoles y les gusta la música iberoamericana, aunque no han nacido ni residen en Iberia o en la América Ibérica. Y algunos hijos de padres angloestadounidenses y madres iberoamericanas que no hablan castellano y que nacieron en los Estados Unidos pueden considerarse también hispanos, por su ascendencia parcialmente iberoamericana y su predilección por la música de esas tierras. Al mismo tiempo, se puede distinguir este grupo de aquellos que pueden tener una de esas propiedades, como hablar una lengua ibérica o haber nacido en la América Ibérica, pero no tienen ninguna otra. Más aún, esto excluiría, por ejemplo, a los hijos de los misioneros angloestadounidenses en la América Ibérica o a los afroestadounidenses que aprenden portugués en la escuela.

Evidentemente, adoptar la tesis del fardo común es una manera prometedora de responder a la objeción propuesta contra mi posición original, la tesis histórico-familiar. Y, en efecto, no hay razón por la que no pueda integrarse a mi tesis, excepto que, bajo un escrutinio mayor, se le encuentran problemas. En particular, veo tres dificultades que me hacen dudar. Primero, existe el problema de determinar un conjunto particular de propiedades que se deban identificar como las adecuadas. ¿Cómo y sobre qué base debemos decidir respecto del conjunto de propiedades que los hispanos compartan? Efectivamente, aun en la lista inofensiva que presenté como ilustración, existen algunas propiedades que parecen destinadas a crear dificultades. Por ejemplo, ¿por qué el hijo de los misioneros angloestadounidenses nacido en Colombia, que además tiene ciudadanía colombiana y habla algo de castellano, no se debe considerar hispano? Y podríamos tener en cuenta los problemas considerados anteriormente con respecto a las propiedades territoriales, políticas, culturales, raciales y otras por el estilo.

Un segundo problema enraizado en este modo de resolver la objeción, que también debería ser obvio en el ejemplo que usamos, es que, aun si fuésemos capaces de establecer una lista satisfactoria de propiedades, algunas de las cuales puedan compartir todos los hispanos, no tendríamos un modo simple de determinar el número de ellas requeridas para calificar como hispano. ¿Dos? ¿Tres? ¿Cuatro? ¿Veinte? ¿Y las propiedades escogidas conllevan alguna diferencia? En el ejemplo anterior, ¿hay alguna diferencia si se excluye el gusto por la música iberoamericana y la ascendencia amerindia? Es más, ¿es suficiente con dos propiedades de cierta clase (por ejemplo, el gusto por la música iberoamericana y la ascendencia amerindia), mientras que de otra clase se requieren tres o cuatro? Como es evidente, esto complica el asunto enormemente, y no queda claro sobre qué base se puede tomar una decisión.

El tercer problema es incluso más preocupante. Tiene que ver con el hecho de que, inclusive si fuéramos capaces de escoger un conjunto de propiedades algunas de las cuales deban ser compartidas, éstas podrían llegar a usarse sólo para el pasado y el presente, pero no para el futuro, pues no sabríamos qué propiedades serían pertinentes para los hispanos en tiempos venideros. Esto ocurre porque el conjunto de propiedades que los hispanos comparten en cualquier momento puede cambiar, y también puede cambiar la proporción de las propiedades necesarias para calificar; después de todo, estamos hablando de una realidad histórica y las realidades de este tipo se encuentran en proceso de cambio. Nuestra identidad es flexible, y está sujeta a la evolución y la transformación.[12] Podemos ilustrar este punto con una referencia al lenguaje. Es suficiente decir que el inglés hablado en la Edad Media sería ininteligible para un estadounidense hoy, y sin embargo, todavía lo consideramos inglés. De manera que lo que nos parezca pertinente para la identidad hispánica en el pasado y en el presente puede también cambiar con el tiempo. Si los tigres pueden evolucionar al punto en que desaparezcan sus rayas, no existe ninguna razón por la cual los hispanos no podrían llegar a ser muy diferentes de lo que son hoy, o de lo que fueron en el pasado.

En conclusión, la propuesta que hemos estado examinando como una respuesta a la segunda objeción es, simplemente, demasiado inflexible y no responde a la naturaleza de la historia. No puede darse una lista determinada de propiedades que los hispanos comparten; es posible que exista en un momento particular, pero debe permanecer siempre abierta. Es por eso que sigue siendo mejor pensar en términos de vínculos históricos y familiares que en listas de propiedades. Los hispanos son parte de una realidad histórica, por lo tanto los criterios para identificarlos tienen que tomar en cuenta ese hecho. Nótese que comencé permitiendo la posibilidad de que, en principio, podría haber ese tipo de lista de propiedades, aunque no fuéramos

[12] Shutte ha sostenido esta afirmación respecto de la identidad de la América Latina (1993, p. 240).

capaces de identificarla al presente. Sin embargo, ahora queda claro que no permito esa posibilidad, ni siquiera en principio. A pesar de todo, esto no implica que los hispanos no puedan identificarse como tales en contextos particulares, pues aunque no haya propiedades esenciales, puede haber criterios en contextos. Por ejemplo, considérese que saber nadar no es un indicador de lo humano; pero en un lugar en el cual todos y sólo los seres humanos saben nadar, esta propiedad puede funcionar efectivamente como un criterio de lo humano.

Respuestas a las objeciones presentadas en el capítulo 1

La propuesta que he hecho resuelve efectivamente algunas objeciones, aunque no todas, en contra del uso de 'hispano' expuestas en el capítulo 1. En efecto, no resuelve las más serias en su contra: 'hispano' es chocante por lo que los iberos, especialmente los españoles, le hicieron a la población amerindia, y es particularmente violento para los hispano-estadounidenses del suroeste de los Estados Unidos porque este término lo usa un grupo racista y etnocéntrico que pretende distinguirse de los mestizos y de los mexicano-estadounidenses; 'hispano' privilegia injustamente los elementos españoles, iberos y europeos en detrimento de los amerindios y africanos; 'hispano', además, perpetúa (o tiende a perpetuar) la sumisión de América a Europa, particularmente de la América española a España; y, finalmente, 'hispano' es un término peyorativo cuyo uso sirve sólo para degradarnos ante otros y poner obstáculos a nuestra aceptación social y desarrollo.

A primera vista, estas objeciones parecen poderosas; no obstante, al examinarlas detalladamente revelan que están basadas en gran medida en el error, el prejuicio y la ignorancia. Es más, tales objeciones son producto de un punto de vista que produce el mismo tipo de parcialidad y discriminación que pretende evitar, aunque quienes padecen estas últimas sean otros. Ciertamente, en él se presuponen los mismos principios totalizadores y excluyentes contra los cuales se formularon.

Considérese, por ejemplo, que estas objeciones rechazan 'hispano' porque identifican todo lo hispano con la pureza racial, el eurocentrismo, la explotación y la opresión. Sin embargo, *Hispania* ha sido desde un comienzo un lugar donde Europa y otras partes del mundo se han encontrado; la península ibérica es mestiza de principio a fin, tanto racial como culturalmente. Desde su temprana historia, este trozo de tierra europea ha sido el lugar donde África, Europa y el Oriente Medio se han encontrado y mezclado de todas las formas posibles. Inclusive, algunos han llegado a decir que

África comienza en los Pirineos. Es un error suponer que todo lo hispano sea exclusivamente europeo o caucásico, aun si se restringiera lo hispánico a lo meramente ibérico. Un corto viaje por ciertas partes de España y Portugal liberaría rápidamente a cualquiera con ojos de este prejuicio. Nada más hay que decir sobre la connotación de eurocentrismo o pureza racial. Después de 1492, no tiene sentido hablar de una pureza ibérica, o de una cultura separada y distinta iberoamericana, como veremos más tarde en el capítulo 5.

Con respecto a la objeción basada en la connotación de opresión y explotación de 'hispano', está claro que se basa en la ignorancia y el prejuicio. Tómese nota, sin embargo, de que no estoy de acuerdo con el argumento falaz que sugiere no culpar a los conquistadores por las atrocidades que cometieron, porque otros también hicieron cosas similares tanto en América como en otros lugares. Este tipo de razonamiento no sólo es falaz, sino pernicioso, aun cuando parezca impresionar a algunos. Mi argumento es más bien que, culpar a todos los iberos por los crímenes que cometieron unos cuantos, es tan injustificado como pensar que todos los mexicanos son ociosos porque algunos lo son; o que todos los colombianos son narcotraficantes porque sabemos que existe un grupo que sí lo es; o, quizá, que los cubanos no son serios porque, de hecho, ciertos cubanos no lo son. Estas generalizaciones son falsas, y peor aún, maliciosas y nefastas; pero igualmente dañino y perjudicial resulta poner a todos los iberos dentro del grupo de los monstruos. En el encuentro entre Iberia y América, se cometieron innumerables atrocidades, pero muchas de ellas fueron denunciadas desde el principio por los mismos iberos. En efecto, los grandes nombres de Bartolomé de las Casas, Juan de Zumárraga y Vasco de Quiroga deberían ser suficientes para mostrar que no todos los iberos eran monstruos y que muchos de sus líderes tomaron partido a favor de la causa de los amerindios y los oprimidos. Tampoco puede decirse impunemente que aun los gobiernos ibéricos fueron completamente malintencionados y que generalmente callaron las voces de protesta. La famosa disputa entre Las Casas y Sepúlveda revela que existía una preocupación entre algunos miembros del gobierno español por hacer lo correcto, o, por lo menos, dejar abierto un espacio para las disidencias.[13] Ciertamente, en una época en que el mundo en general tenía poca conciencia de los derechos de los pueblos conquistados y los oprimidos, algunas leyes fueron proclamadas en España y Portugal en vistas a la protección de los amerindios y de los esclavos africanos, lo cual indica que al menos algunos iberos estaban preocupados por su bienestar.[14] Más

---

[13] Hanke (1974); Las Casas (1992).
[14] Mörner (1967), pp. 41-52.

aún, filósofos como Vitoria y Suárez trataron de reflexionar sobre los problemas que surgieron a causa del encuentro, de un modo abierto y franco, sin intereses relativos a lo pecuniario o al poder.

En conclusión, no todos los iberos deben tacharse de malos ni censurarse, de manera que, aun si 'hispanos' se refiriera solamente a ellos, no se podría decir que denota exclusivamente a villanos, y que connota sólo la vileza de algunos. Es más, el sacrificio propio de muchos que trataron de mitigar los efectos de lo que, sin lugar a dudas, fue una catástrofe de proporciones épicas, no puede ser ignorado o descartado a causa de esto último. La mayoría de las identidades se han forjado a sangre y fuego, pero no es la sangre y el fuego solos lo que cuenta. Además, existen innumerables casos, tanto en la América Ibérica como en los Estados Unidos, donde ciertos iberos han desempeñado un papel clave en el progreso de los hispanos no ibéricos, de manera que no tiene sentido condenar a la hoguera a todos los iberos por los pecados de algunos.

Y esto no es todo, pues ¿qué podemos decir de los muchos residentes de la península ibérica que no tuvieron nada que ver con la conquista de América? ¿Qué de los campesinos, los miembros de la pequeña burguesía, las criadas y los sirvientes? ¿Qué de los catalanes, quienes, a causa del acuerdo entre Isabel y Fernando, se excluyeron en gran medida de América? ¿Y qué de los descendientes de esas personas, que hoy viven en España y Portugal, pero que no intervinieron ni en la conquista ni en la colonización? ¿Deben ser también rechazados, despreciados y culpados? Ellos son tan hispanos como los conquistadores, a pesar de que no tienen nada que ver con las atrocidades cometidas por éstos. Entonces, ¿por qué tendría que rechazarse el epíteto 'hispano' sólo por lo que algunos iberos hicieron entre 1500 y 1900? Ciertamente, ninguno de nosotros cambia su nombre cada vez que un miembro de nuestra familia comete un acto reprensible. Muy pocos estadounidenses rechazarían el término 'estadounidense' hoy, si es que alguno lo hace, sólo porque algunos de ellos cometieron atrocidades en contra de ciertos segmentos de la población, en algún momento de la historia de su país,[15] y lo mismo pasa con los iberoamericanos. ¿Tienen los argentinos que rechazar su nombre nacional por lo que hicieron ciertos militares durante la Guerra Sucia? Es un grave error basar los juicios en una lógica equivocada, y la equivocación en este caso sería concebir la connotación de un término sobre propiedades que se aplican solamente a algunos miembros de su denotación.

Es más, ¿por qué debe asociarse 'hispano' solamente con Iberia, o aun más estrechamente con España o Castilla? Que los castellanos se hayan

[15] Churchill (1993).

apropiado del nombre por su conducta agresiva e imperialista, no debe ser
motivo para que otros se vean obligados a renunciar a sus derechos sobre
ese término. Yo rehúso abandonar lo que es mío por derecho, aun si otros
pueden ser fácilmente convencidos de hacerlo. Soy hispano, pero no castellano ni español, y hablo castellano con acento cubano, no español. Al ser
hispano comparto con catalanes, vascos, gallegos, portugueses, andaluces,
mayas, nahuas, argentinos, brasileños y algunos africanos, entre muchos
otros, una historia que nos entrelaza de múltiples maneras y de la que deri-
vo mi identidad étnica.

Que ciertos grupos etnocentristas y racistas en el suroeste de los Estados
Unidos se hayan apropiado del término 'hispano', y lo usen para distanciar-
se de los mestizos y los mexicano-estadounidenses, por razones racistas, y
otros grupos en otros lugares hagan lo mismo por razones similares, no debe
ser razón suficiente como para que aceptemos no usar el término. En primer
lugar, ya hemos visto que la pureza étnica y racial es un mito en lo que se
refiere a los hispanos de cualquier tipo: no somos puros en ningún sentido
de la palabra. De allí que no tenga sentido usar 'hispano', o ningún otro
término, para indicar nuestra pureza. Segundo, si no se trata de pureza
absoluta, sino simplemente de pureza española, esto es, de una ascendencia
española sin mezcla, entonces el término 'hispano' es incorrecto; el término
correcto sería 'español' o 'de ascendencia española'. Precisamente 'hispano'
connota mezcla y derivación, como hemos visto en el contexto de otra de
las objeciones mencionadas anteriormente; en este sentido es como 'hele-
no', no como 'griego'. Tercero, a pesar de que existe un racismo considerable
entre los mismos iberoamericanos, ibéricos e hispano-estadounidenses, éste
nunca ha alcanzado un nivel tal como entre los anglosajones en los Estados
Unidos.[16] A fin de cuentas, fue después —y a causa— de la incorporación
del noroeste mexicano a los Estados Unidos, y de la inmigración de los
angloestadounidenses en los territorios recientemente adquiridos, que cier-

---

[16] Existe un acuerdo amplio entre los investigadores sobre este tema. Se puede
estimar la diferencia entre la actitud iberoamericana y la estadounidense con respecto a la raza a su vez por las actitudes que ambas sociedades tienen hacia los matrimonios mixtos. Los matrimonios entre españoles y amerindios fueron explícitamente
permitidos en la América Española por lo menos desde 1501 en adelante, y los matrimonios entre españoles y africanos, a pesar de la oposición de la Corona española,
también fueron permitidos. Más aún, a comienzos del siglo XIX, desaparecieron todos los obstáculos legales en contra de los matrimonios entre amerindios y africanos.
Compárese esto con la situación en los Estados Unidos, donde los matrimonios mixtos fueron prohibidos por las leyes del estado de Virginia hasta 1966. Mörner (1967),
pp. 25, 38, 65-66, 72-86, 114-115; Morse (1964), pp. 134-135; Fernández (1992),
p. 132. La prohibición de los matrimonios entre razas diferentes en los Estados Unidos no fue sólo un asunto legal, sino también religioso. Los cristianos evangélicos

tos grupos intentaron distinguirse de los mestizos y mexicanos precisamente porque los gringos hacían sentir inferiores a los últimos.[17]

Como he dicho, existe racismo en la América Ibérica; en líneas generales, mientras más oscura es la piel de una persona, peor se le considera y trata. Pero tampoco hay favoritismo con respecto a los iberos. A los españoles en particular, se les tilda de toscos, ignorantes, provincianos y tercos. Ser español o ibero no es un símbolo de estatus, sino todo lo contrario; más bien se anhela la blancura de la piel, pero de origen inglés, alemán o francés. Por eso encontramos la costumbre común de añadir algún apellido perteneciente a algún antepasado de estas tierras, aunque sea lejano, al apellido español, para enfatizar un origen europeo pero no ibérico, pues tener sangre inglesa, alemana o francesa se considera un privilegio muy especial. Éste es uno de los secretos vergonzosos que no se mencionan públicamente en nuestras sociedades.

Incluso más significativo es que no se hace una distinción entre hispanos y mestizos en la América Ibérica. A lo largo de la historia, los iberoamericanos han distinguido entre blancos, negros, indios, mestizos, castizos, mulatos, criollos y otras muchas categorías, pero algunos de estos términos son más culturales que raciales, y hasta donde llega mi conocimiento, el término 'hispano' nunca se ha usado para distinguir una clase alta de descendientes puros de españoles de los indios, mestizos, negros o mulatos.[18] Este fenómeno es estadounidense y resulta del racismo anglosajón.[19]

Mi teoría puede usarse también para responder a la tercera objeción, o sea, que el uso de 'hispano' perpetúa un sentido cultural de sumisión de América hacia Europa en general, y especialmente hacia España. Si la noción de hispano no connota un conjunto particular de propiedades, no pue-

---

han justificado su oposición a ellos basados en el presunto pasaje bíblico sobre la separación de las tribus de Israel. En los años sesenta esta actitud continuaba siendo defendida por algunos profesores y alumnos de las universidades evangélicas en los Estados Unidos. Este tipo de oposición religiosa no encuentra ningún paralelo en la América Ibérica o en Iberia. Existe incluso una base filosófica del racismo anglosajón, que no contaminó a la América Ibérica hasta que el positivismo europeo llegó a nuestras costas; no se necesita ir muy lejos, basta con consultar a uno de los pilares de la filosofía anglosajona para verlo: Hume (1905, pp. 152-153, nota al pie). Por supuesto, la legalidad de los matrimonios mixtos, así como su frecuencia, no deben tomarse como un signo de que no existe un racismo iberoamericano. Hay que distinguir entre racismo social y legal, y hay mucho del primero en la América Ibérica.

[17] Oboler (1995), p. 26.

[18] Para las jerarquías y los rótulos usados durante la época colonial, véase Morse (1964); Mörner (1967), pp. 58-60; Graham (1990).

[19] Nótese que la Spanish American Heritage Association también contrasta a los hispanos con los mestizos, como vimos anteriormente.

de argumentarse que necesariamente connote algo español o europeo. Es cierto que alguien podría entender el término así, pero esto es incorrecto y no debe impedirnos usar un nombre que podría ser alternativamente muy útil y cuya justificación está enraizada en la historia. Los afroestadounidenses no tienen por qué dejar de llamarse así porque algunos, o aun muchos, piensen que 'africano' significa racial o culturalmente inferior; los judíos no deben abandonar su nombre porque algunos, o aun muchos, lo asocien con cualidades negativas; y nosotros no tenemos que renunciar a 'hispano' porque unos pocos, o quizá aun muchos, conciban erróneamente que este término significa español.

Esto me lleva a la última objeción, que el uso de 'hispano' es contraproducente porque se asocia con ciertos rasgos negativos. Aquí hay que responder con lo mismo que dijimos anteriormente: que ciertas personas les den un giro equivocado a ciertos términos no debe forzarnos a rechazarlos, sobre todo si reflejan un hecho históricamente importante para nosotros. En efecto, no estoy seguro de que el cambio de nombre sea una cosa buena. ¿Vamos a cambiar nuestro nombre cada vez que alguien decida usarlo negativamente? ¿Y no se pierde algo importante cada vez que un nombre es cambiado? ¿Acaso el cambio de un nombre no crea frecuentemente innecesarias divisiones y conflictos en la comunidad nombrada?[20] ¿No sería mejor concentrarnos en defender las bases históricas del término? Un término como 'hispano', que tiene un gran sentido histórico, debe conservarse, pese a que algunas personas lo usen peyorativamente. En lugar de deshacernos de él, tendríamos que usarlo con cierta actitud de desafío y afirmación; tarde o temprano, esta actitud nos ayudará a cambiar la opinión de otros sobre nosotros más que si nos cambiáramos el nombre. En lugar de cambiar el nombre, entonces, necesitamos cambiar la actitud de la gente hacia nosotros, y así negarnos a someternos a las reglas del juego que se nos impone. Un nombre puede ser una herramienta efectiva para esta tarea.

Esto no significa que la comunidad a la que me refiero como hispanos permanecerá como tal para siempre, o que sea una comunidad cerrada que no permita a nadie entrar o salir. No podemos negar el pasado. Si hemos sido parte de esa comunidad, siempre lo habremos sido —cosa obvia— pero ser parte de ella, o haberlo sido, no implica que continuaremos siéndolo en el futuro. Y el no haber sido hispano en el pasado no excluye la posibilidad de serlo en el futuro. Las comunidades son fluidas, abiertas y siempre cambiantes; los miembros vienen y van, entran y salen, en tanto que forjan nuevas relaciones con otros. No soy historicista. No estamos atrapados en nuestra historia, aunque tampoco se la puede negar. Ni estoy proponiendo algún tipo de neoesencialismo. Aquí no hay esencia: sólo una compleja rea-

[20] Treviño (1987), p. 71.

lidad histórica. En efecto, sólo un sentido equivocado de la identidad, basado en las nociones de coherencia y pureza, nos llevaría a una concepción esencialista de lo étnico.

Conclusión

En conclusión, la categoría "hispano" es útil para describirnos y comprendernos. Sirve también para describir mucho de lo que creemos y hacemos, pues nuestras creaciones y acciones son precisamente el resultado de lo que somos, y a la vez, lo que somos es el resultado de nuestra historia. 'Hispano' es un término que sirve a un propósito hoy, y seguirá sirviendo para el estudio de nuestro pasado. Podría suceder, sin embargo, que en algún momento futuro dejara de ser útil para describir la realidad pertinente. Al término lo justifica hoy una realidad histórica, es decir, las relaciones entre nosotros, y si éstas disminuyeran considerablemente o cesaran, entonces el término podría convertirse en obsoleto. Además, su extensión no debe concebirse como clara e inflexible, pues las relaciones humanas no son así. Existe una reagrupación constante, y nuestra comprensión de estas relaciones requiere el reajuste de nuestro marco conceptual. Por el momento, sin embargo, existe un uso para 'hispano'.

La ventaja de mi posición radica precisamente en que nos permite hablar de una identidad común para todos los hispanos sin imponernos una concepción homogénea de quiénes o qué somos. Es una concepción abierta e históricamente basada en nuestra identidad, que permite la multiplicidad y el desarrollo. Reconoce nuestra diversidad; respeta nuestras diferencias; acepta nuestro pasado; y evita las actitudes totalizadoras y homogeneizantes que podrían usarse para oprimir y dominar a algunos de nosotros, o quizá a todos. Su fin es que nos entendamos al reconocer tanto las fortalezas como las debilidades de nuestros vínculos.

Parte de mi tarea ha sido la de un análisis conceptual que abra el camino hacia una comprensión más precisa de una noción que creo que nos sirve bien para identificarnos. Más aún, he tratado de mostrar cómo es que existen fundamentos históricos de mis conclusiones. En efecto, mi argumento es que, contrariamente a lo que algunos creen, el uso de 'hispano' —tal como se ha concebido aquí— no nos priva de nuestra identidad histórica, ni nos reduce a una serie de supuestos rasgos comunes, ni mucho menos implica una falsa homogeneización. En realidad, he sostenido precisamente lo opuesto, pues mantengo que el uso de 'hispano' —entendido correctamente— nos ayuda a respetar la diversidad, es fidedigno para con nuestra identidad histórica y deja las puertas abiertas para el desarrollo hacia muchas direcciones. Además, la ausencia de una concepción homogénea debería ser suficiente para evitar un uso opresivo y discriminatorio. Mi respuesta más poderosa a la objeción del capítulo 1 en contra del uso de 'hispano', o de cualquier otro nombre étnico, es que 'hispano' nos ayuda a comprender las bases de la identidad de nuestra familia étnica.

Nótese que también me he mantenido al margen del argumento político que algunos proponen a favor del uso de un nombre único para todos los hispanos, en el contexto estadounidense. De acuerdo con este argumento, los hispano-estadounidenses necesitan un nombre común para reforzar nuestra posición política, porque un grupo grande tiene más poder que uno pequeño. La noción amplia de hispano (o latino, si es el caso) haría que el resto de la población estadounidense nos tomara seriamente.

En efecto, éste es un argumento poderoso que ha sido esgrimido frecuentemente por aquellos que están a favor de un nombre único para los hispano-estadounidenses.[21] El problema, sin embargo, es que no toma en cuenta las diversas necesidades y características de los distintos grupos que se incluyen bajo el nombre. Políticamente, el nombre no produce los resultados esperados y puede llegar a ser, incluso, contraproducente. Los puertorriqueños no tienen las mismas necesidades que los chicanos, o los argentinos, o los venezolanos, por ejemplo. Incluso, cuando hablamos de políticas nacionales o internacionales, el uso de un nombre común no es una buena cosa necesariamente, si es que no se mantiene un énfasis adecuado en la diversidad existente entre los diferentes subgrupos dentro del grupo más amplio. Por otro lado, la justificación de un nombre no debe basarse en consideraciones de tipo político, sino más bien en hechos históricos, y debe reconocer que un nombre común para todos los hispanos no está fundado en propiedades comunes o en necesidades políticas, sino en una realidad histórica asentada en la diversidad y el mestizaje. Esto nos conduce directamente al problema de los orígenes de nuestra identidad, el cual exploramos en el capítulo 5.

Tómese nota de que las objeciones planteadas en contra del uso de 'hispano' sirven también en contra de otros rótulos propuestos por algunos que se oponen a él. Términos como 'latinoamericano' y 'América Ibérica' son muy problemáticos, lo cual afecta el caso de 'latino'. Y, ciertamente, mientras más restrictivos sean los términos, basados en un origen nacional y opuestos a 'hispano', más dudosos son, puesto que, en gran medida, los países de la América Ibérica son creaciones artificiales, al igual que los países del resto del mundo.[22] Tan sólo un corto viaje a través de los territo-

---

[21] Padilla (1985); Treviño (1987), p. 71 _et passim._
[22] Para la concepción de naciones como artefactos construidos, Anderson (1983).

rios de algunos países iberoamericanos bastaría para convencer a cualquiera —que no tenga una ceguera ideológica— de que, en términos de cualquier identidad que no sea política, estas naciones tienen poco que ver con mucha de la gente que se considera parte de ellas. Esto significa que el uso de los términos basados en un origen nacional para los grupos hispánicos en los Estados Unidos es aun más artificial, pues muchos de estos estadounidenses no se encuentran relacionados con esos países en la actualidad. Por supuesto, el caso de los inmigrantes recientes es distinto, pero eso no afecta la situación de los otros. Téngase presente también que, históricamente, la integridad territorial de muchos de los países iberoamericanos tiene más que ver con el modo en que los españoles y los portugueses dividieron y gobernaron sus territorios en América que con la identidad —presente o pasada— de los habitantes de esas tierras. Esto implica que el uso de términos de origen nacional para los hispano-estadounidenses propuestos por aquellos que rechazan todo lo español o ibérico, sea especialmente paradójico.

Por supuesto, la razón por la que algunos hispano-estadounidenses quieren enfatizar sus vínculos con sus respectivos países iberoamericanos es comprensible. Al fin y al cabo, a muchos de ellos se les ha intentado privar de su dignidad, cultura, idioma, poder político, clase social y valores. Naturalmente, necesitan luchar en contra de esto, y la idea de un país de origen, con un gran pasado y un potencial para el futuro, se presenta como la herramienta apropiada para contrarrestar la discriminación étnica y el racismo. Así como los afroestadounidenses encuentran una fuente de poder en África, igualmente los hispanos la encuentran en México, Brasil o Perú. Todo eso está muy bien, en la medida en que se ajuste a una comprensión real de la situación y no se use para encubrir nacionalismos equivocados, conflictos étnicos y expectativas irreales.

Si se toma en cuenta lo que he dicho, y que no he favorecido el uso de 'latino' para referirme a los hispanos en general, o a los hispano-estadounidenses en especial, entenderemos la razón por la cual no utilizo 'latinoamericano' para referirme a los hispanos que viven en América, pero fuera de los Estados Unidos, y que en su lugar uso 'iberoamericano'. Efectivamente, no soy el único que piensa de esta manera; muchos de los que han escrito sobre el tema han señalado que 'latinoamericano' es inapropiado, y que el término más preciso es 'iberoamericano',[23] pues la extensión del último incluye las partes de América en las que los elementos ibéricos han tenido un papel importante y excluye a aquellas en las que la influencia decisiva ha sido francesa, holandesa o británica.

[23] Frondizi (1949); Gómez-Martínez (1995); Villegas (1963).

Finalmente, permítaseme señalar tres grandes ventajas adicionales del uso de 'hispano' y de la concepción de identidad hispánica que propongo. Primero, nos permite participar plenamente de la diversidad cultural de nuestros pueblos sin perder nuestras identidades más específicas. La pluralidad, heterogeneidad y mezcla que nos caracterizan a los hispanos son enormes, y probablemente no sea una exageración decir que los hispanos somos más diversos y variados que otros grupos étnicos en el mundo. Considérese a los afrohispanos, catalanes, tarahumaras y a muchos otros que forman parte de nuestra familia histórica. Es más, pensemos en los judíos sefardíes, quienes aún mantienen con nosotros algunos vínculos importantes, a pesar de haber residido por varios siglos fuera de territorios hispánicos. Concebir nuestra identidad en los términos que señalo nos ayuda a comprender este fenómeno y nos permite compartir las riquezas culturales de muchos otros: los tejidos paracas, la arquitectura maya, los ritmos africanos, la literatura española y la cerámica portuguesa, por citar algunos ejemplos.

La segunda gran ventaja que presenta la concepción de la identidad hispánica que propongo es que ésta no es hegemónica; no pretende excluir otras identidades, porque no concibe a los hispanos como si compartiesen una serie de propiedades que resulten, latente o patentemente, conflictivas con las propiedades compartidas por miembros de subgrupos hispánicos. La concepción de quiénes somos está abierta y es pluralista, pues permite la existencia de otras identidades, múltiples y variadas.[24] Las consecuencias sociales y políticas de esta concepción son considerables, pues este modo de entender nuestra identidad se opone a la intolerancia y a todo propósito totalizador y hegemónico de imponer sobre otros una noción estrecha de quiénes somos.

Por último, está la ventaja terminológica. Ya hemos visto la gran confusión que existe con respecto a la nomenclatura que se usa para referirse a nosotros en todo el mundo. Pues bien, la introducción de 'hispano' nos ayuda a aclarar el panorama. Así podemos hablar de todos nosotros, en el contexto mundial, como hispanos y de lo que tiene que ver con lo nuestro como hispánico. Además, en contextos más restringidos, esto nos abre posibilidades terminológicas interesantes, que a su vez sugieren intrigantes avenidas de investigación y una precisión mayor en nuestro lenguaje. Por ejemplo, en el contexto racial, podemos hablar de hispanos blancos o de hispanos negros; en el contexto regional, de hispanos europeos, hispanos amerindios y aun de hispanos iberos; en el nacional, de hispanos mexicanos, hispanos estadounidenses, hispanos brasileños, hispanos uruguayos o hispanos espa-

---

[24] En este sentido, concuerda con las posiciones sostenidas por algunos posmodernistas. Albó (1995), p. 29; Calderón (1995), pp. 60 y 63.

ñoles; y si queremos mantener el concepto del latinoamericano que incluya no sólo a los iberoamericanos, sino también a los francoamericanos, y que contraste con los angloamericanos, entonces podemos hablar inclusive de hispanos latinoamericanos.

Esta terminología tiene ventajas obvias. Por ejemplo, nos permite hablar de los latinoamericanos e incluir en ellos a los francoamericanos. Esto a su vez hace posible enfatizar la experiencia colonial común de los hispanoamericanos y los francoamericanos que los une, y la que no todos los hispanos comparten. En el caso de la filosofía en particular, nos permite incluir a pensadores como Frantz Fanon en el canon de filosofía latinoamericana, a pesar de que este pensador es francoamericano y no iberoamericano. Estas aclaraciones terminológicas producen una abertura saludable a diversas maneras de enfocar y concebir la realidad que nos concierne, enriqueciendo sin duda nuestras perspectivas.

CAPÍTULO 4

Una ilustración:
la filosofía hispánica

EL USO DEL TÉRMINO 'HISPÁNICO' es ventajoso en muchos sentidos, y particularmente cuando hablamos acerca de la cultura y de la historia. La historia de los iberos, iberoamericanos e hispano-estadounidenses está entrelazada de modo muy significativo desde 1492, pero nuestros pueblos también tienen relaciones en otros ámbitos como el arte, las tradiciones, las actitudes y los valores, entre muchos otros. En literatura, por supuesto, tiene sentido hacer referencia a una literatura hispánica, porque los lazos lingüísticos, estilísticos y temáticos existentes entre iberos, iberoamericanos e hispano-estadounidenses son muy fuertes. Sin embargo, es quizá la historia del pensamiento la que sirve como mejor ilustración del uso y la justificación del término 'hispánico'. De allí que, en muchos sentidos, ésta constituiría la mejor manera de entender quiénes somos y de cómo nos percibimos a nosotros mismos.

Un argumento a favor de la filosofía hispánica es en efecto un poderoso argumento a favor de un uso más general de la categoría de hispano para referirnos a todos nosotros. Más aún, la explicación de la noción de filosofía hispánica nos sirve para aclarar la noción de hispano en general, así como para ilustrar la tesis presentada en el capítulo anterior.

Filosofía hispánica

Los estudios sobre la filosofía en España, Portugal, México, Perú, Argentina y otros países iberoamericanos, y sus relaciones con el ambiente filosófico en general, presentan grandes vacíos, que son, en gran medida, consecuencia de un intento de ver la historia de la filosofía en estos países como desarrollos separados y por lo general inconexos. Esto se hace evidente en la clasificación estándar según la cual el pensamiento filosófico de los mencionados países se divide y estudia: filosofía española, filosofía portuguesa, filosofía catalana, filosofía latinoamericana, filosofía hispanoamericana, filosofía iberoamericana, filosofía ibérica, filosofía argentina, filosofía mexicana, filosofía peruana y muchas otras más.

La categoría "filosofía española" usualmente incluye sólo a la filosofía llevada a cabo en el territorio ocupado por el moderno Estado español, ya sea antes o después de que ese Estado se constituyera como tal en el siglo XVI. La mayoría de las historias de la filosofía española tratan sobre el pensamiento de autores romanos, musulmanes y judíos que estaban localizados en ese territorio, así como de los autores medievales y posteriores residentes en el mismo lugar. En algunos casos, estas relaciones históricas se concentran en filósofos de habla castellana, y en otras incluyen también a aquellos que hablan o escriben en las lenguas catalana y portuguesa. De allí que éstas generalmente ignoren la obra realizada en la América Ibérica y más escasamente exploren los estrechos vínculos que unen a los autores iberoamericanos con los filósofos que trabajan en la península ibérica.[1]

Y las historias generales de filosofía muy rara vez hacen justicia, si es que siquiera las mencionan, a las relaciones históricas entre filósofos ibéricos e iberoamericanos, y menos aun a la filosofía de la América Ibérica.[2] En efecto, es particularmente raro encontrar referencias de las aportaciones iberoamericanas a la filosofía en historias de filosofía, salvo que sean historias iberoamericanas.[3] Esto es evidente cuando se examinan periodos particulares de la historia de la filosofía, como los siglos XVI y XVII. Este periodo se estudia bajo rótulos tan diferentes como renacimiento filosófico, filosofía de la Contrarreforma, escolástica tardía, filosofía posmedieval, segunda escolástica y edad de

[1] Véase Guy (1985); Solana (1941); Abellán (1979-1991).

[2] Por ejemplo, la influyente obra de Windelband (1959) y los variados y extensos volúmenes de Jones (1952-1969) no hacen ninguna mención a los filósofos iberoamericanos.

[3] Esto es cierto incluso en las historias de la filosofía que tienen en cuenta el desarrollo ibérico. Por ejemplo, Copleston (1950). Sólo reciente y esporádicamente los diccionarios generales y las enciclopedias de filosofía incluyen referencias de los filósofos iberoamericanos. Por ejemplo, el plan original de Craig (1998) no contenía ninguna referencia de la América Ibérica, aun cuando la enciclopedia anterior sí lo hacía, Edwards (1967). La situación es escandalosa; volveré a este asunto en el contexto de la comunidad filosófica estadounidense en el último capítulo. Sólo las historias generales de filosofía producidas por iberoamericanos contienen material referente al pensamiento en la América Ibérica. Por ejemplo, Vasconcelos (1937).

plata de la escolástica, para mencionar sólo los más frecuentemente usados.

Algunos historiadores pretenden que hay amplia justificación de estas omisiones. En efecto, se asume que el impacto del Renacimiento en la América Ibérica llegó demasiado tarde para incorporarse a la historia general del Renacimiento, y también que el vector de influencia era unidireccional, de Europa hacia la América Ibérica, y no viceversa.[4] Pero, no es cierto que el impacto del pensamiento renacentista europeo en nuestra América haya llegado tan tarde como para no considerarlo dentro de las historias del pensamiento renacentista. En efecto, el Humanismo influyó sobre el pensamiento iberoamericano vía el pensamiento ibérico, desde principios de la primera mitad del siglo XVI. Además, aunque es cierto que el Humanismo iberoamericano no influyó en el europeo, el primero presenta, de todas maneras, algunas características que no pueden ignorarse del todo en una historia completa de la filosofía renacentista.[5] Y se debe añadir que, al igual que las historias y los estudios del pensamiento renacentista, las historias de la Contrarreforma, de la escolástica tardía y muchas otras, no contienen referencias a la América Ibérica, aun cuando las incluyan a algunas aportaciones filosóficas ibéricas.[6]

La omisión generalizada del pensamiento iberoamericano fuera de la América Ibérica no tiene sentido histórico. Es particularmente penoso comprobar el fallido intento de dar cuenta de las estrechas relaciones de la filosofía iberoamericana con los países de la península ibérica aun dentro de los mismos estudios producidos tanto en la América Ibérica como en la península. Todo texto desconectado de la tradición dentro de la que se ha producido resulta mudo, y muchos de los textos producidos por filósofos iberoamericanos e ibéricos son producto de las relaciones íntimas entre América y la península. Esto está especialmente claro en el caso de escolásticos iberoamericanos, porque su vínculo con los siglos XIII y XIV, siglos a los cuales emulaban, estaba mediado por los escolásticos ibéricos. Alonso de la Veracruz (¿1504?-1584) y Alfonso Briceño (¿1587-1669?) no se pueden entender cabalmente cuando no se toma en cuenta la obra de los tomistas y escotistas ibéricos, a través de los cuales se aproximaban a las obras de santo Tomás de Aquino (¿1225?-1274) y de Juan Duns Escoto (¿1265?-1308), respectivamente.[7]

---

[4] Entre las historias y estudios del pensamiento renacentista que ignoran a la América Ibérica se encuentran: Kristeller (1979, 1961) y Schmitt *et al.,* eds. (1988).

[5] Beuchot (1998); Gallegos Rocafull (1974); Furlong (1952); Guy (1989); Méndez Plancarte (1946).

[6] Por ejemplo, Giacon (1946), y Schmitt *et al.,* eds.(1988). Algunas historias del periodo no lo hacen, por ejemplo, Kretzman *et al.,* eds. (1982).

[7] Sobre De la Veracruz, véase Redmond y Beuchot (1987); sobre Briceño, véase Hannisch Espíndola (1963), pp. 24-30.

Este problema no se restringe sólo a este periodo. Por ejemplo, la obra de algunos iberoamericanos en el siglo XX, que tenían a Nicolás Hartmann y a Max Scheler como mentores intelectuales, es incomprensible si no se tiene en cuenta que éstos tuvieron conocimiento de aquéllos a través de José Ortega y Gasset (1883-1955). Es más, hay un matiz orteguista en el germanismo de Samuel Ramos (1897-1959), por ejemplo, así como en muchas ideas de otros autores vinculados a Hartmann y a Scheler.[8] A pesar de que este matiz se opaca en alguna medida cuando los iberoamericanos aprenden alemán y tienen acceso directo a los textos germanos, éste nunca desaparece por completo, puesto que los patrones de interpretación y el énfasis establecidos desde el comienzo dejan huellas inconfundibles.[9]

Se puede afirmar algo parecido sobre el pensamiento filosófico ibérico respecto de la filosofía iberoamericana, pues aunque hay casos en que la filosofía de la América Ibérica no ha influido en los filósofos ibéricos en forma explícita, la realidad iberoamericana sí lo ha hecho. Considérese el caso de filósofos ibéricos pertenecientes al siglo XVI, como Francisco de Vitoria (1492/3-1546). ¿Podemos ignorar el hecho de que parte de sus reflexiones filosóficas más importantes se suscitaron a causa de la nueva realidad que confrontaron los españoles como resultado del encuentro?[10] ¿No percibieron estos autores una nueva realidad a través de los ojos de aquellos que vivieron en las colonias y viajaron hacia ellas? Fueron los iberoamericanos, nativos o adoptados, quienes proveyeron a los filósofos ibéricos del siglo XVI de muchos de los materiales y temas que habrían de explorar. Nuevamente, este hecho no necesita restringirse a esta época: el más distinguido grupo de filósofos españoles del siglo XX, los exiliados (fugitivos de la guerra civil española), se trasladó a la América Ibérica, en donde no sólo ejerció una extraordinaria influencia sobre varias generaciones de filósofos iberoamericanos, sino que los miembros mismos del grupo español fueron influidos por los pensadores iberoamericanos y por las circunstancias que allí vivieron.[11]

[8] Ramos (1962).

[9] Romero (1964).

[10] En el caso de Vitoria, el encuentro parece ser una clave importante, como es evidente en Vitoria (1917, originalmente publicado en 1538 y 1539). En efecto, existe evidencia sustancial de que los pensadores coloniales iberoamericanos no sólo influyeron en los autores ibéricos, sino incluso en otros filósofos europeos como Descartes; véase Beuchot (1991).

[11] Sobre los exiliados, véase Abellán (1967). La importancia de Gaos, Nicol y otros exiliados para la relación entre el pensamiento iberoamericano y el ibérico se evidencia en sus escritos, y sólo puede explicarse por la influencia que la América Ibérica y la realidad iberoamericana tuvo sobre ellos; Gaos (1945) y Nicol (1961) no se pueden comprender si se deja de lado la experiencia iberoamericana.

El uso de la categoría "filosofía hispánica" es útil para enfocar la atención sobre los fenómenos y las relaciones históricas que se ignoran en historias que usan otras categorías y clasificaciones. De cualquier modo, debe haber quedado claro que el uso de esta categoría no implica que exista algo peculiar, alguna característica o características idiosincrásicas, que particularicen a esta filosofía a lo largo de su historia.[12] Como veremos luego, en el capítulo 5, gran parte del pensamiento español e iberoamericano de los últimos cien años se ha dedicado a la búsqueda de una realidad que caracterice a las filosofías española, iberoamericana y de cada nación de la América Ibérica y de la península ibérica, distinguiéndose cada una de otra, y también de las filosofías de otros países y otras culturas. Sin embargo, este esfuerzo ha sido en gran medida infructífero, puesto que no se ha podido identificar ni siquiera una característica que pudiera servir para distinguir a alguna de estas filosofías, y mucho menos a lo que nos hemos referido aquí como filosofía hispánica. No hay duda de que hay ciertas preocupaciones, ciertas perspectivas y ciertos métodos que caracterizan a uno o más periodos de la historia de la filosofía hispánica, algo bien establecido en numerosos estudios,[13] pero no se encuentra una evidencia definitiva que indique que pudiera ser verdad con respecto a toda la filosofía que pueda considerarse bajo el rótulo de 'hispánica'.

La categoría de filosofía hispánica necesita, pues, entenderse de un modo diferente. Según la tesis que he presentado, propongo entenderla como la filosofía producida por un grupo de filósofos que se encuentran distribuidos en dominios diversos, ya sean políticos, territoriales, lingüísticos y raciales, pero que están históricamente muy vinculados entre sí. No es el lenguaje lo que unifica a estos filósofos, pues algunos de ellos escriben en latín, mientras que otros escriben en catalán, español o portugués, ni tampoco vienen del mismo país o del mismo territorio. Algunos de ellos nacieron en España o Cataluña, pero otros en Portugal y en diversas colonias españolas o portuguesas, o en países iberoamericanos; de hecho, en muchos casos, ellos enseñaron y escribieron más en otras tierras que en las que nacieron. Por último, tampoco pueden ser vistos como miembros de un mismo grupo racial, pues tienen orígenes diferentes, algunos provienen de Europa, otros descienden de africanos o de amerindios y otros más pertenecen a grupos mixtos de varias razas. Lo que estos filósofos tienen en común no es el lenguaje, el país, la localidad o la raza, sino más bien la historia; son los eventos de esa historia, la realidad concreta que compar-

---

[12] Aquí debo disentir de Nicol y de quienes han tratado de ver algún elemento común en toda la filosofía hispánica; véase Nicol (1988).

[13] *La filosofía en América* (1979); *Ideas en torno de Latinoamérica* (1986); *La América Latina* (1992-1993); Gracia, ed.(1986); Mignolo (1995a, 1995b).

ten, los que les proporcionan la unidad que los enlaza.

Éste es el tipo de unidad que la filosofía hispánica tiene: no es una unidad de elementos comunes. Francisco Suárez (1548-1617) puede no haber tenido nada en común con Francisco Romero (1891-1962), excepto por el nombre de pila, pero tanto Suárez como Romero están unidos por una serie de eventos que los ubica juntos y, a su vez, los separa de Descartes, Hume y Kant. No es necesario encontrar características comunes a todos los filósofos hispanos para que sea justificable la categoría de filosofía hispánica; lo que nos une es el mismo tipo de cosas que une a una familia. No tiene por qué darse una serie de características comunes en nuestro pensamiento para que permanezcamos unidos, pues estamos relacionados históricamente entre nosotros de diversas maneras. La noción de familia es particularmente útil aquí, porque la historia de la filosofía es siempre la historia del pensamiento filosófico de una comunidad. Desde comienzos del siglo XVII, la comunidad hispánica comprende tanto a los habitantes de la península ibérica como a aquellos de la América Ibérica.

Así y todo, podría cuestionarse la necesidad o el beneficio que aporta el uso de la categoría de filosofía hispánica. Se puede objetar, en primer lugar, que si no hay características comunes a todos los filósofos hispánicos, ¿qué puede añadir una historia de la filosofía hispánica a las historias sobre periodos o países que más claramente presentan una serie de características comunes? ¿Qué se gana con el estudio de la filosofía hispánica que no se pueda obtener con el estudio de las filosofías española, portuguesa, argentina, mexicana e iberoamericana?

Mi respuesta a esta objeción es que obtenemos una mayor comprensión de la realidad histórica de un área particular de la historia de la filosofía que de otro modo nos faltaría. Una historia de la filosofía es una narración de cómo se han ido desarrollando las ideas, y de este modo da cuenta de cómo los filósofos se han influido mutuamente. Para que una narración llegue a ser histórica, debe prestar atención cuidadosa a los eventos y figuras que desempeñaron un papel en la historia, evitando introducir divisiones artificiales entre ellos. Mi propuesta es que la noción de filosofía hispánica refleja más que cualquier otra noción la realidad histórica de la filosofía producida en los países ibéricos y en la América Ibérica, puesto que ella permite reconocer que no hay firmes fronteras entre los filósofos de esos países.

Considérese a Francisco Suárez, quien nació en España pero enseñó en Portugal por muchos años, y a Antonio Rubio (1548-1615), quien trabajó en México pero cuya *Lógica* llegó a ser un texto de enseñanza en España.[14]

---

[14] Sobre Suárez, Scorraille (1912); sobre Rubio, Beuchot (1998); Gallegos Rocafull (1974), pp. 262-278; Redmond y Beuchot (1985).

Más recientemente, es notorio el caso de Ortega y Gasset, puesto que su influencia fue quizá más grande en la América Ibérica que en España.[15] Éstos son sólo tres ejemplos que revelan la unidad histórica de la filosofía hispánica. Dividir esta filosofía hispánica en varios compartimentos políticos, territoriales, raciales o culturales implica obviar muchos de los lazos históricos que conforman el pensamiento de nuestros países.

Una segunda objeción en contra del uso de 'filosofía hispánica' que se puede señalar es que lleva a confusión porque sugiere que la filosofía iberoamericana ha dependido a lo largo de su historia del pensamiento ibérico, lo cual en realidad no ha sucedido. Es más, siguiendo esta línea argumentativa, luego del periodo colonial, la América Ibérica se orientó hacia Francia, Inglaterra y Alemania en busca de inspiración filosófica, ignorando aquello que viniese de la península, de manera que tendría poco sentido usar un epíteto que hace hincapié en los lazos entre los pensamientos iberoamericano e ibérico.

Como respuesta, antes que nada debo decir que estoy de acuerdo con que, al menos desde 1750, la América Ibérica ha sido influida profundamente por el pensamiento de filósofos franceses e ingleses, y más tarde, por filósofos alemanes. Pero esto no constituye un argumento en contra de la noción de filosofía hispánica por dos razones: primero, porque el término usado aquí, 'filosofía hispánica', no pretende connotar un sentido de dependencia filosófica de la América Ibérica a la península. Mi objetivo al usar el término no tiene que ver con la dependencia filosófica, sino con las relaciones históricas en general y, de hecho, la historia del pensamiento hispánico muestra que el vector de influencia no siempre fue de Iberia a América, sino que frecuentemente tomó el otro sentido. Más tarde veremos que ese hecho comenzó en el siglo XVI, pero no se detuvo en los siglos siguientes; hay ejemplos notables de este fenómeno en cada época. Aun en la segunda mitad del siglo XIX encontramos un cubano, José del Perojo (1852-1908), introduciendo el neokantismo en España y fundando la *Revista Contemporánea*, la cual contribuyó sustancialmente a la modernización de la filosofía española de aquel entonces.

Segundo, no fue sólo en la América Ibérica donde se sintió la influencia de Francia, Inglaterra y Alemania, sino también en la misma península.[16] En este sentido, hay mucho más parecido aún entre la América Ibérica y la península ibérica. Finalmente, la mayor parte de la influencia del pensamiento de los autores franceses, ingleses y alemanes, nos guste o no reconocerlo, vino a través de Iberia. Son suficientemente ilustrativas la introduc-

---

[15] Abellán (1967), pp.103-192; Gaos (1952a); Gómez-Martínez (1995).
[16] Abellán (1979-1991).

ción del pensamiento alemán por medio de Ortega en Argentina y otras partes, y la influencia de los exiliados en México y otros países.[17]

Resumiendo, la categoría de filosofía hispánica es útil para describir y comprender el pasado histórico del pensamiento filosófico de la América Ibérica y de los países de la península ibérica desde 1492; si seguirá siendo así, es algo que por supuesto habrá de determinarse en el futuro. Hoy es útil para todos aquellos que desean comprender el pensamiento del mundo creado por el encuentro entre Europa y América.

El comienzo de la filosofía hispánica

Es sólo después de 1492 cuando tiene sentido hablar de una filosofía hispánica por dos razones: en primer lugar, ésta es la primera vez que la península ibérica y sus colonias iberoamericanas forman una unidad intelectual distinguible de la filosofía europea. Por primera vez en su historia, existe una unidad política entre los reinos de la península ibérica, y por ende entre las colonias con estos reinos. Se desarrolla además una unidad religiosa que resulta de la expulsión de los judíos y los musulmanes, y surge, por añadidura, un sentido fuerte misionero que penetra las actividades y el pensamiento de la época. Éste es el periodo en el que la unión intelectual medieval, que había caracterizado a Europa por más de mil años, se quiebra bajo la fuerza del Humanismo, la Reforma y la presión política ejercida por los Estados europeos modernos.

Más aún, Iberia, a pesar de sus fuertes intereses políticos e ideológicos en Europa, gradualmente vuelca su atención hacia las colonias de América, tanto por las extraordinarias oportunidades que ellas hacen posible como por las enormes demandas impuestas por las colonias a la península. Iberia, entonces, no sólo se unifica en diversos modos, sino que al mismo tiempo se separa paulatinamente del resto de Europa y se acerca más a América. En efecto, debemos tener en cuenta que, históricamente, la unificación política de España es posterior al encuentro con América, y en muchos sentidos, puede haber sido influida y hasta forzada y mantenida por este hecho. Y algo similar se puede decir acerca de Portugal. Esta nueva realidad se refleja en la vida intelectual tanto de la península como de los territorios colonizados, justificando así por primera vez la categoría de "filosofía hispánica".

No tiene sentido emplear esta denominación en relaciones históricas de periodos anteriores a 1492. Los filósofos romanos oriundos de Iberia, como Séneca, pertenecen cultural e intelectualmente a una unidad centrada en

[17] Gómez-Martínez (1995); Abellán (1967); Gracia (1998).

otro lugar, que se expande más allá de Iberia. Igualmente, los filósofos musulmanes de la península, como Averroes, pertenecen a un mundo que gravitó en torno a diferentes ejes. Algo similar se puede decir de Maimónides y otros filósofos-teólogos judíos del periodo medieval, pues su situación histórica los agrupa de diversas maneras que tienen poco que ver con este territorio. De igual manera, los escolásticos medievales de la península son parte de una gran unidad representada por la escolástica europea. Se sienten como en su casa con esa filosofía, y sus relaciones históricas y culturales no son tanto entre ellos como con la común herencia de la época; en efecto, la actividad que los motiva estaba localizada principalmente en otros lugares como París, Oxford, Cambridge o Roma.

Todo esto cambia en el siglo XVI. Aunque los filósofos de Iberia y la América Ibérica de la época continúan adscritos a los temas de interés general de los europeos, y son influidos por las fuentes cuyo origen estaba fuera de la península y de América, hay un fuerte brote de interés en problemas y temas que surgen de una situación histórica única, resultado del encuentro, la colonización y la evangelización de América. Es más, como resultado de intereses comunes, entre otros factores, hay un reforzamiento de las relaciones entre los filósofos de estas diversas tierras, quienes intercambian ideas y disputan entre ellos en modos que no eran usuales anteriormente. De hecho, recientes estudios muestran una fuerte predilección en algunos de los autores hispánicos de este periodo por sus contemporáneos hispánicos.[18]

Esto me lleva a una segunda razón de por qué éste es el primer periodo histórico que justifica la noción de una filosofía hispánica. La filosofía producida en los países ibéricos y en sus colonias después de 1492, y antes de la independencia de las colonias, surge en gran medida como respuesta de una tradición escolástica ibérica bien establecida a las cuestiones que confrontan los intelectuales iberoamericanos e ibéricos de la época, cuestiones que eran a su vez producto del encuentro y la colonización de América. El resultado es una filosofía basada en la tradición ibérica y en la consideración de temas y problemas de los cuales los filósofos ibéricos e iberoamericanos tenían experiencia directa en la mayoría de los casos. Esto le confiere a la filosofía de éstos un carácter autóctono que no existe en la mayoría del pensamiento ibérico e iberoamericano subsecuente.

En efecto, muchos de estos filósofos se lamentan repetidamente de la naturaleza derivada del pensamiento de Iberia y la América Ibérica. Se quejan, con frecuencia y con razón, de que el pensamiento filosófico de estos lugares es resultado de una adopción acrítica de fuentes no hispánicas, principalmente europeas y angloamericanas, y en consecuencia carece tanto de

[18] Hannisch Espíndola (1963), pp. 36-37.

originalidad como de autenticidad.[19] La razón de esta falta de originalidad y autenticidad se encuentra precisamente en que los filósofos ibéricos e ibero-americanos han olvidado tanto sus raíces como que la filosofía debe comenzar en la experiencia humana. No resulta hablar de eso que otros hablan, si no tenemos experiencia propia de aquello que los llevó a hablar en primer lugar. Esto es, por supuesto, lo que hace del siglo XVI y del temprano siglo XVII algo diferente, pues los pensadores de ese periodo están no sólo históricamente bien asentados en sus tradiciones intelectuales, sino también se interesan en lo que ellos conocen mejor. Ésta es la razón por la cual, primero, éstos deben considerarse precisamente filósofos hispánicos y, segundo, fueron capaces del grado de excelencia al que llegaron.

El desarrollo del tipo de unidad intelectual del siglo XVI que he usado para justificar la categoría de filosofía hispánica se puede comprender mejor si se consideran los cuatro desafíos enfrentados por este periodo: el encuentro con América, el Humanismo renacentista, la Reforma y el escepticismo. El encuentro con América tiene un profundo y duradero impacto en el pensamiento de los europeos; para los iberos, en particular, establece una gama de problemas, los cuales son nuevos y requieren de inmediata solución. Ellos se enfrentan con gente desconocida hasta ese momento, con diferentes culturas y creencias religiosas, gente que, sin embargo, posee enormes riquezas y que rápidamente llega a ser tema de estudio para ellos: ¿cuáles son los derechos de estas personas? ¿Se les debe imponer la cristiandad? ¿Deben tratárseles como esclavos? ¿Quién tiene el derecho sobre las riquezas de quien hasta entonces había sido dueño de ellas? ¿Qué deben hacer los conquistadores con las leyes y tradiciones de los amerindios? Cuestiones de este tipo se plantean y demandan respuesta. Los temas van desde las leyes mercantiles internacionales hasta la validez de los matrimonios precolombinos.

Obviamente, el encuentro entre América e Iberia representa un enorme desafío para los intelectuales de la península, compeliéndolos a desarrollar y tratar nuevos asuntos que no se habían confrontado anteriormente. Esto orienta su pensamiento hacia nuevos temas, ajenos a los tópicos tradicionalmente manejados en Europa. El impacto del encuentro en la filosofía despierta la necesidad de ocuparse de asuntos legales y éticos nuevos para la época, y que tienden 1) a formar un núcleo de preocupaciones que ligan a los pensadores ibéricos e iberoamericanos, y al mismo tiempo, 2) a distanciarlos de sus homólogos europeos, quienes tienen otras preocupaciones y otras agendas.[20]

---

[19] Salazar Bondy (1968, 1969); capítulo 6 de este libro.
[20] Pereña (1992). Para lo comercial y lo económico, Grice-Hutchinson (1952); Sierra Bravo (1975).

Los otros tres desafíos enfrentados por los filósofos y teólogos ibero-americanos e ibéricos en esa época tienen un efecto similar al consolidar las relaciones entre ellos y distanciarlos respecto del resto de Europa, lo cual enfatiza más sus relaciones históricas y promueve el desarrollo de un universo filosófico hispánico. Pero este efecto se lleva a cabo de modo diferente, puesto que los desafíos del Humanismo, la Reforma y el escepticismo no dan cabida a la exploración de nuevos temas que habrían de atraer entre sí a los filósofos iberoamericanos e ibéricos. Más bien, estos desafíos los alertan de la necesidad de unirse para conjugar sus fuerzas y repeler a aquellos que la mayoría de éstos percibe como enemigos. La necesidad de defender lo que ellos consideran la fe verdadera, de purgarla de la contaminación de doctrinas heterodoxas o dañinas, y de derrotar a aquellos que la amenazaban, tiene el efecto de acoplar a estos filósofos en un modo anteriormente inaudito.[21]

El impacto del Humanismo en la península ibérica y sus colonias se siente desde un comienzo y, a pesar de que algunos intelectuales ibéricos e iberoamericanos son muy receptivos a él, el movimiento humanista es generalmente percibido por las autoridades eclesiásticas y gubernamentales como una amenaza contra la fe ortodoxa.[22] El descubrimiento de las obras literarias, filosóficas y artísticas del mundo antiguo lleva al crecimiento no sólo de un renovado interés por las ideas paganas, sino también a un cambio de actitud en la comunidad intelectual que muchos interpretaron como una amenaza a la integridad del cristianismo. El Humanismo se considera una amenaza, porque ve la antigüedad pagana como un periodo ideal cuyos valores deben ser emulados. La Edad Media y la escolástica cristianas en particular también perciben a la antigüedad como una etapa ilustrada, pero la actitud de los humanistas es menos moderada y cautelosa. Los escolásticos toman prestado del pasado en forma selectiva, filtrando aquellas adquisiciones a través del tamiz de la doctrina cristiana, y aceptando únicamente aquello que es consistente con esa doctrina.[23] A pesar de los masivos préstamos que se hacen durante el siglo XIII, nunca está ausente una actitud sospechosa con respecto a la pagana antigüedad, tal como lo ilustran repetidas condenas a las doctrinas heréticas y paganas.[24]

Los humanistas, por el contrario, se ven atraídos intensamente por los antiguos y emulan menos selectivamente las formas y los valores de ese periodo, tal cual se reflejan en el arte y la literatura. Su interés por la belleza, el cuerpo humano, los ritos antiguos, el estilo literario y las ideas de las

[21] Gil Fernández (1984), pp. 15-94.
[22] Fuster (1972), p. 72.
[23] Bonaventure (1882-1902), p. 422.
[24] *Ibid.*; y Gilson (1955), pp. 403-409.

religiones paganas es fuente de preocupación para las autoridades eclesiásticas. A pesar de que algunos humanistas son cristianos confesos y usan sus
habilidades lingüísticas y textuales para el servicio de la fe, muchos de ellos
están interesados en recuperar el arte y el conocimiento clásico, no por el
mero propósito de enriquecer la fe cristiana, sino por satisfacer sus propias
inquietudes. Ésta es ciertamente una actitud diferente de la de los escolásticos medievales y, más aún, parece potencialmente peligrosa para aquellos
en la península ibérica y en sus colonias que desean conservar la visión del
mundo medieval.[25]

Otro desafío, la Reforma, tiene un efecto similar al del Humanismo en
los filósofos y teólogos ibéricos e iberoamericanos. En efecto, llega a ser una
mayor amenaza que el Humanismo, puesto que enfrenta a la Iglesia en el
contexto de su propia membresía e involucra a la teología, es decir, al fundamento conceptual de la Iglesia. Más aún, esta rebelión en contra del cristianismo institucionalizado obtiene un apoyo político considerable en algunas
partes de Europa. Ya había habido desafíos heréticos contra la jerarquía
eclesiástica en la Edad Media; importantes revueltas ocurrieron al sur de
Francia, como la protagonizada por los albigenses, por ejemplo. Igualmente
había habido serias amenazas a la cristiandad desde fuera, principalmente
del Islam. Pero la Reforma es un movimiento diferente por varias razones,
tres de las cuales sobresalen: en primer lugar, es un desafío basado en la
crítica de la corrupción prevaleciente en la corte pontificia; en segundo lugar, tiene fuertes repercusiones políticas que le proporcionan un poder que
los movimientos reformadores anteriores no habían experimentado; y por
último, es un desafío teológico que surge dentro de la Iglesia misma. Estos
factores se combinan para hacer de la Reforma una amenaza más poderosa
que pone en peligro la estabilidad y el futuro de la Iglesia.

El desafío final que ayudó a la unificación de los iberos y los iberoamericanos se encuentra menos definido que los otros, pero no por esa razón es
menos efectivo. Tiene su raíz en el escepticismo, una corriente filosófica
que no tuvo mucha fuerza durante la Edad Media. Los medievales conocen
el escepticismo de segunda mano a través de san Agustín, quien argumentó
contra él, particularmente en el *Contra académicos;* en efecto, esta postura
adquiere una mala reputación entre los escolásticos, quienes lo usan para
acusar y condenar a sus oponentes.[26] A pesar de todo, muchos escolásticos
adoptan total o parcialmente una posición escéptica, aunque sólo sea para
defender aquellas opiniones de la fe que ellos piensan que no se pueden

---

[25] La conducta de los papas en el Renacimiento, como León X, no ayudó a apa-
ciguar los temores de muchos. Chamberlin (1969).

[26] Juan Duns Escoto (1963), pp. 103-106. Sobre el escepticismo en la Edad
Media, Michalski (1969); Beuchot (1989), 307-319.

defender si la razón es sostenida como último árbitro de la creencia. De ese modo es que hay una base medieval del escepticismo que se desarrolla en el siglo XVI por autores como Montaigne, que influirá decisivamente en el curso de la modernidad filosófica temprana; el escepticismo de Montaigne, sin embargo, va mucho más allá del que adoptan algunos escolásticos, y no tiene intenciones de sostener la fe. Su famosa pregunta *Que sais-je?*, unida a una tolerancia que algunas autoridades eclesiásticas consideran una moral fácil, se juzga como un desarrollo indeseable por aquellos que se consideran a sí mismos defensores de la fe cristiana.[27]

La respuesta de la Iglesia al Humanismo, la Reforma y el escepticismo es rápida. En primer lugar, surge un movimiento de reforma dirigido por los miembros de la jerarquía eclesiástica que pretende extinguir la corrupción y regularizar la doctrina, los ritos y el derecho canónico. Los más efectivos instrumentos usados para llevar a cabo este propósito son el Concilio de Trento (1545-1563) y la Inquisición. El primero tiene a su cargo los asuntos doctrinales, mientras que a la segunda, originalmente establecida en la Edad Media, se le da un nuevo encargo, el de implantar las nuevas regulaciones. En segundo lugar, el movimiento de renovación afecta también a los miembros de base de la Iglesia. Entre estos esfuerzos, el más eficaz es la fundación de la Compañía de Jesús por san Ignacio de Loyola (1491-1596); esta orden religiosa llega a ser símbolo de la reformada Iglesia católica y uno de los más efectivos instrumentos de la Contrarreforma.

En la península ibérica y sus colonias, la reacción de las instituciones eclesiásticas contra las ideas humanísticas, reformistas y escépticas también es rápida. Humanistas, reformadores y escépticos son considerados una mezcla de gramáticos y herejes, cuya influencia debe erradicarse.[28] Esto se lleva a cabo de diversas maneras, que incluye la imposición de controles estrictos sobre la publicación y distribución de libros, y una actitud general negativa hacia la erudición.[29]

El clima intelectual en la época en que el pensamiento ibérico de los siglos XVI y XVII florece es esencialmente defensivo. La Iglesia está en estado de sitio y siente que debe defenderse contra sus atacantes, lo cual produce un gran esfuerzo por parte de los intelectuales católicos de repensar y defender la teología cristiana tradicional. De allí que encontremos una abundante literatura que adopta tanto un modo apologético como teológico en las controversias doctrinales; ambos modos están ampliamente documentados en la historia de la Iglesia anterior a este periodo, pero en los siglos XVI y XVII

[27] Para el escepticismo en el siglo XVI, Popkin (1964).
[28] Véanse notas 21 y 22.
[29] De la Pinta Llorente (1953-1958); Defourneaux (1973); Quesada (1910), pp. 3-33.

hay un renovado interés en ellos. Pero incluso el tono polémico y defensivo de esos escritos contrasta con el matiz usado por muchos de los escolásticos anteriores. El pensamiento ibérico e iberoamericano de ese periodo refleja estas características. El efecto del Humanismo, la Reforma y el escepticismo en los siglos XVI y XVII fuerza entonces a la unificación de las comunidades de filósofos y teólogos ibéricos e iberoamericanos de modo tal que se pueda derrotar a los enemigos de la Iglesia.

Como se ha dicho, pues, la actitud desarrollada por la Iglesia católica en respuesta a los desafíos del Humanismo, la Reforma y el escepticismo no es peculiar de los países ibéricos y sus colonias. Su respuesta es amplia, y surge de todo lugar en el que la Iglesia tiene una firme base: Italia, Alemania, Francia y muchos otros países; pero el liderazgo de la respuesta eclesiástica lo asumen ampliamente los iberos (el gobierno de la península cuando las armas son requeridas, y sus filósofos y teólogos cuando se necesitan instrumentos intelectuales). España en particular se convierte en la defensora de la Iglesia católica en las guerras religiosas en Europa, y sus intelectuales desempeñan el papel de apologistas.

Los iberoamericanos, por supuesto, no participan tan activamente en estos asuntos como los iberos, pero sus actividades están reglamentadas en gran medida por aquello que acontece en la península, lo cual los hace dependientes y subsidiarios de ella. En ningún caso esto es más evidente como en la censura de los materiales de lectura permitidos en las colonias. A pesar de que algunas afirmaciones sobre el control ejercido por las autoridades peninsulares sobre la circulación de libros en América son exageradas, es evidente que se hacen esfuerzos en esa dirección, lo cual indica que, en cierto modo, la península establece los parámetros intelectuales dentro de los cuales los pensadores iberoamericanos trabajan.[30] Esto, naturalmente, tiende a separar a la América Ibérica de aquellos desarrollos que ocurren más allá de los Pirineos, y a ligarla estrechamente con los intereses y las novedades de la península.

Aparte de los cuatro desafíos indicados, esto es, el encuentro, el Humanismo, la Reforma y el escepticismo, hay otros dos factores que deben mencionarse porque ellos también ayudan a delinear el curso del pensamiento de Iberia y la América Ibérica, y por consiguiente el desarrollo de la filosofía hispánica. Éstos son el brote relativamente tardío del escolasticismo ibérico y las estrechas relaciones que se desarrollan entre la Iglesia y el Estado en la península.

La aparición relativamente tardía del escolasticismo ibérico significa que este movimiento está influido por una asentada tradición asociada con cier-

---

[30] Quesada (1910), pp. 3-33.

tas órdenes religiosas. Desde el siglo XIII en adelante las órdenes religiosas, particularmente las poderosas franciscana y dominica, se apropian de ciertas ideas y ciertos autores, que promueven con extraordinario celo. Los franciscanos se dedican devotamente al estudio y la difusión de las obras de Agustín (345-430) y de Juan Duns Ecoto, mientras que los dominicos trabajan bajo la tutela espiritual de Tomás de Aquino y, a través de él, de Aristóteles. Esta devoción a una serie de ideas y hacia ciertas figuras se acentúa notablemente en algunos autores conforme pasa el tiempo, dándole a la Edad Media tardía cierto matiz ideológico generalizado. Sin embargo, este sentimiento partidista decrece a comienzos del siglo XVI, quizá como resultado de la influencia del Humanismo y de una rebelión general contra el excesivo tecnicismo que caracteriza a la práctica de la filosofía en la mayor parte de las universidades europeas, y especialmente en la de París por ese entonces.[31] Pero el sentimiento partidista se reafirma rápidamente luego del surgimiento de los jesuitas y del posterior crecimiento de la rivalidad entre ellos y los dominicos.

El respeto por las tradiciones conceptuales bien establecidas, junto con una amplia literatura heredada de los siglos XIII y XIV, contribuye al desarrollo de una actitud enciclopédica en la que la recuperación y la exposición llegan a ser centrales para la empresa escolástica. Esto no quiere decir que esta actitud esté ausente en las anteriores etapas del escolasticismo. Desde el principio, la Edad Media manifiesta un interés por la recuperación y la conservación del pasado; es así como encontramos a través del periodo muchas enciclopedias del conocimiento. Los primeros éxitos en esta dirección son el *De institutione divinarum litterarum* de Casiodoro (¿477-570?) y las *Etymologiæ* de Isidoro de Sevilla (m. 636); ambas obras se encuentran endeudadas con fuentes clásicas anteriores y deben su éxito, en gran medida, la primera a su estilo elegante y simple, y la segunda a la gran cantidad de material que contiene.[32] El esfuerzo enciclopédico continúa con el *Speculum majus* de Vicente de Beauvais (¿1200-1264?), producido en el siglo XIII, y *Lo Crestià*, a cargo de Francesc Eiximenis (1340-1409) hacia finales del siglo XIV, así como con otras obras.

En los siglos XVI y XVII, el énfasis enciclopédico por coleccionar toda la información posible alrededor de un tema llega a ser más pronunciado. Tanto se había producido, y era de tan alta calidad, que era natural para la escolástica tardía sentir que debía conservarlo y, por lo menos, tomarlo en cuenta en su propio pensamiento. Por esta razón encontramos durante este periodo mucho material principalmente expositivo y muchas obras cuyo carácter es informativo; esta actitud se encuentra manifiesta incluso en los

---

[31] Noreña (1975), pp. 1-35.
[32] Gilson (1955), p. 107.

más originales de los escolásticos ibéricos, como Francisco Suárez. De muchas maneras, y a pesar de su originalidad en diversos campos, las *Disputationes metaphysicæ* (1597) de Suárez constituyen una enciclopedia de metafísica en la que cada tópico, cada autor de importancia y cada argumento pertinente es cuidadosamente presentado, examinado y evaluado.[33] Por desgracia, este énfasis en el pasado oscurece las brillantes contribuciones del periodo y lleva erróneamente a algunos historiadores a caracterizarlo como estéril.

El segundo factor que desempeña un papel principal en la configuración del pensamiento hispánico del periodo es la estrecha relación que se desarrolla entre la Iglesia católica y los Estados ibéricos, particularmente con el Estado español. En el siglo XV, la Iglesia católica llega a ser la religión estatal en España, y el Papa confiere a los reyes españoles el derecho de nombrar a los altos miembros de la jerarquía en el país. Este extraordinario desarrollo *de facto* convierte a España en una teocracia en la que se identifican los intereses del Estado y los de la Iglesia.[34] Es muy sencillo comprender las razones de esta situación: en primer lugar, España llega a ser el principal defensor de la fe en contra de la amenaza musulmana. Habiendo expulsado finalmente a los moros del suelo ibérico, luego de setecientos años de lucha, España está en una posición favorable como para continuar la defensa de la cristiandad en el Mediterráneo. Es más, está predispuesta a llegar, como efectivamente llega, a ser la primera y más moderna nación europea: sus reyes, que son también emperadores del Sagrado Imperio Romano por un tiempo, controlan no sólo la península ibérica sino también territorios en Italia, Francia, Holanda y Alemania, y de este modo ejercen un poder extraordinario.

En segundo lugar, la lucha española contra los musulmanes es tanto una campaña nacional como religiosa; los reyes españoles pelean en el nombre de la cruz ora por el territorio, ora por la difusión de la cristiandad. De allí que tenga sentido extender esta lucha política, militar y religiosa contra la Reforma.

En tercer lugar, España "descubre" la América, y esto le proporciona una inusual oportunidad tanto para llevar a cabo la colonización como para ejercer la obra misionera. Puesto que la Iglesia no tiene medios para organizar la evangelización de las tierras recientemente descubiertas, es natural que se confíe a la Corona española semejante tarea, reforzando una vez más

---

[33] Otros ejemplos son el *Cursus conimbricensis* y el *Cursus philosophicus* de Juan de Santo Tomás. Trentman (1982).

[34] El concordato entre España y el Estado está vigente hasta 1851. Véanse los estatutos, art. 1: "La religión de la Iglesia Romana Católica y Apostólica continúa siendo la única religión de la nación española [...]". Montalbán *et al.* (1963), p. 586.

los lazos que unen a la Iglesia y al Estado peninsular.

En cuarto lugar, la preocupación por la Reconquista mantiene algo distante a España de los desarrollos intelectuales asociados con el Renacimiento, estableciéndola como un lugar ideal de operaciones para la defensa en contra de los humanistas, reformadores y escépticos. Una fe militante era necesaria para contrarrestar los desafíos enfrentados por la Iglesia, y ciertamente España tiene esa clase de fe. España tiene además el poder y los medios de conducir la batalla, y es por eso que a ella le toca esta tarea. Por consiguiente, el pensamiento filosófico en la península ibérica se desarrolla bajo una sombra política y funciona en muchas ocasiones como una herramienta del gobierno español.

Como resultado de los dos factores mencionados (el desarrollo tardío del escolasticismo y las relaciones íntimas entre la Iglesia y el Estado) y los cuatro desafíos (el encuentro, el Humanismo, la Reforma y el escepticismo), la filosofía de este periodo en Iberia y sus colonias desarrolla, primero, vínculos muy estrechos que la separa del resto de Europa y la hacen tomar un derrotero propio, y segundo, algunas características que tienden a distinguirla del pensamiento europeo anterior y posterior. Por ejemplo, es más enciclopédica, expositiva y ecléctica; tiene una actitud defensiva, apologética y con énfasis teológico; disfruta del apoyo del Estado y de su poder, y como consecuencia, es influida en parte por las consideraciones políticas que afectan al Estado; y desarrolla, por último, una gama de temas novedosos que tratan sobre el derecho y la condición humana.

Para nuestro fin, el aspecto más significativo de todo esto es la separación de la filosofía hispánica del curso principal del pensamiento europeo, pues, a pesar de la considerable popularidad en ese entonces de los filósofos hispánicos del periodo, la mayoría de ellos han sido olvidados en gran medida. Suárez, Vitoria, Rubio y muchos otros son nombres comunes en las controversias filosóficas de la época. Las *Disputationes metaphysicæ* de Suárez, por ejemplo, se imprimen en más de diecisiete ediciones fuera de la península ibérica entre 1597 y 1636, mientras que las *Meditaciones* de Descartes se editaron sólo nueve veces entre 1641 y 1700.[35] Sin embargo, a Descartes se le considera una de las grandes figuras de la historia de la filosofía, mientras que a Suárez escasamente se le conoce. En efecto, si pedimos a cualquiera de los más de catorce mil filósofos que enseñan hoy en los Estados Unidos que nos den algunos datos básicos acerca de Suárez, probablemente no serían capaces de responder. Y podemos decir, sin lugar a dudas, que Suárez es el más importante y más conocido filósofo hispánico del periodo. Sólo una docena de filósofos norteamericanos o europeos han oído hablar alguna vez

[35] Iriarte (1948), p. 236.

de Briceño o de Rubio. Lo más triste es que algo similar ocurre tanto en
España y Portugal como en los países de la América Ibérica.

Permítaseme hacer una última pregunta: ¿por qué han caído en el olvi-
do estos filósofos y la unión que ellos conforman? La respuesta se encuentra
en lo que he dicho con respecto al desarrollo de la filosofía hispánica. La
filosofía de la península ibérica y de sus colonias se desarrolla independientemente de la filosofía europea, perdiendo, por este hecho, los lazos históricos que tuvo con ella. La filosofía hispánica se vuelca sobre sí misma, pre-
ocupándose de los problemas peculiares y urgentes que enfrenta la sociedad
hispánica y, temiendo los desarrollos europeos que amenazan su estabilidad
política y religiosa, busca apoyo en el pasado. De este modo, no sólo se aísla
del curso principal del desarrollo filosófico de Occidente, sino que conscien-
temente rechaza ese desarrollo a favor de sus orígenes en la Edad Media.

El resultado era de esperarse. La filosofía europea continúa su propio
curso y llega a considerar a la filosofía practicada en la península ibérica y
en sus colonias como marginal y regresiva. Por un tiempo, el poder político
y militar de España garantiza que las voces de Iberia se tomen en serio fuera
de la península, pero el ocaso político y militar del país en el siglo XVII
contribuye a que se considere a la filosofía ibérica como estática y retrógra-
da. Este juicio se extiende lentamente a toda la filosofía hispánica, dejando
la impresión general de que hay poco que sea importante en ella.[36] De este
modo es como se olvidan las extraordinarias y originales aportaciones de los
autores de nuestra filosofía de los siglos XVI y XVII.

Conclusión

En el capítulo anterior, he argumentado que 'hispano' es un término útil
que se refiere a los iberos y a los iberoamericanos, comenzando en el siglo
XVI, y también más tarde a algunos miembros de la comunidad estadounidense. Esto no implica que allí haya algo en común; la unidad que tenemos
es similar a la unidad de las familias, es la unidad de las relaciones históricas
y contingentes. No hay propiedades en común que funcionen como condiciones necesarias y suficientes de la identidad acrónica, sincrónica, o incluso diacrónica, de todos los hispanos; sin embargo, hay una realidad histórica que nos une, y que se diluye si nos dividimos en grupos, perdiendo de
vista el pasado que nos entrelaza.

---

[36] Los mismos filósofos hispánicos han sido enfáticos al repetir esta opinión. Por
ejemplo, Salazar Bondy (1986), p. 234.

La fuerza de mi argumentación se ve claramente cuando echamos una mirada a la historia de nuestra filosofía como hemos hecho a lo largo de este capítulo. Cualquier recuento de nuestro pensamiento filosófico que no considere sus estrechos vínculos desde los siglos XVI y XVII hasta el presente, pierde mucho de lo que es importante y fundamental en él. Al hablar de filosofía española, iberoamericana, mexicana, ibérica y de otras por el estilo, siempre se omite algo esencial de la relación histórica del pensamiento filosófico que se desarrolló en Iberia y la América Ibérica después de 1492.

Esto no implica que esos modos de organizar y concebir la historia de nuestro pensamiento sean erróneos y tengan que abandonarse. Mi tesis es solamente que ellos son incompletos y algunas veces inadecuados, y que necesitamos la categoría de filosofía hispánica para completar nuestro panorama histórico. El marco conceptual que esta categoría establece es indispensable para notar ciertos aspectos de nuestro pensamiento que de otro modo se perderían. Pero este concepto, este marco dentro de la historia, no implica, contrariamente a lo que algunos han argumentado, que haya una serie de propiedades en común del pensamiento hispánico a lo largo de su historia. La filosofía hispánica, al igual que los hispanos en general, constituye más bien una familia unida por relaciones temporales y cambiantes; ésta es la clave para comprender nuestra identidad.

Capítulo 5

¿De dónde venimos?
Encuentros, invenciones
y mestizaje

Asumamos, como he propuesto, que tiene sentido hablar de hispanos y que con este término entendemos una comunidad de personas que ha llegado a ser algo así como una familia desde finales del siglo xv, pero que estas personas no se encuentran siempre ni necesariamente vinculadas política, racial, lingüística, cultural, genéticamente o por clase, sino más bien históricamente, mediante una red de relaciones que las distingue de otras personas pertenecientes a otras comunidades, explicando así algunas de las particularidades en diversos puntos de su historia. Ésta es una comunidad constituida por iberos, iberoamericanos e hispano-estadounidenses. Sin embargo, aun si se concediera todo esto, todavía tendríamos un asunto importante que resolver: ¿cómo surgió esta comunidad? Al fin y al cabo, sus integrantes no parecen haber tenido una conformación especial que les facilitara constituir la comunidad, ni tampoco haber querido hacerlo. Ciertamente, la mayoría de sus miembros sufrió terriblemente durante el proceso, y se unió a la comunidad sólo por la fuerza. La población oriunda de América y los africanos traídos como esclavos a ella llegaron a ser parte de la comunidad hispánica sólo como resultado de la violencia y la explotación. No obstante, aquí estamos, unidos por nuestra historia.

Existen otras tres razones por las que sería indicado investigar nuestros orígenes. Primero, para conocernos a nosotros mismos y entender nuestra realidad actual, necesitamos remontarnos en nuestra historia, no sólo porque somos su producto, sino también porque, como hemos visto, nuestra identidad es fundamentalmente histórica.[1] Segundo, para liberarnos y abrir

---

[1] Zea (1963), pp. 11-15.

las puertas al cambio y desarrollo futuro, necesitamos tanto estudiar las condiciones que gobiernan nuestra existencia actual como ponerlas en contexto.[2] Debemos mirar hacia atrás para poder mirar hacia adelante; nuestro panorama pasado es parte de nuestro panorama futuro, en la medida en que ambos se encuentran en un presente cambiante e intangible.

La tercera razón también es importante, aunque algo más compleja. Sospecho que el deseo de muchos subgrupos hispánicos de distinguirse y separarse de otros segmentos de esta población, algunas veces hasta con desprecio y discriminación, corresponde a una equivocación sobre quiénes somos nosotros y quiénes son ellos. Desean separarse por dos razones: sienten que existe un conflicto entre la identidad de su subgrupo y la del grupo mayor; y persisten en la creencia errónea de que su subgrupo es de algún modo puro en sentido cultural o racial. En ambos casos están errados. También se encuentran equivocados en cuanto que ninguna identidad genuina se puede sacar mágicamente de un sombrero; de manera que es esencial que reconozcamos quiénes somos, nos guste o no. Una identidad saludable se constituye basada en hechos históricos, no en subterfugios ideológicos o psíquicos, lo cual indica que debemos reconocer y aceptar nuestra herencia cultural y racial en toda su complejidad histórica. Nuestra realidad, como hispanos, es el mestizaje, una mezcla en todas las formas posibles. Ésta es la razón por la que todas las barreras entre los subgrupos son, en gran medida, invenciones artificiales, producto de la ideología o la nostalgia, y no deberían usarse para discriminar o menospreciar a otros. La falta de un reconocimiento apropiado de nuestra identidad común nos fuerza a escoger una facción, a identificarnos con uno u otro, no sólo creando desacuerdos, sino fomentando también un sentido de enajenación y de confusión en los otros y en nosotros mismos.[3]

Nuestra comunidad comienza con el momento histórico al que solía llamarse "descubrimiento de América", y al que ahora se le llama con más propiedad "encuentro entre Europa y América". 'Descubrimiento' es un término que se justifica sólo desde un punto de vista europeo. Su uso implica de algún modo que, aunque América existía antes de que Colón arribara a sus costas, ella era desconocida. Descubrir significa develar lo que anteriormente se hallaba cubierto, esto es, dar a conocer lo que existía pero permanecía ignorado. Hablar del descubrimiento de América implica que el conocimiento que sus habitantes tenían de sí mismos y de los lugares en que vivían no cuenta y esto significa que esas personas no eran importantes, lo que sólo se justifica desde un punto de vista eurocéntrico. 'Encuentro' es un

---

[2] Taylor (1984), p. 21.
[3] Alcoff (1995), p. 273.

término más adecuado en la medida en que parece neutralizar el prejuicio a favor de Europa, al mismo tiempo que establece una relación de igualdad entre las partes; 'descubrimiento' tiene sentido sólo en tanto que describe cómo los europeos concibieron lo ocurrido, y no lo que realmente ocurrió.

Sin embargo, la expresión 'el encuentro entre Europa y América' no es en sí misma completamente neutral, pues el nombre 'América' provino de Américo Vespucio, un cartógrafo italiano autor de los mapas de América más usados por esa época. Así pues, 'América' es de origen europeo y fue dado por los europeos a las tierras que ellos pensaron que habían descubierto. A pesar de esto, no hay otro nombre que podamos usar para todo lo que se conoce como América, pues los amerindios no tenían un nombre para designar todo el continente.

Permítaseme, pues, comenzar con la península ibérica, pues es desde allí donde se inicia el encuentro.

La Madre Patria

'Madre Patria' es el nombre que los habitantes de las que fueron colonias españolas emplean para referirse a España. Es un nombre peculiar: 'patria' proviene del término latino que luce igual y significa lo mismo, tierra paterna. 'Madre', al ser añadido a patria, produce una expresión que significa tierra madre paterna. Presumiblemente, esto permite hacer una distinción entre la tierra paterna, por ejemplo Uruguay, y la tierra madre paterna, o sea, España. ¿Implica esto que existe también una tierra padre paterna, la padre patria? Si existe, nunca he oído acerca de ella. Pero el concepto tras la terminología es claro: existen hijas, las patrias o las diversas tierras paternas de la América española, y una sola madre, España. Ahora bien, ¿existe una madre patria para toda la América Ibérica, o sólo para las antiguas colonias españolas y sus habitantes?

Si enfocamos la pregunta desde un punto de vista político, el único periodo en el cual se podría hablar de una sola madre patria de la América Ibérica es el lapso relativamente corto a principios de la época moderna, cuando toda la península ibérica estuvo políticamente unificada y regida por el rey de España. El resto del tiempo, la madre patria resultaba ser dos unidades políticas distintas: España y Portugal. Inclusive, durante el reinado de Fernando e Isabel, cuando tuvo lugar el encuentro, Castilla y Aragón aún no habían llegado a conformar una unidad política. Así, en principio, podrían haber sido tres las madres patrias: Castilla, Portugal y Aragón. No obstante, a Aragón se le dejó de lado pues, por medio de un acuerdo entre Isabel y Fernando, Castilla se encargaría de América, mientras que Aragón se ocuparía del Mediterráneo. Sin embargo, al margen de esta contingencia, aún tenemos dos madres patrias: una, la madre de la América española; otra, la de la América portuguesa. Pero ¿fueron realmente sólo dos?

Políticamente la respuesta es afirmativa, con las especificaciones que se han hecho. Culturalmente, en cambio, Iberia era muy diversa. La península ibérica era en aquel entonces —y aún lo es hoy— un conglomerado de diferentes pueblos. Cuando los romanos arribaron a la península, encontraron muchos grupos diferentes de habitantes asentados en diversos lugares y mezclados de diversas maneras, entre los que se cuentan los celtas, iberos originales, vascos, fenicios, griegos y africanos (egipcios, cartaginenses, bereberes), entre otros. Después de los romanos, llegaron grupos de vándalos, suevos, visigodos, moros y judíos, algunos de los cuales eran a su vez producto de una mezcla. Considérese a los moros, por ejemplo: si bien se constituyen en un grupo a causa del Islam, eran en verdad una mixtura de árabes, sirios, egipcios, nubios, bereberes y otros más. Los vándalos parecen haber surcado la península en un tiempo relativamente corto, sin dejar huellas patentes de su presencia; pero los visigodos se quedaron y fundaron un reino que funcionó efectivamente por un par de siglos, hasta la invasión de los moros. El dominio que ejercieron los moros en partes de la península duró más de setecientos años, desde el 711, cuando Tarik cruzó el estrecho que hoy lleva su nombre, hasta 1492, cuando el último baluarte de dominación musulmana en Granada cayó en manos de los Reyes Católicos. Cabe señalar que muchos judíos permanecieron aún después de su expulsión oficial en ese mismo año, y también muchos moros luego de su desalojo, en 1502.

Durante la Edad Media, la península estuvo dividida en varios bloques políticos, los cuales frecuentemente reflejaban importantes diferencias culturales y lingüísticas. Los catalanes poseían los reinos de Aragón y Valencia, el principado de Barcelona y las islas Baleares.[4] Los vascos tenían el control sobre el reino de Navarra, que se extendía por ambos lados de los Pirineos, en el noreste. Por otro lado, los castellanos poseían el reino de Castilla ubicado al norte y al centro de la península, de modo tal que formaban una cuña entre los otros reinos, la cual se fue expandiendo paulatinamente a expensas del territorio musulmán conquistado; los portugueses dominaban al oeste, en el reino que lleva su nombre, y así sucesivamente. De este modo, la visión que uno capta de Iberia por esa época es de una amplia diversidad cultural, y algunas veces, también lingüística y política.

---

[4] La gente de Valencia y de las islas Baleares ha rechazado siempre que se les llame catalanes, pues alegan ser pueblos distintos. Esta actitud se refleja en el título del diccionario más importante de la lengua catalana: *Diccionari Català-Valencià-Balear*, de Alcover y Moll (1968).

Por la época del encuentro, la diversidad política había disminuido drásticamente, aunque las diferencias culturales permanecían y resultan evidentes hasta hoy. No es sólo que gallegos, catalanes, portugueses, castellanos y vascos hablen diferentes lenguas, sino que sus estilos de vida y sus costumbres son con frecuencia difícilmente compatibles; y los andaluces, a pesar de que no tienen otra lengua que la castellana, claramente hablan un castellano prestado. No hay un solo lugar en la península que no pueda considerarse como una olla donde se encuentran mezclados los distintos sabores humanos que la componen. A pesar de todo, en Iberia —aunque quizá Madrid sea la excepción— la mayoría de los diferentes grupos culturales continúan más bien apartados y localizados en los lugares donde han vivido por siglos: vascos en el noreste, catalanes en el este y en las islas Baleares, gallegos en el noroeste, portugueses en el oeste, andaluces en el sur y castellanos en el centro y en el norte. En este siglo, debido a una creciente movilidad y a la búsqueda de empleo, ha habido una considerable migración de estos grupos étnicos hacia otros territorios. Andaluces y gallegos han emigrado hacia ciudades industriales como Barcelona y Bilbao, en busca de oportunidades económicas; empresarios catalanes se han establecido en ciudades fuera de su comunidad por razones de negocios, y así sucesivamente. Pero en la época del encuentro, Iberia era —como todavía lo es hasta cierto punto hoy— una colección de pueblos que muestran toda una gama de matices culturales; ni en esa época, ni tampoco hoy, ha habido *una* Iberia, o incluso *una* España. En efecto, existen muchas Iberias y muchas Españas, como se confirma por la conocida frase: "Por esas Españas".

En 1492, particularmente, es aun más difícil hablar de la península ibérica como constituida por algún tipo de unidad porque, por aquel entonces, ni siquiera existía singularidad política. Fernando había podido reunir bajo un solo régimen a los diversos bloques políticos que en un momento u otro habían existido independientemente: el principado de Barcelona y los reinos de Aragón, Navarra, Valencia y las islas Baleares. Isabel también reinaba sobre áreas que no siempre habían estado unidas: Galicia, Asturias, Castilla y Andalucía. Pero la completa unificación política no tuvo lugar sino hasta mucho más tarde, en el siglo XVI. Además, tampoco se puede hablar de una unidad territorial: había una constante alteración de límites territoriales dentro de la península y, políticamente, los mismos se extendían más allá de los Pirineos, por ejemplo, en el área de Perpiñán. En cuanto a la cultura, la situación era aún más confusa.

Por esta razón, no tiene sentido hablar de Iberia, o aun de España, como una unidad antes del siglo XVI. Fue, quizá, durante la dominación visigoda (*ca.* 560-711), el único periodo de la historia anterior al encuentro del cual se puede decir que hubo cierta unidad centrada en la península. Pero a éste no puede considerársele más que como un momento de transición por varias razones, pues los visigodos gobernaron sobre un territorio relativamente extenso, poblado por gentes que continuaron siendo una mezcolanza de diversas etnias, con diferentes costumbres y sin mayor relación entre ellos que una estructura política impuesta. La prueba de ello es que, tan pronto como se debilitó el poder político del reino, se rindió ante la invasión de los moros. Y cuando los moros fueron finalmente derrotados, la península siguió siendo lo que siempre había sido, una colección de elementos más bien disímiles.

A pesar de ello, no se puede ignorar que allí funcionaban ciertos elementos de unificación que, junto con el encuentro, contribuyeron al desarrollo de la unidad familiar histórica que he propuesto: el mundo de los hispanos. Aquellos más interesantes, desde nuestro punto de vista, tienen que ver con la Reconquista, la guerra que recobró las tierras peninsulares dominadas por los moros. Éste fue un proceso extraordinario que tomó más de setecientos años y que involucró a todos los habitantes de Iberia. Cuando se trata de comprender a esta tierra y a sus pueblos, se debe tener presente que cada parte de la península llegó a estar bajo el control de los moros invasores, con excepción de pequeños territorios en Asturias en el norte, y otros tantos hacia el noreste, que luego llegarían a conocerse como la Marca Hispánica. Tarik cruzó el estrecho de Gibraltar en el 711, y hacia el 715 las fuerzas moriscas llegaron a Francia. Allí fueron derrotadas en el 732 por Carlos Martel, en la legendaria batalla de Poitiers, y como resultado se retiraron hacia la península, detrás de los Pirineos. La Reconquista comenzó en el mismo instante en que hubo esos dos focos de resistencia, en Asturias y en la Marca Hispánica, los que paulatinamente se expandirían en frentes más amplios.

Existen varios aspectos acerca de la conquista morisca que debemos tener presentes. Fue una invasión de fuerzas con una religión, lengua y cultura diferentes de las de los pueblos ibéricos de esa época, que llevó a la usurpación de las tierras de los que hasta entonces habían gobernado a la península, e introdujo un régimen político y una organización civil diferentes. Sin embargo, los moros no hicieron ningún esfuerzo significativo por convertir a los cristianos al Islam. La razón frecuentemente ofrecida para explicar este hecho es que la ley islámica es tolerante con otras religiones, especialmente de la gente del libro —los cristianos y los judíos que aceptan la Biblia como revelación divina—, siempre que pagaran ciertos impuestos y, por supuesto, los ingresos obtenidos eran con frecuencia bien recibidos. En todo caso, al margen de la considerable mezcla e intercambio cultural, los cristianos de la península nunca se identificaron con los invasores, a quienes consideraban extranjeros que, ilegal e injustamente, les habían quitado sus tierras.

Es un hecho consabido que la actividad militar relacionada con la Reconquista fue intermitente. Hubo periodos relativamente largos en los que los reinos cristianos y los califatos musulmanes vivieron en un estado que no se puede describir sino como pacífico; pero era una paz *de facto,* mas no *de jure*. Los reinos cristianos siempre parecen haberse considerado en estado de guerra contra los moros; la población cristiana nunca olvidó que la habían despojado de tierras que consideraba legítimamente suyas y que su religión sólo era tolerada. Así pues, los cristianos compartían dos aspiraciones importantes: la recuperación de sus tierras y el restablecimiento de la religión cristiana en ellas; por eso la Reconquista no sólo fue una contienda por la tierra, sino también una misión religiosa.

La Reconquista acarreó otras consecuencias importantes. Por ejemplo, mantuvo a los reinos ibéricos comprometidos en actividades que los separaban del resto de Europa. En Francia siempre hubo alguna preocupación por lo que acontecía en Iberia; al fin y al cabo, los franceses no se hallaban tan lejos del frente de batalla y mantenían fresco en sus memorias el recuerdo de Poitiers. Precisamente la *Chanson de Roland,* la gran épica francesa medieval, trata sobre la campaña contra los moros. En el sur de Italia también existía una preocupación al respecto, a causa del poderío islámico en el Mediterráneo. No obstante, estas preocupaciones estaban ausentes en los ingleses, germanos y otros pueblos europeos; de allí que los reinos ibéricos se mantuvieron relativamente aislados de los asuntos políticos e intelectuales que ocupaban a otros europeos. Hubo, además, otros dos factores que propiciaron este distanciamiento. Uno fue los Pirineos: por esa época, esta cadena montañosa representaba un enorme obstáculo natural para cualquier intercambio entre los reinos de la península y el resto de Europa. Otro fue que el centro de la actividad en la Europa cristiana se había movido del Mediterráneo hacia el eje norte-sur inglés-franco-ítalo. Países más bien mediterráneos, y separados de Europa por los Pirineos, los reinos ibéricos estaban destinados a experimentar aislamiento.

La Reconquista también promovió —y de hecho estableció— un etos peculiar. Cuatro de sus elementos son especialmente pertinentes. Uno de ellos fue el énfasis en la pureza de la sangre: en un país en permanente estado de guerra, los linajes familiares se convierten en algo extremadamente importante, porque constituyen la base de lealtades y alianzas. Evidentemente, la pureza de la sangre, que se refiere a su no contaminación por elementos moros o judíos, llegó a ser una condición para cualquier puesto u oficio —era un seguro contra la traición y la deslealtad— y se convirtió en un factor clave en las relaciones sociales de la península, con una importancia extraordinaria. Téngase presente que de allí se originó la tradicional expresión española "de sangre azul", alusión que proviene del color de las venas, visible a través de la piel, de los que no poseían sangre contaminada, en contraste con aquellos cuya piel, fruto de la mezcla con moros o judíos, era demasiado oscura como para que las venas pudiesen apreciarse.

El énfasis en la pureza de la sangre revela un hecho aún más fundamental acerca de los iberos de esta época: una extraordinaria gama de mestizaje racial. La pureza de la sangre se convirtió en un problema precisamente porque nunca podía garantizarse plenamente, pues la mezcla de las líneas de sangre era extensísima. Refiriéndose a España en particular, Camilo José Cela nos dice: "Ninguna ascendencia española está libre de sangre mora o judía, ni ésta se concentra en una u otra parte de España. Todo español moderno tiene tres sangres (aunque no sólo tres, sino treinta o cuarenta)".[5] La necesidad de reconquistar el territorio y de restablecer un reino cristiano precisaba mantener las líneas de sangre puras, pero ellas ya se habían mezclado inextricablemente.

A esto debe añadirse el mestizaje cultural que impregnaba a la península; los habitantes de esta parte del mundo estaban expuestos a una variedad cultural inaudita. Considérese que la cultura que los invasores islámicos llevaron a Iberia fue producto a su vez de un préstamo masivo, hecho posible por la unificación de muy diferentes pueblos y culturas por el Islam. Desde Persia y la India hasta Grecia y Egipto encontramos una copiosa mixtura de costumbres, ideas y valores, todos llevados a Iberia y asumidos de múltiples formas por la población. Así pues, por la época en que se dio el encuentro con América, había una verdadera mezcla e intercambio cultural en la península, lo cual constituye un segundo y muy importante elemento que tuvo un papel clave en el encuentro y en el futuro tanto de Iberia como de América.

Un tercer elemento de este etos es la noción de caballero, del hombre a caballo. En un país donde el renombre se ganaba en el campo de batalla, ser hombre montado garantizaba una posición social de gran valía. De allí vino en parte la devaluación de otras actividades, especialmente el comercio.[6] Éste se veía con desprecio además a causa de las leyes bíblicas en contra de la usura, mientras que la manufactura y el trabajo agrícola se rechazaban por su carácter de labor manual; en general, el trabajo manual se consideraba desagradable y humillante en la vida de un hidalgo. El hidalgo, como hijo de alguien o bien nacido, estaba encomendado a propósitos más nobles: la defensa del país y de la fe; su fin era ser caballero. El comercio, la manufactura, la agricultura y otras ocupaciones similares eran cosa de los judíos o de los moros que vivían en los territorios cristianos. Cuando los judíos fueron expulsados de la península, hacia fines del siglo XV, y los moros, a comienzos del XVI, se creó un enorme vacío que llegaría a perjudicar a la economía futura de todos los reinos ibéricos, pues no había quién desempeñara su función social.

[5] Cela (1970), p. 123; Mörner (1967), pp. 12-19.
[6] Fuentes (1985), p. 27.

Finalmente, la Reconquista aseguró la preservación y la expansión del sistema feudal medieval. Una sociedad tiende hacia una organización feudal cuando se basa en guerras, alianzas y conquistas territoriales, y a la vez presenta deficiencias en la industria, la agricultura y el comercio.[7]

Así se encontraba Iberia cuando ocurrió el encuentro con América, pero a esto hay que añadirle que la conclusión de la Reconquista dejó desocupados a muchos habitantes de la península, pues el fin de una guerra de más de setecientos años produce desempleo, y esto también genera un vacío. Además, cuando este vacío adquiere dimensiones religiosas, resulta más dramático todavía. ¿Qué podían hacer ahora los caballeros? Afortunadamente, América apareció en el horizonte, y el proceso de conquista y colonización continuó, supliendo el hueco dejado por el fin de la Reconquista. Los caballeros tenían nuevas tierras y nueva gente que conquistar, nuevos territorios para establecerse y gobernar. Esto no quiere decir que todos los iberos que llegaron a América eran caballeros e hidalgos participantes en la Reconquista. La mayoría estaba conformada más bien por campesinos o miembros de la pequeña o baja burguesía, y algunos eran convictos que veían allí la oportunidad de una nueva vida; pero todos ellos compartían las aspiraciones generales de la Iberia de la época, motivo por el cual no pasó mucho tiempo antes de que reclamaran las prerrogativas y los privilegios de las clases peninsulares altas.[8]

La idea de los Estados feudales podía exportarse a América, y la riqueza de los nuevos territorios soportaría con holgura una sociedad ibérica doméstica improductiva. En América había oportunidades para todos. Los iberos estaban psicológicamente bien preparados para cumplir la tarea, por lo que les fue fácil tomar el nuevo reto y canalizar sus energías hacia América. Finalmente, no nos olvidemos de que no existía una unidad en la península ibérica antes del encuentro con América; Iberia se caracterizaba por una extraordinaria variedad de pueblos y culturas, y por un mestizaje tanto racial como cultural. A pesar de los rasgos a los que me he referido, los residentes de la península ibérica no se concebían a sí mismos como un solo pueblo; no había una identidad ibérica única, ni siquiera una propiamente española.

---

[7] Opuestamente, Sánchez-Albornoz (1956, pp. 7-103) argumenta que las instituciones feudales nunca llegaron a consolidarse en España, lo cual es difícil de aceptar cuando se viaja por Andalucía, aun hoy.

[8] Mörner (1967), p. 16; Fuentes (1985); Morse (1964), p. 127.

La Hija Adoptiva

La hija adoptiva es la América Ibérica. Digo "adoptiva" para enfatizar el hecho de que no era una hija natural de las madres patrias. Esta América no se compone simplemente de descendientes de españoles o portugueses. Los iberos no parieron a nuestra América, sino que adoptaron lo que ya había allí: una inmensa tierra habitada por muchos pueblos diferentes. Indudablemente, así como hemos hablado no de una, sino de muchas Iberias, deberíamos hablar no de una, sino más bien de muchas Américas precolombinas. Así, estrictamente, tendríamos que referirnos a las hijas adoptivas más que a una hija adoptiva.

Uno de los rasgos más distintivos de la América precolombina era, al igual que Iberia, su diversidad. Por la época del encuentro, había varios millones de personas en América, pero ellas no tenían ningún rasgo común que las unificase más allá del hecho de que residían allí y no en Europa, Asia o África. Especialistas en lenguaje afirman que el mapa lingüístico precolombino es una verdadera torre de Babel, con cientos —si no miles— de lenguas, la mayoría diferentes y frecuentemente sin ninguna relación entre ellas.[9] A estas lenguas corresponde un respectivo número de bloques culturales y políticos, tribus y pueblos que tenían organizaciones distintas y vivían de formas muy diversas, aun cuando convivían en proximidad. Algunas civilizaciones eran complejas y bien desarrolladas, mientras que otras apenas llegaban a los niveles básicos de subsistencia; algunas estaban en proceso de crecimiento, en tanto que otras declinaban; a veces estaban compuestas de numerosos pueblos que vivían a lo largo de extensos territorios, mientras que otras sólo consistían en un puñado de personas que ocupaban pequeñas localidades.

La diversidad de la América precolombina se puede entender fácilmente si se consideran dos factores: primero, su población parece haber llegado a ocupar el territorio por oleadas; segundo, América está compuesta por dos amplios continentes que presentan múltiples zonas climáticas y tipos de terreno. Las diferentes oleadas de migración consolidaron la diversidad de la población con diferentes lenguas, costumbres y culturas. Pero incluso, si varios de los pueblos que cruzaron el estrecho de Bering hubiesen sido iguales genética y culturalmente, la topografía americana habría garantizado el aislamiento. Sin duda, éste se impuso por largos periodos de tiempo y contribuyó al desarrollo de los atributos principales de las distintas comunidades. Es más, algunos investigadores han ido más lejos al sostener que el factor exclusivamente determinante en la historia de la América Latina y de

[9] Mörner (1967), pp. 9-10.

la identidad de su gente ha sido la topografía del continente.[10]

Tanto la América del Norte como la América del Sur están divididas por grandes cadenas montañosas. Los Andes constituyen la segunda cordillera más imponente del mundo, después de los Himalayas; estas montañas dividen a Sudamérica en dos partes, este y oeste, haciendo dificultosa, si no imposible, la comunicación. Existen también extensos desiertos inhóspitos, tres de los mayores sistemas fluviales del mundo y la selva más vasta e impenetrable del orbe. Inclusive, el suroeste de Norteamérica, la zona de mayor importancia para el tema de la identidad hispánica en los Estados Unidos, está ampliamente distanciado y aislado de las áreas más pobladas de Mesoamérica.

En este terreno extraordinariamente diverso en lo natural y lo cultural, algunos pueblos fueron capaces de establecer, esporádicamente, una hegemonía militar sobre otros, y de formar unidades políticas más extensas. Pero, incluso las grandes civilizaciones de pueblos semejantes se hallaban con frecuencia descentralizadas. Por ejemplo, los mayas parecen haberse organizado en ciudades estados, lo que dio lugar a que cada una de ellas desarrollara ciertas idiosincrasias a través del tiempo y se mantuviera distanciada de las otras.[11]

Cuando los españoles llegaron a las costas de San Salvador, había dos grandes imperios en América. En la meseta central de México, los aztecas habían sido capaces de fundar un sólido bloque político, basado en la fuerza militar y en alianzas políticas. Por otro lado, en la parte oeste de los Andes y en el altiplano sudamericano, los incas llegaron a establecer un imperio sobre diferentes pueblos. El éxito que los incas tuvieron en mantener un dominio sobre las diversas culturas y habitantes de la región, parece haberse debido a razones económicas importantes, además de políticas y militares. Pero en ambos casos, el dominio incaico y el azteca fueron insuficientes para asimilar la identidad cultural de aquellos a quienes dominaban.[12] En efecto, se ha establecido que el éxito de Cortés y Pizarro al conquistar esos imperios corresponde más a la debilidad de los mismos que a la habilidad de los conquistadores. Tribus insatisfechas y bloques culturales que consideraban a los aztecas, en especial, como amos extranjeros, tiranos, sangrientos y crueles, vieron la oportunidad de su liberación con la llegada de los españoles, y prestaron un apoyo invaluable a los invasores.

No obstante, esto no implica que no hubiera relaciones estrechas entre los pueblos que habitaban en América antes del arribo de los españoles a

[10] Martínez Estrada (1953), pp. 11, 16, *et passim*.
[11] Coe (1993).
[12] La diversidad persistió a pesar de las poderosas fuerzas unificadoras. Véase Rama (1982), pp. 124-126.

estas tierras. La existencia de los imperios azteca e inca es una prueba feha-
ciente de lo contrario, pues indica que las relaciones entre estos pueblos
fueron de tal manera que no se perdió la identidad y lo culturalmente distintivo de muchos de los diversos grupos que vivían en ese territorio. Los
amerindios no tenían una, sino muchas identidades.

Esta conclusión puede ilustrarse por medio del arte. Para un observador
casual, el arte amerindio parecería lucir uniforme. Un bajorrelieve de Chichén
Itzá y uno de Teotihuacán pueden parecer similares, mas un examen cuidadoso revela profundas diferencias. El arte precolombino presenta muchas
corrientes, estilos y técnicas diferentes, a pesar de las muchas influencias e
intercambios culturales. Por ejemplo, algunos elementos aztecas se pueden
rastrear en el arte tolteca, y en el arte maya de Chichén Itzá se manifiesta
una clara influencia de los pueblos mesoamericanos. A pesar de ello, está
claro que el arte de los toltecas y los aztecas es muy diferente, y lo mismo se
puede decir del arte maya y azteca; y más aún de las culturas de Mesoamérica
y Sudamérica. Con todo, es en las lenguas de estos pueblos donde encontramos que las disimilitudes llegan a ser más pronunciadas, puesto que muchas de ellas imposibilitaban la comunicación.

El punto importante para nosotros es que no existía una unidad en
América previa a la llegada de los iberos. La idea del indio o indígena americano, tan popular en la primera mitad del siglo xx, es en gran medida un
mito elaborado por blancos y mestizos comprometidos en un proyecto de
construcción de nación.[13] América presentaba una gama increíble de pueblos y culturas en el siglo xv. Los amerindios no se concebían a sí mismos
como un pueblo —no había una identidad amerindia—, lo cual no quiere
decir que no hubiera elementos unificadores, pero éstos no eran ni siquiera
tan fuertes como los que encontramos en la península ibérica,[14] pues no
existe un paralelo de la Reconquista en América. Pese a todo, las historias de
los diferentes grupos oriundos de América poseen elementos comunes, y
sus historias se entrelazan de múltiples maneras. De hecho, su aislamiento
mismo de Asia, África y Europa tendió a darles a los habitantes de América
una cierta unidad.

Sorprendentemente, a pesar de las inmensas diferencias, encontramos
que había ciertos elementos similares entre Iberia y América. No toma mucho esfuerzo advertir que ciertas partes de México y Perú, por ejemplo, se
asemejan mucho a la topografía española. Y a pesar de la diversidad cultural

---

[13] Knight (1990); Rama (1982), pp. 142-146.
[14] El intento de Kusch (1975) por encontrar sólo dos culturas en América, una
superficialmente impuesta por los europeos y otra profundamente indígena amerindia
previa a los encuentros, constituye una simplificación de las realidades tanto ibérica
como precolombina.

de Iberia y América a que ya nos hemos referido, había ciertos rasgos culturales comunes, aun cuando parezca insólito. Por ejemplo, la fusión del Estado y la religión en una forma autoritaria y teocrática de gobierno era un factor común entre Iberia y algunas sociedades amerindias. Además, a pesar de que el acento en la pureza de la sangre y el linaje sanguíneo supone haber constituido un elemento clave e idiosincrásico de Iberia, al parecer también estuvo presente en algunas culturas de América, como la maya.[15]

Los encuentros

El encuentro entre europeos y amerindios fue uno de los más cataclísmicos y catastróficos acontecimientos en la historia de la humanidad, especialmente para los segundos. Aquí se encontraron, frente a frente, dos grupos de gentes que no tenían noticia de la existencia unos de otros. Aquí se encararon dos mundos, que en realidad no eran sólo dos, sino una multiplicidad de mundos; y que más bien, como resultado de su encuentro, llegarían a ser primero dos, el de los conquistadores y el de los conquistados, y luego uno, el mundo hispánico. El nacimiento de este mundo se bañó en la sangre de América, y fue degradado por el sufrimiento y la enfermedad.

Nada semejante había ocurrido en la historia de la humanidad, y aunque se encuentren antecedentes aquí y allá, nunca había ocurrido un evento de tal magnitud. El encuentro no se puede comparar con las conquistas de Alejandro Magno en la antigüedad, porque aquél fue conquistando tierras de las que algo sabía y con las que ya había cierto contacto desde tiempo inmemorial; por las mismas razones, no se le puede comparar con las conquistas de Gengis Khan o de los romanos, ni tampoco con ninguna parte de la historia de Egipto, o con la invasión de Inglaterra por los normandos. Para los terrícolas, sólo un futuro encuentro con civilizaciones extraterrestres en algún planeta lejano acerca del que nada se sabe, ni siquiera su existencia, y en el que estas civilizaciones se encuentren en desventaja, podría ser comparado con él. El encuentro es un hecho único en nuestra historia y su alcance es de una importancia tal para la humanidad que es imposible exagerarlo.

¿Pero hubo en realidad *un* encuentro? Cuando examinamos más detenidamente este asunto está claro que no hay tal cosa a la que se pueda llamar *un* encuentro. Un encuentro entre pueblos requiere de dos o más pueblos que se encaren en *una* ocasión, pero aquí no pasó nada por el estilo. Lo que sucedió en realidad es que diferentes grupos de personas encontraron a otros

[15] Coe (1993), p. 184.

tantos en muchos lugares y momentos diversos. Ya hemos visto que no hubo un solo pueblo europeo —los iberos— ni tampoco un único pueblo precolombino —los amerindios— antes de 1492. Ahora vemos que no hubo siquiera un solo momento o un solo sitio de encuentro. La variedad y la multiplicidad de Iberia y América se hallaron —y en efecto se continúan hallando hasta hoy— recíprocamente en una sucesión diversa de momentos, lugares y circunstancias. Esto tiene enormes implicaciones para nuestra historia, pues socava cualquier concepción rígida, esencialista y simplista de quiénes somos y cómo llegamos a ser lo que somos. En lugar de un encuentro, hay que hablar de muchos encuentros; en vez de un momento, hay que pensar en términos de un largo proceso que se extiende por siglos; y en vez de un solo punto, tenemos que remitirnos a una multiplicidad de lugares.

A pesar de estas pluralidades, una de las mayores consecuencias de estos encuentros fue el desarrollo de dos identidades —la americana y la europea— y de dos tierras: América y Europa. Los europeos superpusieron una misma identidad a todos los habitantes oriundos de América: los aglutinaron dentro de una categoría única y se les impuso el rótulo equivocado de 'indios'. Como sabemos, este término se puso en boga porque Colón y sus acompañantes creían que habían arribado a las costas de la India. Pero éste no es el aspecto más significativo del fenómeno, pues más importante es que los amerindios se convirtieron en un solo pueblo ante los ojos de los europeos. Del mismo modo, los vastos y variados territorios que los españoles habían "descubierto" se convirtieron en una sola tierra: América. Repentinamente, la polifacética realidad de los mundos amerindios se transformó a causa de un grupo de conquistadores y aventureros que mantenían una falsa suposición de que era lo que nunca había sido: un lugar y un pueblo. Y eso no sólo ante los ojos de los conquistadores, sino también ante algunos de los conquistados. No digo de todos los últimos, pues ha habido desde ese entonces algunos pueblos en la América Ibérica que no tienen conciencia de sí como un pueblo, excepto en un sentido muy regional. E incluso, para los que han llegado a concebirse como un pueblo, al margen de lo que sean específicamente, la formación de esta categoría fue lenta y difícil, a diferencia de lo fácil que resultó para los conquistadores y otros europeos.

Tómese nota de que la razón por la cual se forjó una identidad amerindia particular es perfectamente comprensible. Ante todo, fue muy difícil para la mayoría de los europeos distinguir las distintas culturas que encontraron en América. Les parecían similares porque su sensibilidad no discriminaba lo suficiente —no era suficientemente refinada, si se prefiere— como para ver las sutiles pero significativas diferencias entre unas y otras, que hubiesen sido evidentes para observadores más sensibles. Las lenguas de los amerindios les sonaban iguales a ellos; sus ropas se asemejaban en lo exótico; la comida sabía indistintamente picante; su arte les parecía completamente extranje-

ro, y sus religiones eran paganas. Además, los invasores ibéricos no dedica-
ron mucho tiempo al examen de las obras de arte y los productos artesanales
de esas diferentes culturas, puesto que procedían a destruirlos o fundirlos
en su mayoría, ya sea en su afán por extirpar lo que consideraban creencias
paganas, ya sea por apropiarse de los valiosos materiales de fabricación. La
complejidad y la diversidad de las culturas amerindias resultaban demasiado extrañas como para que los europeos las captaran.

La aglutinación y homogeneización de los amerindios y la creación de
un lugar para ellos también fue consecuencia de la necesidad de compren-
derlos y del deseo de dominarlos, explotarlos y evangelizarlos. Los seres
humanos necesitamos conceptualizar para poder actuar, y dicha conceptua-
lización está basada en la búsqueda de la unidad, donde algunas veces parece haber muy poca, o quizá ninguna. Entendemos a los gatos gracias al
concepto de gato, que aglutina y homogeneíza a todos los gatos sin importar las diferencias entre los individuos y las diversas clases. De manera que
fue necesario para los europeos darle identidad a la población indígena de
América, y al continente mismo, para poder convertir a esas personas y esos
lugares en objetos del entendimiento. Más aún, a pesar de que el propósito
original del viaje de Colón era comercial, éste rápidamente se convirtió en
conquista y evangelización, y éstas requieren identificación y rotulación.
La conquista implica dominación, y la dominación supone identificar y ro-
tular: el primer paso para dominar es denominar. La evangelización también requiere entendimiento y acción, y éstos a su vez necesitan conceptua-
lización y denominación.

En este sentido, más que del descubrimiento de América o aun de los
encuentros con ella, uno podría hablar de la invención de América. América
parece haber sido la creación de los exploradores, aventureros y conquistadores españoles y portugueses, quienes les pasaron su invención al resto de
Europa y aun a los mismos amerindios. Los encuentros dieron lugar a una
nueva idea, a una gente nueva y a una nueva tierra, el llamado Nuevo Mundo.[16] "Nuevo", repito, para los europeos, porque sus elementos ya habían
estado allí tanto tiempo como el de la mayoría de los europeos en Europa. Y
"Mundo" igualmente para los europeos porque antes de que ellos llegaran a
San Salvador, no había habido un solo mundo, ni siquiera un mundo, que
comprendiera todo lo que vendría a llamarse América.

Hablar del nacimiento de este mundo —como algunas veces se hace—
es reincidir nuevamente en una interpretación errónea de los acontecimientos históricos. El Nuevo Mundo no nació porque no es una entidad natural,

---

[16] Sobre la noción de Nuevo Mundo, véase Elliot (1970), pp. 28 *et passim*.

como un perro o un gato. Fue más bien una invención artificial basada en la necesidad y la avaricia.

Mucho se ha escrito recientemente a favor de la idea de que los conceptos de indio, América, europeo y Europa son invenciones que se derivaron de los encuentros, más que realidades que los precedían.[17] El argumento sostiene que los europeos mismos llegaron a aglutinarse y objetivarse con la identidad que mantienen hasta el día de hoy a causa de los encuentros; los europeos como tales no existían antes de contrastarse con los amerindios. Llegaron a ser un pueblo como resultado de la comparación entre ellos y los habitantes de América, comparación realizada precisamente por ambos grupos. En suma, los encuentros parieron tanto a los amerindios como a los europeos. Y, evidentemente, así como no hay amerindios sin América, tampoco hay europeos sin Europa. La última también fue resultado de los encuentros, de la necesidad, tanto de los conquistadores como de los conquistados, de pensar acerca, y de actuar respecto, de lo que a partir de entonces se llamó Europa.

La tesis de que no existe Europa sin América, ni América sin Europa, está basada en la doctrina filosófica que afirma que no puede haber un yo sin un tú, ni un tú sin un yo. No existe la autoidentidad sin la identidad del otro; o, en otras palabras, no existe una identidad aislada o por sí misma. No obstante, se deben recalcar dos puntos. Uno es que hay que distinguir entre la conciencia de un yo o de un tú, y la existencia de un yo o de un tú. Una cosa es afirmar que un yo no puede existir si no existe un tú, y viceversa, y otra muy distinta es decir que la conciencia de un yo no puede existir si no existe la conciencia de un tú, y viceversa. También se debe distinguir entre esas afirmaciones y las afirmaciones de que un yo no puede llegar a existir sin un tú, y que un tú no puede llegar a existir sin un yo; y, por otro lado, las afirmaciones de que la conciencia de un yo no puede llegar a existir sin la conciencia de un tú, y viceversa.

La distinción entre la conciencia de X y la existencia de X es una contrapartida de la distinción (hecha en el capítulo 2) entre identidad e identificación. Recuérdese que la identidad tiene que ver con las condiciones que hacen que una cosa sea lo que es independientemente del tiempo (acrónicamente), en un momento particular (sincrónicamente) o en dos (o más) momentos diferentes (diacrónicamente). La identificación tiene que ver con las condiciones que nos hacen conscientes de que algo es independientemente del tiempo (acrónicamente), en un momento particular (sincrónica-

---

[17] Un estudio pionero sobre este tema, y quizá todavía el mejor libro escrito sobre él es el de O'Gorman (1961). Otras referencias: Todorov (1984); Dussel (1995); Abellán (1972).

mente) o en dos (o más) momentos diferentes (diacrónicamente; caso en que se da la reidentificación).

La distinción entre la conciencia de América y Europa y la existencia de América y Europa supone que América y Europa son diferentes de sus respectivos conceptos. Esta opinión de sentido común es rechazada por muchos filósofos en la actualidad; y aunque parezca improbable desde un punto de vista ordinario, la posición contraria ha cobrado popularidad entre algunos poskantianos. Para algunos de ellos "el mundo" es, tan sólo, nuestra concepción del mundo,[18] de manera que rechazan así la posición aristotélica según la cual el mundo es algo externo a la mente.[19]

Ahora bien, en principio, el punto de vista según el cual Europa no puede existir sin América es absurdo y, por consiguiente, la posición que lo contradice tiene mucho sentido. En sentido lógico, por lo menos, no parece necesario que estemos de acuerdo con él. Por supuesto, alguien podría decir que si vamos a hablar de Europa como un territorio físico, entonces la existencia de América está intrínsecamente vinculada a ella, porque las fuerzas naturales que produjeron a Europa también son responsables de América, y viceversa. Pero no hay una imposibilidad lógica en llegar a ser consciente de Europa sin serlo respecto de América, a no ser que pensar en Europa necesariamente incluya pensar en América o, al menos, contrastarla con ella. Pero esto no parece ser correcto, porque puedo pensar en Europa sin tomar en cuenta a América, si bien la generación de cada uno de estos conceptos requiera un contraste con otros conceptos.

Si en lugar de Europa o América estamos hablando sobre el *concepto* de Europa o el de América, parece que es posible sostener que el concepto de Europa es factible sin el concepto de América; el primero no parece necesitar en ningún sentido al segundo, siempre que existan conceptos como Asia, África, Oriente Medio y así sucesivamente, con los que pueda contrastarse. Con todo, este punto de vista tiene algún sentido en la medida en que los encuentros con América realzan dramáticamente el concepto de Europa, ya sea que la última se conciba geográfica o culturalmente, o de alguna otra forma. Es más, éste también pudo haberlo alterado en diversos modos importantes: existe evidencia de que, antes de que la conciencia de América resultara de los encuentros, los europeos no tenían una concepción clara de sí mismos *qua* europeos. Esto no quiere decir que la realidad de Europa haya sido producto de los encuentros, pero sí que los europeos se vieron de una forma diferente respecto de otros pueblos a raíz de estos hechos. A fin de

---

[18] En realidad, este punto de vista no es nuevo. Para poder refutar a los escépticos, san Agustín identificó el mundo con su conciencia del mundo (1971, p. 165) ya en el siglo IV.

[19] Aristóteles, *Metafísica* 1010b35.

cuentas, este proceso de diferenciación e identificación tuvo un giro paradójico y peculiar, puesto que contribuyó a que algunos europeos —los iberos— se distanciaran de Europa y se acoplaran a América, tanto desde su propio punto de vista como del de las otras naciones europeas.

Los africanos

Se trajeron esclavos africanos a América para corregir lo que se consideró deficiencias de la población indígena. El trabajo arduo y las enfermedades europeas mermaron rápidamente a la población amerindia, por lo que se requería cuanto antes una nueva clase trabajadora, y los iberos la encontraron en los africanos. Estos últimos ya se habían utilizado en Europa, y no eran infrecuentes en España y Portugal. El contacto con los europeos los había hecho resistentes a sus enfermedades y tal circunstancia los convertía en una fuente redituable de fuerza laboral.[20] La primera licencia para traer esclavos a América la otorgó la Corona española en 1518, y el proceso continuó hasta el siglo XIX. Los estimados sobre la cantidad de esclavos traídos a América no son más que conjeturas, y las diferencias entre diversos estimados son sustanciales; no obstante, todos los estudios concluyen en que su número debe calcularse en millones.[21]

Es común hablar de los africanos que se trajeron a América como si formaran una población uniforme, un grupo de gente racial y culturalmente homogéneo. Nada está más lejos de la verdad: no eran ni racial ni culturalmente homogéneos. África misma era tan variada como lo era América por ese entonces.[22] En efecto, incluso el oeste africano, la mayor fuente de esclavos, mostraba una extraordinaria multiplicidad. Racialmente, todas estas personas fueron clasificadas por los tratantes de esclavos como negros a causa del color oscuro de su piel. Además, desde la perspectiva inexperta de los europeos, sus lenguajes, religiones y culturas en general parecían los mismos o muy similares. La mayoría de los iberos los consideraban iguales, del mismo modo que a la población amerindia, cuando en realidad entre los esclavos africanos había una impresionante variedad en sus características físicas: el color de la piel iba desde el tono café hasta el negro más intenso, con un tinte casi azulino, y la forma de labios y boca, la textura del pelo, la altura y la tez cambiaban de acuerdo con el grupo de pertenencia. Culturalmente, las diferencias eran aún más acentuadas. Téngase presente que, en

[20] Mörner (1967), p. 16.
[21] *Ibid.*, p. 17.
[22] *Ibid.*, p. 18.

África, no había un bloque político suficientemente amplio que incluyera a todos esos pueblos africanos, y que la mayoría de ellos formaban parte de tribus y reinos relativamente pequeños, los cuales se mantenían separados unos de otros; con frecuencia hablaban idiomas distintos y adoraban a diferentes dioses. Así, la unidad de los africanos traídos a América es otro mito como los mitos de la unidad de los iberos y de los amerindios.

La extraordinaria variedad de la población de África se multiplicó como resultado del proceso de esclavitud. Los africanos eran capturados en diferentes momentos y lugares, algunas veces en grupos y otras individualmente. Después, los traficantes de esclavos los hacinaban en barcos y los enviaban a América, donde eran vendidos a personas distintas en lugares distintos. Las costumbres originales comunes que pudieran haber sobrevivido —en los casos en que los esclavos hubieran pertenecido al mismo grupo político y cultural— fueron en gran parte destruidas cuando los miembros del grupo se distribuyeron a distintos amos y territorios. Los individuos se encontraron repentinamente en lugares extraños, entre gente que hablaba idiomas diferentes y con diversas culturas; es más, aun entre ellos mismos en la mayoría de los casos no se podían comunicar. El lenguaje de los amos se convirtió así en el único vehículo de comunicación social.

Estos factores hicieron que la situación de los africanos fuese diferente respecto de la de los iberos y amerindios. Había grandes diferencias entre los iberos, pero también existían elementos de unidad en su historia, tanto individuales como de grupo. Inclusive llegó a haber una unidad política y ciertos rasgos culturales que unían a la mayoría, como la religión. Del mismo modo, la población amerindia compartía ciertos elementos unificadores; habían sido derrotados y conquistados, pero permanecieron en gran parte siendo quienes eran: no habían sido esparcidos entre gente extranjera y todavía mantenían sus idiomas y gran parte de sus culturas. Sus templos habían sido destruidos y sus religiones prohibidas, pero sus costumbres diarias sobrevivieron, sus creencias religiosas se amalgamaron con la fe del invasor y muchos continuaron residiendo en los lugares donde habían vivido antes de los encuentros. Más importante todavía es el hecho de su cantidad. A pesar de que la población decreció sustancialmente a raíz de los abusos de los conquistadores y de las enfermedades introducidas en América, comparados con los invasores, el número de amerindios era suficientemente alto como para preservar algo de sus propias particularidades; lo cual no significa, sin embargo, que no estuvieran divididos y no fueran diversos. Hemos visto que los amerindios no constituían de ningún modo un solo pueblo, pero los grupos que habían existido antes de los encuentros sobrevivieron hasta cierto punto.

Nada de esto ocurrió con los africanos traídos a América. En realidad, el único elemento que los africanos tuvieron en común fue el hecho de que fueron traídos como esclavos. Éste es el único factor unificador de toda la población africana en América, y es el factor preeminente que los hace diferentes de los africanos que permanecieron en África. Así, la unidad de los afroamericanos está en su historia y comienza de manera similar a la de los hispanos, con los encuentros entre iberos y amerindios. Su identidad es una consecuencia de este proceso cataclísmico y se vincula inexorablemente a la identidad de los iberos y los amerindios.

Hispanos

He rechazado la noción de América como un mundo descubierto, o aun creado por los europeos, y he rechazado la idea de que la noción de Europa sea un producto de los encuentros. Pero hay un sentido importante en el que la noción de nuevo mundo es correcta, dentro del contexto de nuestra investigación: en este sentido el nuevo mundo no es América, sino el mundo hispánico producto de los encuentros. Éste es un mundo que resulta mayor que la suma de sus partes: iberos, amerindios y esclavos africanos. Y si hay un nuevo mundo es porque también existe un viejo mundo. Sin embargo, el viejo mundo no es Europa, sino el mundo que existió antes de los encuentros. Para los iberos, los amerindios y los esclavos africanos, éste era un mundo polifacético constituido por muchos grupos y culturas. El nuevo mundo es el mundo de los hispanos, donde paulatinamente todos estos pueblos y culturas se interrelacionan, y a la vez se separan progresivamente de otros pueblos y culturas en general, y especialmente de la Europa no ibérica, de África y de la América Anglosajona. Antes de los encuentros había portugueses, castellanos, catalanes, aztecas, yorubas, incas, congoleños y muchos más, pero después de los encuentros y de los acontecimientos que precipitaron, existen además los hispanos.

Los iberos, los amerindios y los africanos aún continuaron existiendo, así como pasó con los aztecas, los mayas, los castellanos, los yorubas y los catalanes, pero sus identidades se han ido integrando cada vez más en la red de interrelaciones que caracteriza al mundo hispánico. Esta nueva realidad, compuesta de viejas realidades inmersas en una maraña de nuevas relaciones, ha ido engendrando paulatinamente una identidad diferente de aquéllas. A pesar de las amargas guerras de independencia de las colonias españolas de América, el vínculo establecido por más de trescientos años entre iberos e iberoamericanos no se rompió. Los encuentros parieron, pues, a una nueva criatura: el mundo hispánico.

Este nuevo mundo, este niño de los encuentros, no apareció repentinamente, sino que ha sido producto de un largo y prolongado periodo de gestación que aún continúa. Su primera fase consistió en los encuentros mismos; los cuales produjeron cambios inmediatos. Para los iberos, uno de los más importantes fue que el proyecto comercial original se sustituyó por los objetivos de la conquista y la evangelización. Obviamente, la ganancia era el fin último del comercio y la conquista, pero el comercio dista mucho de la conquista: el primero puede darse pacíficamente, y con frecuencia implica alguna igualdad entre los negociantes; en cambio, la conquista siempre es violenta y exige una desigualdad entre conquistador y conquistado.

El caso de la evangelización es, al mismo tiempo, semejante y diferente. Se supone que no debería involucrar violencia —y de hecho muchos filósofos y teólogos de la época estuvieron en contra de ella—,[23] pero en la práctica frecuentemente se dio con violencia. Asimismo, la evangelización también presupone desigualdad entre el que da y el que recibe, el que tiene la "verdad" y el que está sumido en el "error".

La conquista fue rápida y efectiva. Hacia la mitad del siglo XVI, la mayoría de lo que conocemos como la América Ibérica había sido subyugada y sometida al control del poder ibérico, ya sea español o portugués. Con la conquista llegó la consolidación y colonización, procesos que continuaron más o menos hasta que las colonias se hicieron independientes. En definitiva, estas tres fases tomaron más de trescientos años de nuestra historia.

Esos tres siglos constituyen el crisol en el que se forjó el nuevo mundo, mundo que se comprende mejor, por lo tanto, mediante la noción de mestizaje. Apenas sucedieron los primeros encuentros, 'mestizo' se usó principalmente en un contexto racial, para referirse a la mixtura entre iberos y amerindios. El origen del término se remonta a la palabra latina *misticius*, que significa, simplemente, mezclado. El término 'mulato' se reservó para la mezcla entre ibero y africano, y 'sambo' (algunas veces 'zambo') se usó para la mezcla entre amerindio y africano.[24] Sin embargo, el uso de 'mestizo' se extendió después a todo tipo de mezclas, y más recientemente a las mezclas entre culturas.[25]

La concepción más genérica de mestizo es, sencillamente, la de mezcla racial, aunque esta noción debe matizarse en dos sentidos importantes. Primero, el concepto de raza en la América Ibérica, así como en los Estados Unidos, no se da siempre independientemente del concepto de etnia. Existen factores sociológicos, antropológicos y psicológicos en la clasificación

---

[23] Las Casas (1992).

[24] Muchos otros términos se usaron para describir los diferentes tipos de mezcla. Por ejemplo, la mezcla de un español y una mestiza se conocía como cuarterón, y la de una cuarterona con un español como quinterón, y así sucesivamente. Pero estas taxonomías no eran exactas, y variaban de lugar a lugar. Mörner (1967), pp. 58-59.

[25] Freyre (1986), pp. 418-419; Ortiz (1983).

de la gente que pertenece a una u otra raza. Entre otras cosas, esto se refleja en la imprecisión de los censos.[26] Por ejemplo, ser indio no significa siempre, o casi siempre, que se tenga una ascendencia amerindia pura. Con frecuencia, significa que la persona en cuestión aún no ha adoptado costumbres no amerindias. Estas costumbres son las de residentes urbanos, de mestizos o de europeos, como la moda de vestir europea o el uso de algún idioma de Europa. Entonces, ser indio significa ser étnicamente amerindio más que racialmente, aunque la connotación racial está también presente algunas veces.[27] En los lugares y los países donde los elementos raciales europeos se presentan abundantemente, como en la Argentina y el Uruguay, 'indio' tiende a poseer connotaciones raciales que no se encuentran en los países donde estos elementos son escasos. Allí el término se entiende, principalmente, en sentido étnico. Algo similar puede decirse acerca de los términos 'negro', 'mestizo' y 'mulato'. Siempre existe una combinación de apariencia física y etnia. El esclavo es negro aun si la tonalidad de su piel es clara, pero una persona libre es negra sólo si tiene piel oscura. En la América Ibérica, la noción estadounidense de que una gota de sangre negra lo hace a uno negro nunca se asentó. Ser negro, indio o blanco depende mucho de cómo se luce y actúa. Justamente, a comienzos del siglo XX, el cubano Fernando Ortiz rechazó que hubiese fundamentos raciales de las culturas.[28]

La segunda aclaración importante sobre el concepto de mestizo, según lo adoptamos aquí, es que éste no implica necesariamente una homogeneidad o amalgamamiento. Racial o étnicamente concebido, el mestizo es una mezcla, pero no una fusión. La homogeneidad y el amalgamamiento producen resultados en los cuales los elementos originales no son reconocibles, creando una consistencia similar y una fusión que ocluye la distinción. Esto no se aplica al mestizaje, porque los mestizos se dan en mezclas muy diferentes, y los elementos de las mezclas son frecuentemente obvios; hay un nuevo producto, pero no presenta una consistencia uniforme.

Si bien mestizaje no implica homogeneidad, no se sigue que haya elementos mezclados en él que sean actualmente separables; no podemos separarle a alguien su piel cobriza de su cabello rizado, o el gusto por las tortillas mexicanas del gusto por los frijoles refritos. Así pues, el concepto de mestizaje, si se entiende del modo en que lo propongo aquí, concuerda perfectamente con la mezcla no homogénea que caracteriza al mundo hispánico. Éste puede ser un principio de unificación que no implique el tipo

---

[26] Mörner (1967), pp. 1-2, 95, 136-138, *et passim*.
[27] *Ibid.*, pp. 101-102; Knight (1990), pp. 73 y ss.
[28] Ortiz (1911, 1952); Helg (1990), pp. 52 y 60.

de homogeneización que destruye las contribuciones hechas por los diferentes elementos étnicos y raciales.

Este concepto contrasta con el que se usa frecuentemente en muchas partes de la América Ibérica cuando se habla del tema, pues usualmente con el último se pretende eliminar u ocultar las diferencias.[29] La mezcla resultante es concebida en términos homogéneos, donde los elementos que la producen pierden su carácter original y llegan a ser irreconocibles. Según Antenor Orrego, el resultado es una amalgama biológica, psicológica y espiritual.[30] Hacer de este mundo uno a través de la unificación e integración parece ser el resultado supremo de la mezcla.[31] Una noción similar se desarrolló en los Estados Unidos bajo el nombre de *melting pot* (crisol de razas), que se usó por primera vez en 1909, y según la cual se asume que las diferencias mezcladas llegan a formar un producto homogéneo. En los Estados Unidos, el mito del *melting pot* se utilizó para crear un sentido de nacionalidad, pero ha funcionado opresivamente respecto de los afroestadounidenses y los hispano-estadounidenses, puesto que los rasgos que caracterizan a muchos de éstos se excluyeron de la amalgama nacional.[32] Entre las diversas razones ofrecidas para justificar el uso de una noción homogénea de mestizaje en la América Ibérica, una de las más frecuentes es la percepción de la necesidad de construir una nación.[33] Así, en algunos países iberoamericanos, la noción de mestizo se ha empleado de modo similar al *melting pot* estadounidense.[34]

El mestizaje debe distinguirse de la asimilación, con la que frecuentemente se confunde. Ante todo, asimilar o llegar a ser asimilado implica, en primer lugar, hacer o llegar a ser hecho algo similar. Así pues, los asimilados llegan a ser como el grupo que los asimila, y por eso pierden lo que había en ellos de diferente; son absorbidos de un modo tal que desaparecen los límites distintivos entre ellos y los asimiladores.[35] El mestizaje difiere de la asimilación en cuanto que los mestizos preservan las diferencias. Además, asi-

[29] Véase Castro-Gómez (1996), p. 95 y Latin American Subaltern Studies Group (1995), p. 135.

[30] Orrego (1986), p. 1397; también véase Morejón (1982); Ortiz (1983); Lionett (1989).

[31] Vasconcelos, citado por Castro-Gómez (1996), p. 83.

[32] Oboler (1995), pp. 27-28. La noción de *melting pot* parece provenir de la obra dramática de Isaac Zangwill de 1909, *The melting pot*. Hoy, este concepto se rechaza ampliamente. Véase Thernstrom (1982).

[33] Martínez-Echazábal (1998).

[34] Véase Nascimento (1997), p. 114. Los sociólogos en los Estados Unidos frecuentemente conciben el mestizaje en términos de fusión; por ejemplo, Acosta-Belén (1988), p. 85.

[35] Mörner (1967), p. 5; Horowitz (1975), p. 115.

milar o llegar a ser asimilado implica un grupo dominante y uno subordinado. El mestizaje puede involucrar también esta bifurcación, pero no es necesario que lo haga, porque los mestizos pueden ser mezclas de grupos que no se relacionan como dominador y dominado; ésta es otra razón por la que la asimilación no puede considerarse lo mismo que el mestizaje. Finalmente, el asimilado llega a ser parte del grupo que lo asimila, y así deja de sufrir una crisis de identidad, a diferencia de los mestizos, quienes continúan viviendo una vida social y psicológicamente ambigua, y por consiguiente, una constante crisis.[36] Claramente, el mestizaje produce consecuencias positivas y negativas.[37]

El mestizaje involucra un proceso que se caracteriza por la adopción, el rechazo y el desarrollo. Por la adopción, en cuanto que no se da la mezcla sin una adopción de algún elemento no originalmente presente en los componentes previos a la mezcla. Por el rechazo, en cuanto que una mezcla étnica o racial frecuentemente presupone elementos que, aunque distintos unos de otros, sirven para la misma función y a uno de los cuales, por lo tanto, hay que rechazarlo: uno no puede tener ojos negros y azules al mismo tiempo. Por el desarrollo, porque una mezcla real debe funcionar como un todo, y al funcionar así el nuevo todo desempeña un papel que los elementos separados no podían desempeñar.

En la mezcla producida por el mestizaje, encontramos: 1) elementos de los componentes originales que permanecen en gran parte siendo los mismos, aunque no sean, de hecho, separables; 2) otros elementos similares a los primeros pero que sí son separables; 3) algunos elementos que se han modificado pero que aún son reconocibles como partes del componente original; 4) otros que se han consolidado y cambiado de tal modo que no pueden reconocerse como parte de los componentes originales, aunque sus orígenes pueden rastrearse en ellos; y, por último, 5) hay elementos que son productos nuevos resultantes de la mezcla. Todo esto se puede ilustrar fácilmente con rasgos culturales y raciales, por lo que no necesitamos perder el tiempo añadiendo otros ejemplos aquí.

El mestizaje se opone a la pureza, ya sea étnica, racial o nacional. Menciono estas tres porque, aunque son distintas entre sí, habitualmente se les suele confundir. Se supone que la raza tiene una base física, mientras que la etnia involucra, al menos en parte, el carácter cultural del grupo; y la nacionalidad más bien tiene que ver con la organización política. La confusión entre ellas ha sido una fuente constante de sufrimiento para la humanidad. Entender a las naciones como razas o como culturas ha originado infinidad

---

[36] Alcoff (1995), pp. 276-278; Anzaldúa (1987), p. 78; Miller (1992), p. 35.
[37] Stephan (1992), p. 58.

de problemas. Por ejemplo, muchos de los principios del nacionalismo y el fascismo están fundamentados en esta confusión; también ha sido fuente de conflictos en muchos países como Canadá, la antigua Yugoslavia, España y los Estados Unidos, donde existen minorías étnicas o raciales. La supresión de los rasgos étnicos y la eliminación de las minorías raciales en un intento por lograr la unidad nacional ha sido cosa común en la historia de la humanidad. La noción de mestizaje que he propuesto socava estas tentativas, pues reconoce el valor de los diversos elementos que surgen de razas y culturas diferentes. La mezcla implica rechazo, pero también adopción.

Una conocida metáfora culinaria de Fernando Ortiz para describir la situación en Cuba quizá pueda ser apropiada para este caso. Nos dice que Cuba es un ajiaco cultural, étnico y religioso.[38] El ajiaco cubano es un plato cuyas raíces se remontan al puchero ibérico, pero que tiene diferencias sustanciales con éste. Es una especie de guiso de carnes y vegetales variados: maíz, papa, calabaza, plátano (verde y maduro), una variedad local de batata (boniato), ñame, yuca, malanga, pollo, tasajo, puerco y otros ingredientes más. Todos ellos se cocinan juntos y producen una interesante mezcla con un sabor distintivo, pero los ingredientes originales permanecen discernibles, a pesar de que la salsa que producen es perceptiblemente original: uno puede identificar el maíz, el plátano, la malanga y así todo lo demás, y no sólo de modo visual, sino disfrutar sus sabores particulares, a pesar de que al estar sumidos en una salsa común y haber sido cocinados juntos con otros ingredientes modifican su sabor. No existe una homogeneidad en el ajiaco, aunque es una mixtura que no podría subsistir sin los diversos ingredientes que la componen. La homogeneización y el amalgamamiento sólo resultarían si es que preparamos un puré de ajiaco colocándolo todo en la licuadora, pero entonces ya no tendríamos ajiaco. Lo mismo ocurre con el mestizaje.

El tipo de mestizaje acerca del cual he venido hablando influyó en todas las dimensiones de la vida de los iberos, amerindios y africanos, desde su religión y su raza hasta la comida y la lengua. No existe homogeneidad entre los hispanos, pero hay un mundo de interacción inmediata que produjo, y sigue produciendo, una extraordinaria variedad de combinaciones y nuevos resultados. Incluso, no se da en una sola dirección: no es que sólo vino de Europa hacia América, o viceversa. La mezcla ha afectado tanto a la población de Iberia como a la de América, incluyendo a todos aquellos que se han establecido en estos lugares, voluntaria o involuntariamente.

Por ejemplo, considérense las organizaciones políticas. Se podría argumentar que la consolidación y la supervivencia de los estados español y portugués, y su supremacía política en Europa en el siglo XVI, particular-

---

[38] Ortiz (1983; 1940; 1952; 1991) presenta esta y otras metáforas similares.

mente la española, fueron el resultado de la conquista de América. El oro americano hizo posibles las aventuras militares de España en Europa, y que la primera adquiriese el poder que tuvo. Al mismo tiempo, este oro contribuyó a la consolidación del poder castellano sobre los catalanes, vascos y otros grupos peninsulares que habían sido previamente independientes o casi independientes, porque América era principalmente un asunto de Castilla.

Por otro lado, el dominio de España y Portugal dividió a la América Ibérica en dos hemisferios políticos que funcionaron en gran medida independientemente, pero que al mismo tiempo los consolidó y unificó de un modo nunca antes visto. Inclusive, las divisiones administrativas introducidas por España parecen haber ejercido una influencia decisiva en la formación de lo que más tarde llegarían a ser las naciones iberoamericanas. Véase el caso de México. En muchos sentidos, este país es el resultado de la decisión administrativa de la Corona española de colocar bajo una sola supervisión las diferentes regiones que hoy se llaman México; gracias a esa decisión, personas de diferentes culturas, lenguas, religiones y tradiciones que nunca habían estado unidas políticamente se consolidaron en un solo bloque. Sin duda, las repercusiones de las decisiones españolas no sólo se sienten todavía en ese país, sino también en lo que originalmente fue el territorio colonial español en los Estados Unidos; incluso algunos amerindio-estadounidenses del suroeste se consideran a sí mismos mexicano-estadounidenses, cuando en realidad su "mexicanidad" no existiría si no hubiese sido por la decisión de España de agruparlos con los otros pueblos que vivían en el virreinato de Nueva España.[39] Cosas similares pueden señalarse respecto de muchos otros países de la América Ibérica.

Por supuesto, en principio se podría sostener que el modo en que España cortó el pastel territorial americano estuvo supeditado a un mapa trazado por límites naturales, culturales y políticos preexistentes. A pesar de que esto puede ser cierto en algunos casos, no lo es en muchos, quizá incluso en la mayoría. Por ejemplo, no existe una razón que justifique por qué la Nueva España hubiese comprendido a los mayas, aztecas y pueblos.

Desde el punto de vista económico, la conquista de América produjo cambios radicales en este continente y en Iberia. El oro americano transformó a España y Portugal en los países más ricos de Europa, e hizo posible que se congregaran intelectuales y artistas de todo el continente en la pe-

---

[39] El virreinato de la Nueva España incluyó en algún momento zonas tan distantes como Centroamérica, México, el suroeste estadounidense, las islas del Caribe y hasta las Filipinas, a pesar de que su centro era más o menos coextenso con México. Los límites entre esta entidad colonial y la América Anglosajona fueron muy fluidos hasta la firma del tratado Adams-Onís en 1819.

nínsula. La economía de estos países también se transformó drásticamente. Se desató la inflación, y la industria, la agricultura y el comercio sufrieron daños irreparables. En efecto, la economía ibérica se convirtió en un rehén de América, obstaculizando todo desarrollo independiente.

Por otro lado, un amplio sistema feudal se impuso sobre América. Vastos territorios se otorgaron a ciertos individuos, y los amerindios se convirtieron prácticamente en siervos virtuales a través del sistema de encomiendas, por las cuales quedaron bajo la tutela de los dueños de las tierras conferidas por la Corona española.[40] La encomienda no era parte de la potestad de la tierra, pero en la práctica estuvo ligada a la tierra. Los sistemas económicos precolombinos fueron destruidos casi totalmente, y nuevos sistemas se desarrollaron como resultado de la interacción entre las demandas del pasado y del presente, las necesidades de los amerindios, la codicia de los conquistadores ibéricos, las exigencias de la Iglesia y la inacabable sed de recursos económicos de la Corona española.

Dentro de este contexto, la mezcla se convirtió en la norma. Racialmente, porque la mayor parte de los conquistadores iberos vinieron a América sin esposas y se aprovecharon a su antojo de las amerindias.[41] Este proceso se facilitó porque posiblemente el legado romano había fomentado una actitud más tolerante con respecto a diferentes grupos étnicos y raciales en la península ibérica que en otras partes de Europa.[42] La mayoría de los iberos estaban acostumbrados a las personas de piel morena, y no las miraban con la repugnancia con que lo hacían los colonos anglosajones de Norteamérica, que no conocían gente de piel oscura y por eso eran menos propensos a establecer relaciones íntimas con las amerindias. Los iberos consideraban a los moros como enemigos y paganos pero, aunque a regañadientes, también reconocían su superioridad en muchos sentidos: erudición, tecnología y muchos otros aspectos.[43] También debe notarse que los marinos portugueses ya tenían un conocimiento extenso de África antes del encuentro y que la proximidad de las islas Canarias españolas a África posibilitó un intercambio frecuente entre españoles y la población del continente africano. De hecho, a los inmigrantes varones a Cuba provenientes de estas islas se les llegó a conocer como "blanqueadores" a causa de su preferencia por las mujeres de piel oscura.

Innegablemente, hubo racismo. No es necesario ahondar mucho en la literatura de la época para poder percibir evidentes comentarios, actitudes y

[40] Díaz del Castillo (1956).
[41] Morse (1964), pp. 129-130; Mörner (1967), p. 22 y ss.
[42] Fernández (1992), p. 135.
[43] Freyre (1946).

acciones racistas.[44] Con todo, existen algunas razones que justifican la perspectiva según la cual se juzga que, gracias a su situación histórica, los iberos tenían menos prejuicios que los anglosajones, y los que tenían eran más fáciles de superar por lo que toca a las relaciones sexuales con las amerindias.

La mezcla llegó a ser tan extensa que en varias ocasiones durante el periodo colonial se promulgaron leyes con el propósito de introducir algún control sobre los matrimonios y las relaciones interraciales;[45] pero dichos esfuerzos resultaron inútiles.[46] Por cierto, la magnitud de este proceso ha llevado a un especialista a señalar que "en ninguna parte del mundo se ha visto tan gigantesca mezcla de razas como la que se ha estado llevando a cabo en la América Latina y el Caribe desde 1492".[47]

Si se toma en cuenta la inmensa población amerindia, así como el comparativamente escaso número tanto de colonos ibéricos como de esclavos africanos, se podría esperar que esa mezcla hubiese sido más limitada y desproporcionada, pero hubo un factor importante que debe tomarse en cuenta: el desastre demográfico resultado de los encuentros. Algunos estimados nos dicen que tan sólo la población amerindia de la parte central de México a comienzos del siglo XVI era de cuatro millones y medio, mientras que ciento cincuenta años después era de casi un millón menos.[48] Al margen de la veracidad de estos cálculos, no hay duda de que la población amerindia decreció drásticamente en el siglo posterior al primer encuentro. Se han ofrecido diversas explicaciones de este fenómeno. Algunas destacan el maltrato a manos de los iberos, mientras que otras acentúan las nuevas enfermedades a las que se expuso a la población. Indudablemente ambas son ciertas, pero la segunda se acepta hoy generalmente como la que puede explicar la gravedad del desastre.[49]

Los encuentros produjeron cambios sustanciales en la estructura política, la organización económica y la composición racial tanto en Iberia como en América, pero aun más importante que éstos es el mestizaje que paulatinamente impregnó a ambas. Existen pocos aspectos de las culturas de América e Iberia anteriores a los encuentros que no fueron afectados por este mestizaje: religión, arte, arquitectura, alimentación, lengua, música y costumbres sociales llegaron a entremezclarse de modo extraordinario. Algunos

[44] Mörner (1967), pp. 45-48, 56-68. Parece ser que el racismo radical encontró una base "científica" en la América Ibérica sólo después de que ciertos intelectuales iberoamericanos, como José Ingenieros, Carlos Octavio Bunge y otros, leyeron a Darwin y a Spencer, y se "convirtieron" al positivismo. Graham (1990), p. 2.

[45] Mörner (1967), pp. 35-39; Morse (1964).

[46] Mörner (1967), pp. 62-70.

[47] *Ibid.*, p. 1.

[48] Rosenblat (1954), pp. 59, 102.

[49] Mörner (1967), pp. 32-33.

de los iconos culturales más comúnmente asociados a los países que hoy componen el mundo hispánico son resultado de este mestizaje y son inconcebibles sin él, y no es difícil encontrar ejemplos, desde los más ordinarios hasta los más sublimes. Repárese en la comida. ¿Puede uno imaginar la cocina ibérica sin el frijol común, o la tortilla española sin la papa? Y sin embargo, el frijol común fue importado de América a Iberia. Existen algunos platos ibéricos a base de frijol, como la muñeta catalana, que se asemejan sorprendentemente a ciertos platos precolombinos, como los frijoles refritos mexicanos; y las papas eran desconocidas para los españoles antes de los encuentros, pues son un producto oriundo de América.[50]

Considérese la música. ¿Es que alguien podría dudar de la influencia de los ritmos africanos en la música ibérica, o de la influencia de los temas ibéricos en la música iberoamericana? ¿Podría existir el danzón cubano sin elementos ibéricos y africanos? ¿Tiene sentido pensar en el jarabe tapatío mexicano y el zapateo ibérico como dos bailes completamente independientes? ¿Acaso no se revela en la historia de la habanera la estrecha interdependencia entre Iberia y América? Hasta los mismos instrumentos musicales utilizados frecuentemente son resultado del mestizaje cultural, como el charango, que es una pieza de cuerdas hecha con el caparazón del armadillo. Está visto que muchos de los instrumentos esenciales para la música regional en varias partes de Sudamérica son adaptaciones de sus correspondientes europeos; téngase en mente que no había instrumentos de cuerda en América antes de la llegada de los iberos, y sin embargo, mucho de lo que hoy se considera música folclórica iberoamericana se interpreta con ellos.

La arquitectura es otro legado eminentemente mixto del mundo hispánico. Hay pocas dudas acerca de que las mejores piezas del barroco ibérico se encuentran en México; ni siquiera Salamanca puede competir con Tepotzotlán, Querétaro y Taxco. Pero algunas de las joyas barrocas mexicanas son inconcebibles sin el componente amerindio. ¿Cómo lucirían Zacatecas y San Miguel de Allende sin la aportación amerindia? ¿No se originó el estilo arquitectónico de decoración con azulejos —típicamente asociado a Portugal— en Oro Preto?

El arte no difiere de la arquitectura en cuanto al mestizaje. Desde la pintura colonial mexicana hasta el arte muralista del siglo XX, se percibe un claro testimonio de mezclas de temas y técnicas que caracterizan a todas las expresiones culturales del mundo hispánico. Quizá el ejemplo más palpable de este profundo y extenso mestizaje sea la famosa efigie zemí en el museo Pigorini:[51] en este pequeño ídolo religioso se combinan técnicas, materiales y estilos de África, América y Europa; en efecto, la influencia africana en él

---

[50] Sobre la cocina peruana, véase Olivas Weston 1993.
[51] Taylor, *et al.* (1998), pp. 158-169.

es tan fuerte que hasta 1952 se le identificaba como un objeto de origen africano. Hoy se sabe que fue un producto de la artesanía taina, que incorpora asimismo elementos africanos y europeos. El zemí se elaboró a principios del siglo XVI, quizá tan tempranamente como en 1513, lo que revela qué tan pronto se dio el mestizaje luego del primer encuentro. Lo mismo se aplica para las obras de arte más recientes: los murales mexicanos deben bastante tanto a Iberia como al pasado amerindio; las pinturas de Orozco, Siqueiros y Rivera son eminentemente mestizas. Si alguien quisiera sostener que ese arte es mexicano y no ibérico en vista de que expresa una rebelión contra Iberia, esta misma referencia confirmaría lo dicho.

Ejemplos más comunes del fenómeno del mestizaje se pueden encontrar en la ropa, en especial entre los amerindios, pues los vestidos típicos de muchos de ellos incorporan elementos autóctonos e ibéricos. Por ejemplo, considérese el vestido tradicional de algunos grupos andinos donde la pollera (término castellano de falda) es un componente esencial. La pollera es el resultado de combinar ciertos elementos oriundos (por ejemplo, las piezas de tela usadas como faldas por las indígenas), una regla establecida por los españoles según la cual las faldas no debían tener aberturas, y otros componentes típicos de las faldas españolas. De igual forma, el vestido cubano de la rumbera incorpora elementos de los trajes de las bailarinas de flamenco andaluz y otros de origen africano; y el vestido brasileño tradicional carioca también incluye elementos llevados a Brasil desde África y Portugal.

En el ámbito religioso, las creencias de muchos se alteraron drásticamente, y la conducta religiosa incorporó elementos de diferentes religiones. Por ejemplo, muchos miembros de la población en Cuba mantienen una serie de creencias e incorporan en la práctica lo que pertenece a la Iglesia católica y a algunas religiones africanas llevadas a la isla por los esclavos; por esta razón algunos eruditos sostienen que la religión en Cuba es sincrética, afirmación que ha causado un debate intenso entre los especialistas. Cualquiera que sea la verdad, queda fuera de duda que las mismas personas profesan creencias originadas en diferentes religiones. Por ejemplo, algunos creen que Nuestra Señora de la Caridad es la Virgen María, y al mismo tiempo que es Changó, una deidad africana. Del mismo modo, practican ritos que se originan en diferentes religiones; es posible que el domingo por la mañana vayan a la misa católica y que en la tarde ofrezcan manzanas o tabaco a algunas de las estatuas de santos que mantienen en los altares caseros. Nuevamente, este hecho ilustra nuestro concepto de mestizaje: dos creencias y dos prácticas, cada una enraizada en diferentes religiones y claramente distinguibles como tales al no perder sus propias características, las que, no obstante, están integradas en un cuerpo de creencias y de prácticas que forman parte de la conducta religiosa de la persona, quien no percibe ninguna incompatibilidad entre ellas.

El mestizaje en la literatura está ampliamente diseminado y es ineludible. Luego de los encuentros, puede haber algunas obras en la literatura producidas en Iberia y en la América Ibérica que sean consideradas exclusivamente castellanas, catalanas, portuguesas, mexicanas o chilenas, pero no abundan. La mayor parte de la producción literaria de Iberia y la América Ibérica es cualquier cosa menos pura. El caso de la gran literatura es especialmente significativo porque nace de una realidad viviente, y la realidad que la mayoría de esa literatura importante de Iberia y la América Ibérica revela es la realidad hispánica, una realidad mixta. Piénsese en Gabriel García Márquez, Jorge Amado, Alejo Carpentier, Pablo Neruda, Octavio Paz o Federico García Lorca. ¿Es el universo de sus obras otro que el universo hispánico? Además, la literatura está hecha de lenguas, y la lengua de cada lugar en el mundo hispánico les debe mucho a otras partes de ese mundo. Quizá la gramática básica sea castellana o portuguesa —e incluso no estoy seguro de que esto sea totalmente cierto—, pero allí es donde termina la pureza. Cuando se trata del vocabulario o el acento, la mezcla lingüística en cualquier lugar del mundo hispánico se manifiesta claramente.

Es obvio que algunos de los ejemplos que he dado sobre la influencia de América en Iberia no son únicos, en el sentido de que su impacto trascendió a Iberia, y se extendió hacia otras partes de Europa. Ello resulta especialmente patente con el uso de ciertos productos como papas, tomates y tabaco, oriundos de América. ¿Qué sería de la cocina italiana sin los tomates? ¿O de la irlandesa, británica y alemana sin las papas? ¿Y qué de la cultura europea en general sin el tabaco? Mi posición es que no sólo Iberia cambió a América y viceversa, sino que, más bien, el intercambio ente Iberia y América fue tan extenso y profundo que se creó una nueva identidad. El impacto de América en el resto de Europa, y de los países europeos no ibéricos en América no altera este hecho: que los tomates hayan cambiado la cocina italiana no altera el hecho de que ellos también hayan influido en la ibérica y que, junto con otros factores, hayan contribuido al mestizaje cultural que prevalece en el mundo hispánico.

La realidad del mestizaje hispánico es como un camino de ida y vuelta, y se fundamenta en la aceptación tácita de lo que el otro tiene que ofrecer, aun en los casos en que se origina en una relación de dominador-dominado. Este hecho se les ha escapado a muchos de los que han analizado este fenómeno, pues han considerado sólo que los dominadores trataron de imponerles sus costumbres a los dominados, y los últimos, basados en un sentido de servidumbre y un complejo de inferioridad profundo, desarrollaron un deseo, o quizá una necesidad, de adoptar las costumbres de los primeros.[52]

[52] Zea (1978), pp. 167 y ss.

Estos autores ven el mestizaje que resultó de los encuentros como una relación no recíproca, que sólo afecta a los dominados. Entendido de ese modo, el mestizaje se basa en la desigualdad y la inferioridad.

Obviamente, hay mucho de cierto en este modo de ver las cosas, pero no representa una perspectiva completa, porque el mestizaje también afectó a Iberia, e incluso en la América Ibérica afectó no sólo a los conquistados, sino también a los conquistadores. Tanto la cultura criolla como la ibérica, la etnia y hasta la raza —si es que todavía se puede hablar con sentido claro de la raza— llegaron a ser mestizas, más aún de lo que ya lo eran. Y este mestizaje no surgió de un sentimiento de servidumbre o de inferioridad. En este caso el dominado se impuso al dominador, un hecho que no puede ser interpretado en términos de servidumbre o inferioridad. Los iberos, ya fuera en Europa o en América, tomaron cosas de América porque encontraron allí lo que buscaban o necesitaban, y no por ello se sintieron inferiores. El fenómeno del mestizaje no tiene por qué estar fundamentado en la desigualdad y en la inferioridad, porque tomar lo que uno no tiene, pero desea o necesita, no implica inferioridad; implica un tipo de desigualdad, pero no de valor o rango, de tener más que de ser: no tengo lo que tú tienes, y lo quiero o necesito. Este querer o necesitar no me hace *ipso facto* inferior o desigual a ti como un ser.

El mestizaje puede ser igualitario y autoafirmativo[53] y, ciertamente, se ha dado así en muchos casos en el mundo hispánico, aun cuando en la América Ibérica se ha basado generalmente en un sentido de servidumbre o de inferioridad. El Inca Garcilaso de la Vega estaba orgulloso de ser mestizo, a pesar de que otros contemplaban su condición con cierto desprecio.[54] No necesitamos rechazar el mestizaje; lo que necesitamos es reconocer lo que es.[55] Justamente, el rechazo del mestizaje constituye evidencia de un complejo de inferioridad si aquellos que lo rechazan son los imputados, y de un complejo de superioridad si los que lo rechazan son los promotores. Esto revela que algunos todavía consideran a una cultura, etnia o raza superior a otra, y por eso desean preservarla pura y sin mezcla.

Confío en que quede claro que no abogo por un relativismo cultural. Más bien opino lo contrario, puesto que propongo la necesidad de tomar y dar, y que esto no implica inferioridad o superioridad en la cultura o la etnia, y mucho menos en la raza. Quienes concluyan algo distinto no han comprendido a cabalidad mi razonamiento.

Los pocos ejemplos de mestizaje que he presentado anteriormente no pretenden agotar una lista que parece interminable, sino ilustrar un fenó-

---

[53] Schutte (1993), p. 122.
[54] Vega (1959), pp. 566-567.
[55] Martí (1963).

meno que ha penetrado la realidad de Iberia y la América Ibérica desde el primer encuentro. Inclusive, esta realidad se ha ido fortaleciendo con el tiempo en lugar de debilitarse. En la medida en que los medios de comunicación son cada día más comunes, las relaciones entre la multitud de miembros del mundo hispánico se tornan cada vez más fuertes y estrechas. Los proyectos comunes —intelectuales, culturales, económicos y políticos— se están incrementando. Durante una época, el aislamiento era el *statu quo* permanente de las sociedades iberoamericanas, pero este aislamiento ha venido decreciendo en los últimos años. El proceso de mundialización que se está produciendo exige a los miembros del mundo hispánico unirse con el fin de formar un bloque de resistencia y de defensa contra otros bloques culturales, políticos, económicos e ideológicos. La unión parece ser un requisito para la supervivencia. Aun profundos desacuerdos ideológicos no han sido suficientes como para cortar los lazos entre los países y las sociedades del mundo hispánico. Considérese que la España de Franco nunca rompió relaciones diplomáticas con la Cuba de Castro, a pesar de la enorme brecha ideológica existente entre ambas. Y, asimismo, los países iberoamericanos frecuentemente han resistido extraordinarias presiones ejercidas desde 1959 por parte del gobierno estadounidense para que aíslen a Cuba.

El aplastante hecho del mestizaje entre los hispanos no significa que éste no haya sido resistido o culpado por toda suerte de razones. Ciertamente, a finales del siglo XIX y comienzos del XX, los positivistas iberoamericanos frecuentemente imputaron al mestizaje los problemas de la América Ibérica por esa época.[56] No obstante, eso no cambia el hecho de su presencia ubicua.

Para concluir con esta sección, permítaseme recordarle al lector que no propongo una concepción de hispano que involucre una propiedad particular común a todos los hispanos desde 1492. El mestizaje no debe concebirse como una propiedad particular de los hispanos que los separa de otros pueblos, pues muchos otros pueblos son también mestizos; y de hecho, quizá todos lo sean en cierta medida. El mestizaje implica no una propiedad única, sino una realidad en constante cambio cuya unidad se puede hallar sólo en la continuidad proporcionada por las relaciones históricas. Mi propuesta radica más bien en que nuestra identidad no puede entenderse sin el mestizaje, aunque el mestizaje no la define. En efecto, el mestizaje nos explica la cambiante naturaleza de lo hispánico.

De todo lo dicho se desprenden ciertas consecuencias. Una es que, si alguien desea remontarse hacia algún punto distante de origen para recuperar parte de la pureza étnica, cultural o racial —sea ésta ibérica, española,

---

[56] Mörner (1967), pp. 140-142.

amerindia, africana, mexicana o cualquier otra— perteneciente a uno o más grupos o subgrupos de la familia hispánica, se quedará tristemente decepcionado. La tarea es imposible porque, en primer lugar, quinientos años de mestizaje no pueden deshacerse. No queda ninguna pureza cultural o de sangre en el mundo hispánico; sólo hay elementos rastreables en un pasado que actualmente son inseparables de otros elementos. Pero esta tarea también es imposible porque ningún punto de origen al que puedan arribar aquellos que buscan la pureza en el pasado, ha existido puro y sin mezcla. El español, el africano, el ibero, el azteca, el inca, el amerindio, todos son mitos, si es que por esos nombres queremos denotar algo puro, sin mezcla y separable. En verdad, son a lo más abstracciones, y a lo menos creaciones ficticias del presente basadas en un deseo nostálgico de revivir el pasado o en la manipulación política de un grupo de poder oportunista. La realidad de nuestro mestizaje era ya tan evidente en el siglo XIX que no podía negarse, como se colige de las muy conocidas palabras de Simón Bolívar en su mensaje al congreso de Angostura:

> Nosotros debemos tener presente que nuestra gente no es ni europea ni norteamericana; es más una mezcla de africanos y americanos quienes se originaron en Europa. Incluso España misma ha dejado de ser europea a causa de su sangre africana, sus instituciones y su carácter. Es imposible determinar el modo exacto en que pertenecemos a la familia humana. La mayor parte de los nativos indios han sido aniquilados; los españoles se han mezclado con los americanos y los africanos, y estos últimos con los indios y los españoles. Mientras que todos hemos nacido de la misma madre, nuestros padres son extranjeros, difieren en sangre y origen, y todos ellos visiblemente en el color de la piel: una desemejanza que coloca sobre nosotros una obligación de enorme importancia.[57]

Evidentemente, el intento por recobrar la pureza no sólo es un fracaso en sí mismo, sino que resulta hasta peligroso. Los ideales de pureza racial, étnica o cultural han sido responsables de incontables atrocidades en todo el mundo. Esos ideales no son propiedad exclusiva de los europeos, iberos o caucásicos, pero son peores cuando se adoptan por los amerindios, afroamericanos, o hispano-americanos, porque aquellos que han sido oprimidos por su raza, etnia o cultura deberían darse cuenta del error en que caen al adoptar los métodos de sus propios opresores. Racismo, etnicismo y prejuicio cultural producen daño en todos los casos, pero son especialmente perniciosos cuando las minorías oprimidas los adoptan; las consecuencias —exclusión y discriminación— son nocivas, sin importar cuál sea su origen.

---

[57]Bolívar (1964), vol. 1, pp. 190, 211-216. El mismo libertador parece haber tenido sangre amerindia; véase Mörner (1967), p. 87.

Resulta tan mala la exclusión de algunos mexicanos y puertorriqueños del grupo de los hispanos (como vimos que hizo la Spanish American Heritage Association) porque son mestizos, como la exclusión de algunos brasileños del grupo brasileño debido a que parecen blancos.[58] Esto es inaceptable y sólo puede describirse como un tipo de discriminación que debe evitarse a toda costa: al fin y al cabo, nuestro propósito final no debe ser cambiar de opresores, sino prevenir la opresión. Esta última produce resentimiento y acarrea conflictos y violencia, y cambiar de opresores no les pone fin a éstos; sólo el cese total de cualquier tipo de racismo, etnicismo o centrismo cultural podrá lograrlo. En resumen, démosle la bienvenida a la promiscuidad racial, étnica o cultural, y olvidémonos del racismo, el etnicismo o el centrismo cultural, pues ellos destruyen hasta el tuétano. Tomemos lo que podamos, de donde podamos, en tanto que sea provechoso, sin importar el origen. En este sentido, la promiscuidad se basa en la apreciación de lo que el otro ofrece y, por lo tanto, debe considerarse una virtud que hay que promover, lo cual nos hace, a los hispanos, un modelo para el mundo.

Otras fuentes: los recién llegados

He puesto en tela de juicio la noción de identidad ibérica, amerindia y africana; también la idea de que hubo un solo encuentro por el cual iberos, amerindios y africanos se llegaron a reunir. En su lugar, he propuesto la noción de muchos pueblos diversos que se encuentran en diferentes momentos y lugares, incrementando sus lazos en múltiples formas y sumándole la identidad hispánica a cualquier otra identidad que hayan poseído anteriormente. Un corolario de este punto de vista es que no todos los que ahora somos hispanos hemos ingresado al mundo hispánico al mismo tiempo: en verdad, ni los iberos, amerindios o africanos lo hicieron. Algunos entraron en 1492, otros en 1561 y otros en 1935, por citar ejemplos; algunos iberos llegaron a América en el siglo XVI, pero otros arribaron en busca de empleo y oportunidad en el siglo XX. Algunos amerindios se encontraron con los invasores ibéricos en los primeros años, luego del primer encuentro, pero otros permanecieron aislados de este proceso cataclísmico por años y aun siglos: de esta suerte, ciertos grupos amerindios no experimentaron este proceso sino recientemente. Por su lado, los africanos que llegaron a formar parte del mundo hispánico fueron traídos a América a lo largo de varios siglos. Por lo tanto, no existe una razón para excluir de este proceso a inmi-

---

[58] Sobre diversas actitudes con respecto a la población negra en Brasil, véase Guerreiro Ramos (1957).

grantes más recientes. Ellos también forman parte del mundo hispánico; también experimentaron varios encuentros y también contribuyeron al desarrollo de la identidad hispánica, y todavía lo siguen haciendo.

Por supuesto, me estoy refiriendo a los europeos, africanos y asiáticos que han emigrado a la América Ibérica y a Iberia en el pasado reciente. Un buen número de africanos se ha establecido tanto en España como en Portugal; de asiáticos en España, Portugal y otro tanto de europeos en España, Portugal y la América Ibérica. Las cantidades en muchos casos son enormes y han alterado la composición y el carácter de las sociedades a las que se unieron. Por ejemplo, entre 1880 y 1930, más de tres millones de inmigrantes llegaron a la Argentina, de los cuales el 43 por ciento eran italianos, 34 por ciento españoles, de 2 a 6 por ciento judíos y el resto era una combinación de anglosajones, entre otros. El resultado de esta inmigración en gran parte europea se hizo evidente ya a comienzos de 1887: por esta época, la población negra en Buenos Aires, que en 1838 era de un 25 por ciento, disminuyó a un 2 por ciento.[59] Algo similar pasó en Cuba. Entre 1900 y 1929 aproximadamente 900 mil españoles y habitantes de Las Canarias, y 150 mil haitianos y jamaicanos emigraron a Cuba.[60]

Algunos de estos inmigrantes trataron de preservar sus costumbres y culturas originales, y de evitar mezclarse, pero en general no les fue posible hacerlo. Los japoneses se mezclaron con los oriundos guaraníes; los alemanes con los criollos chilenos; los galeses con argentinos de diversos orígenes; los chinos con cubanos africanos y no africanos, y así sucesivamente. La mezcla ha sido tan intensa que algunos han conservado los elementos de su identidad hispánica a pesar de haber dejado el país al que inmigraron originalmente por razones políticas o económicas. Sólo se necesita dar una ojeada a la ciudad de Nueva York, donde funcionan numerosos restaurantes chino-cubanos en los que las comidas, costumbres y lenguas de ambas culturas se mezclan indiscriminadamente.

Por supuesto, esta inmigración ha sido irregular, como suelen ser las inmigraciones; inmigrantes de cierto tipo se han establecido en ciertos lugares e inmigrantes de otro en otras partes. Los alemanes han emigrado principalmente a la Argentina, Brasil y Chile; los italianos a la Argentina; los chinos a Cuba; los japoneses al Perú y Paraguay; los naturales de la India, Angola y Mozambique a Portugal; gente del norte de África a España, y así sucesivamente. Esto ha añadido nuevos matices a las diferentes regiones en las que ocurrió la inmigración. Los inmigrantes han contribuido a la mezcla y variedad del mundo hispánico, y su integración a él no ha sido un obs-

[59] Helg (1990), p. 43.
[60] *Ibid.*, p. 56.

táculo para la formación de una identidad hispánica; por el contrario, frecuentemente ha contribuido y fomentado su enriquecimiento.

Hispano-estadounidenses

Hasta este momento, he estado hablando de los hispanos en general, pero ahora permítaseme referirme a los hispano-estadounidenses en especial para ver cómo es que encajamos dentro del cuadro que he presentado. ¿Quiénes somos y cuán diferentes somos de los demás hispanos?

Evidentemente no somos iberos, ni iberoamericanos, ni tampoco cubanos, colombianos, argentinos o mexicanos. Algunos de nosotros tuvimos una o más de esas identidades en algún momento, pero ahora ya no las tenemos más del mismo modo. No está claro si aún sigo siendo cubano. Para usar un ejemplo personal: estoy seguro de que si fuera de visita a Cuba, no me sentiría tan en casa allí como solía sentirme en otra época; me he convertido en algo más que cubano, aunque no algo completamente diferente. Y sea lo que sea esto, me identifica como algo distinto de los cubanos que residen en Cuba.

Suzanne Oboler cuenta una curiosa anécdota que es pertinente para el tema de nuestra identidad hispano-estadounidense. No hace mucho, una intelectual mexicana se dirigiría a un grupo de mexicano-estadounidenses sobre el tema general de escritores mexicanos, y se le preguntó cómo definía 'escritores mexicanos'. La cuestión era muy importante para la audiencia, pues sus miembros estaban ansiosos por escuchar algo acerca de ellos mismos, algo que los vinculara a México: querían oír que se les llamara mexicanos. Sin embargo, la respuesta los decepcionó, porque se ofreció en términos nacionales: "Un escritor mexicano es alguien que nació en México o que ha crecido allí desde pequeño".[61] Evidentemente, esta persona (y me atrevo a decir que cualquier mexicano en general) no considera a los mexicano-estadounidenses como mexicanos, aun si tienen una clara ascendencia mexicana.

Esta anécdota describe de un modo interesante el hecho de que los hispano-estadounidenses no somos exactamente mexicanos o cubanos, o siquiera iberoamericanos; somos estadounidenses, vinculados más o menos a los mexicanos y a México, a los cubanos y a Cuba, y así sucesivamente. Sí, los hispano-estadounidenses somos estadounidenses relacionados con otros hispanos, y es por eso que se nos califica como hispano-estadounidenses.

---

[61] Oboler (1995), pp. 158-159.

Tener esos lazos, estar relacionado de diversos modos con otros hispanos, esto es, mexicanos, cubanos, iberos y demás, es ser hispano, y en los Estados Unidos, es ser hispano-estadounidense. Provenimos de diferentes lugares y tenemos diferentes vivencias pero, aun así, mantenemos relaciones con otros hispanos, relaciones que difieren de aquellas que mantenemos con otros estadounidenses de diferente origen étnico. Permítaseme señalar algo acerca de nuestros orígenes particulares, porque ellos forman parte de las relaciones históricas que nos vinculan con otros hispanos.

Los hispano-estadounidenses tenemos diferentes procedencias. Mucho antes de que los colonos anglosajones se establecieran en Norteamérica, los exploradores y misioneros españoles habían recorrido la Florida, parte de los que vinieron a ser estados del sur y el suroeste de los Estados Unidos.[62] Como resultado de estos viajes, algunas comunidades se formaron, compuestas por españoles y amerindios; los últimos de los cuales aprendieron castellano y adoptaron algunas costumbres españolas, incluyendo la fe católica. Desde un comienzo hubo mezcla, tanto racial como cultural, de modo que estas comunidades no pueden calificarse como puramente españolas o amerindias. A pesar de que hubo algunos miembros en las comunidades que trataron de evitar la mezcla racial y cultural, ninguno quedó inmune de ella. La idea de una pureza racial basada en una ascendencia española pura no es más que una "herencia de fantasía", como la ha llamado apropiadamente Carey McWilliams, y algo parecido ocurre con lo cultural.[63] Tanto los españoles de España (*i.e.*, castellanos, catalanes, andaluces, etc.) como grupos de amerindios que no se habían mezclado encontrarían diferencias importantes entre ellos mismos y estas comunidades.

En el suroeste en particular, estas comunidades recibieron misioneros regularmente, y luego administradores y burócratas de la Nueva España. Es más, España reclamó tanto la Florida como el suroeste, y este último territorio sólo dejó de pertenecer a México después de la guerra contra los Estados Unidos en 1848. Con todo, esta pérdida no impidió que la población de esa región se considerase a sí misma diferente de la población angloestadounidense, ni tampoco que mantuviese fuertes lazos con la gente que vivía del lado sur del Río Grande.

Un hecho importante en la historia de la comunidad hispano-estadounidense ha sido la adquisición de Puerto Rico por parte de los Estados Unidos, como resultado de la guerra contra España. Esto fue importante no sólo porque elevó sustancialmente el porcentaje de hispanos en el país, sino también porque permitió a los puertorriqueños entrar allí y establecerse

[62] Acosta-Belén (1988), pp. 81-106.
[63] McWilliams (1990), pp. 43-53.

legalmente (en 1917 los Estados Unidos les otorgó la ciudadanía). Puerto
Rico ha llegado a ser una fuente creciente de hispanos para los Estados
Unidos, fuente que ha resistido vigorosamente la asimilación y la acultura-
ción. Existen muchas razones para esta resistencia, pero sin lugar a dudas
una de las principales es la facilidad de poder regresar a la isla. Los puertorriqueños que residen en Puerto Rico y los que residen en los Estados Unidos han sido capaces de mantener vínculos muy estrechos. A la vez, esto ha
permitido a la población puertorriqueña preservar una identidad distinguible
de la de otros estadounidenses, y también mantener contacto con los países
hispánicos fuera de los Estados Unidos, particularmente con Cuba, la República Dominicana y España.

Los cubanos conforman otro grupo importante de hispanos en los Estados Unidos. La inmigración cubana comenzó en el siglo XIX, por razones
políticas o económicas. Incluso el gran poeta y héroe nacional cubano José
Martí residió por algún tiempo allí. Sin embargo, el mayor número de
inmigrantes de Cuba arribó en 1960 como consecuencia de la revolución
cubana: llegó aproximadamente medio millón de exiliados, y la mayoría
de ellos se asentaron en la Florida, en especial alrededor de Miami. Esta
comunidad ha crecido considerablemente desde entonces, y en 1980 au-
mentó aún más a causa de los llamados "marielitos", cuando cerca de 120
mil cubanos fueron traídos a la península en una flotilla organizada por
exiliados.

Además de estos grupos mayores de hispanos, siempre ha habido una
firme aunque pequeña inmigración de exiliados políticos y de personas provenientes de diversos países hispánicos en busca de mejores oportunidades
económicas. De tiempo en tiempo, argentinos, brasileños, chilenos, venezolanos y muchos otros iberoamericanos se han unido a la comunidad hispano-estadounidense. Recientemente se han incorporado a ella en gran número los dominicanos, colombianos y centroamericanos. Además, algunos
portugueses inmigrantes se asentaron hace ya mucho a lo largo de la costa
noreste.

Los mayores grupos de hispanos tienden a concentrarse en ciertas regiones: los mexicanos en el suroeste, los cubanos en la Florida, los puertorriqueños y dominicanos en la ciudad de Nueva York, y los portugueses en la
costa noreste. Pero muchas de las principales ciudades del país tienen una
considerable población de hispanos de diversos orígenes, aunque algunos
también tienden a congregarse en zonas más rurales donde hay demanda
por el trabajo agrícola, ya sea por temporadas o permanentemente. Así, es
posible encontrar núcleos de diversas comunidades hispánicas a lo largo de
los Estados Unidos.

Los diferentes lugares donde se localizan los hispanos han producido
cierto aislamiento de unos respecto de otros y han causado algunas veces

rivalidades y celos entre ellos.[64] El bloqueo mental producto de su situación minoritaria y de su marginación en la sociedad estadounidense se ha traducido ocasionalmente en actitudes sospechosas entre ellos mismos. A un nivel más abstracto, también existe un sentido de identidad y nacionalismo étnico que busca separar a cada grupo no sólo de los angloestadounidenses, sino de cualquier otro grupo hispánico. De allí que algunas veces se dé una llamada apasionada por el rechazo a un nombre común y por la adopción de un apelativo étnico más provinciano. Estos grupos mantienen fuertes lazos con ciertos países de la América Ibérica: los cubano-estadounidenses con Cuba, los mexicano-estadounidenses con México, los dominicano-estadounidenses con la República Dominicana, y así sucesivamente. Pero las relaciones entre ellos en los Estados Unidos, en tanto grupos, no son fuertes. No obstante, en un nivel más personal existe una considerable afinidad entre los grupos, a pesar de la retórica de algunos que se autoproclaman sus líderes. También debe considerarse el hecho innegable de que existe una mezcla impresionante entre los miembros de esos grupos. En efecto, ésta se da de un modo tal que ha habido demandas al Censo de los Estados Unidos para que incluya categorías étnicas mixtas, lo cual en efecto se llevó a cabo en cierta medida en el último censo.[65]

Las rivalidades entre estos grupos son en parte el resultado de su situación peculiar y no reflejan las rivalidades nacionales que existen de cuando en cuando entre diferentes países o grupos en la América Ibérica e Iberia. Ocasionalmente, han surgido serios conflictos entre ciertos países iberoamericanos y entre los grupos étnicos en la América Ibérica e Iberia. En el siglo XIX, la América Ibérica tuvo varias guerras nacionales, y también ha habido conflictos de diversa índole entre diferentes segmentos de las poblaciones de estos lugares. Las guerras fueron en gran medida producto del caudillaje y de grupos en busca de poder en países específicos; usualmente, han explotado los conceptos y los sentimientos de "orgullo nacional" basados en desacuerdos territoriales, en muchos casos incluso por zonas sin ningún valor. Ciertamente, uno llega a cansarse de los repetidos enfrentamientos entre la Argentina y Chile, y de la ingeniosa manipulación ejercida por los gobiernos en turno de cada uno de estos países para distraer la atención del pueblo de las serias tensiones internas que amenazan con desestabilizar a los mismos gobiernos.

Estos conflictos nacionales han tenido poca influencia con respecto a las relaciones entre la gente. Existen, sin duda, algunas críticas bien intencionadas (aunque algunas no tanto) acerca de las costumbres en ciertos

[64] Para ejemplos, véase Shorris (1992).
[65] Glazer (1996).

países iberoamericanos e ibéricos; no obstante, estas críticas no son muy profundas y no anulan los múltiples vínculos que existen entre la gente. No se pueden tomar seriamente ni los conflictos nacionalistas fabricados ni aquellos que existen entre los habitantes a nivel popular, ni tampoco se les puede comparar con algunos de los resentimientos y rivalidades que desgraciadamente parecen estar desarrollándose entre algunos grupos hispano-estadounidenses.

Más similares a éstos, existen conflictos y rivalidades que algunas veces se remontan a tiempos muy lejanos. Por ejemplo, en Iberia ha habido serios antagonismos entre catalanes y castellanos desde el siglo XVI. En parte, éste es un conflicto político debido a que los catalanes habían sido independientes antes de ese siglo, y fueron incorporados al Estado español posteriormente. Pero también tiene una dimensión étnica, puesto que la lengua materna de los catalanes no es el castellano, amén de que existen muchas diferencias culturales entre ellos y otros grupos étnicos ibéricos. Aun así, las razones de estos conflictos y rivalidades son principalmente políticas, pues los catalanes se resisten al deseo de los castellanos de establecer una hegemonía y un dominio sobre otros. La situación empeoró cuando los castellanos trataron de extender su hegemonía y dominio al campo cultural; el gobierno español ha tratado repetidas veces de suprimir los rasgos culturales de los catalanes, como el lenguaje, para poder eliminar cualquier resistencia política a la centralización del gobierno castellano. Esto ha generado muchos sentimientos negativos, y también ha causado derramamientos de sangre.

Asimismo, en la América Ibérica, existen conflictos étnicos al interior de bloques políticos más extensos. Estas pugnas han ocurrido frecuentemente entre los llamados grupos indígenas y la población mestiza dominante. El ejemplo más reciente es el caso de Chiapas, en México: la población indígena de la zona se siente oprimida por las estructuras de poder mestizas, y ello ha generado numerosos altercados, desórdenes y violencia. Los conflictos se originan en sentimientos de opresión y desigualdad, y se alimentan de la retórica de la identidad étnica y nacional.

En los Estados Unidos, algunos subgrupos de hispanos también se consideran marginados y discriminados —aun si no directamente oprimidos— por otros grupos hispánicos que los tratan como inferiores. Esto ha dado lugar al resentimiento de algunos contra otros. Este resentimiento también se ha nutrido de la retórica de la identidad étnica y nacional. El sentimiento general de estar marginado y aislado de la parte principal de la sociedad estadounidense se ha añadido a la amargura y, en algunos casos, se ha utilizado en contra de otros grupos hispánicos en vez de los opresores verdaderos. Indudablemente, éste no es un fenómeno inusual: es frecuente que los oprimidos reaccionen en contra de otros oprimidos, en lugar de hacerlo en contra del opresor; en parte esto se debe a su inhabilidad para afectar la situación de los opresores y a la desunión entre los oprimidos, propiciada por los opresores para lograr controlarlos con mayor eficacia. Una clásica ilustración de este fenómeno se halla en el caso de algunos mexicano-estadounidenses del suroeste, a quienes nos referimos anteriormente, los cuales rechazan ser llamados mexicanos precisamente por el modo en que fueron tratados por los conquistadores angloestadounidenses.

Permítaseme resumir. Los hispano-estadounidenses somos estadounidenses, pero estadounidenses que tenemos una historia de relaciones con otros hispanos dentro y fuera de los Estados Unidos, y esta historia nos hace miembros de la familia histórica hispánica. A diferencia de los miembros de las naciones iberoamericanas, no tenemos vínculos políticos con otros hispanos fuera de los Estados Unidos. Mas los vínculos políticos no son el único tipo de lazo que une a los hispanos: las relaciones que unen a los hispano-estadounidenses con otros hispanos tienen que ver más frecuentemente con el origen, la cultura y los valores. Incluso, somos producto del mestizaje al igual que otros hispanos. Estos lazos constituyen los elementos de nuestra identidad como hispanos e hispano-estadounidenses.

Conclusión

Espero que haya quedado claro cómo se forjó la identidad hispánica: fue el resultado de un cataclismo que no puede describirse en términos positivos ni por la mente más imaginativa. No obstante, de esta catástrofe se originó algo nuevo, una gente nueva, que se interrelaciona en formas importantes y que constituye una familia histórica. Estas personas no compartimos propiedades comunes a través del tiempo; al contrario, somos eminentemente diversos, pero nuestra diversidad ha producido una mezcla heterogénea que, sin embargo, evidencia una identidad que justifica un nombre común.

En el capítulo siguiente exploro la búsqueda deliberada de una identidad en un segmento de la comunidad hispánica: la América Ibérica. Esto servirá para hacer explícitas varias dimensiones involucradas en la búsqueda de una identidad hispánica en general.

CAPÍTULO 6

La búsqueda de la identidad: la América Ibérica y su filosofía

LA BÚSQUEDA DE UNA IDENTIDAD entre los hispanos se da en tres contextos pertinentes para nuestro análisis: en la península ibérica, en la América Ibérica y entre los hispanos en los Estados Unidos. En las dos primeras se viene realizando desde hace mucho tiempo. En España, durante el siglo XIX, se convirtió en una preocupación crítica para el grupo de intelectuales conocidos como la Generación del 98. El evento que dio pie a esta inquietud fue la pérdida de Cuba, Puerto Rico y las Filipinas como consecuencia de la guerra entre España y los Estados Unidos. España se consideraba una potencia mundial desde hacía cuatrocientos años; su flota naval surcaba los océanos y su voluntad se imponía en un vasto imperio en el cual nunca se ponía el sol. Durante el siglo XIX, este imperio se redujo enormemente con la pérdida de las colonias continentales en América, pero a pesar de ello España continuó manteniendo una presencia significativa en el Lejano Oriente, el Caribe y África. Sin embargo, la derrota en la guerra contra los Estados Unidos hizo que España tomara conciencia de cuán débil era en realidad; el extenso imperio había desaparecido, y el país estaba sumido en la pobreza y en un estado marginal no sólo en el contexto mundial, sino aun respecto de Europa.

Hubo otro factor que agravó la situación: España se había vinculado tan intensamente con sus colonias americanas que no sólo se había olvidado de sus lazos con Europa, sino que, además, había forjado una identidad que incluía a esas colonias, a pesar de que en la práctica siempre las había considerado aparte. Después del Renacimiento y de la pérdida de sus posesiones europeas al exterior de la península, las pretensiones españolas se encauzaron casi por completo hacia América; pero, al haber perdido lo último que le quedaba de su imperio original, el país se encontró en una situación completamente nueva: sin misión y con una imagen propia devaluada.

¿Quién o qué era España? ¿Era una parte de Europa, al fin y al cabo? ¿Qué clase de conexiones podría mantener con sus antiguas colonias? Las colonias que se habían independizado a principios del siglo XIX la habían ignorado, orientándose más y más hacia Francia, el Reino Unido y los Estados Unidos en busca de comercio e inspiración intelectual. Si las colonias recientemente independizadas seguían su ejemplo, España se quedaría completamente aislada, convirtiéndose en uno de los tantos países insignificantes del mundo. Es más, fuerzas internas dentro de la península misma amenazaban la unidad política que el país había disfrutado desde el siglo XVI: vascos, catalanes, gallegos y otras minorías levantaban sus voces, reclamando nuevos derechos que socavaban el poder centralizador que ampliamente habían ejercido los castellanos, fruto en parte del control ejercido sobre las colonias americanas.

La reflexión sobre estos acontecimientos lleva a la Generación del 98 a ocuparse del problema de la identidad española. Éste es un importante capítulo en la historia de la búsqueda de la identidad entre los hispanos, aunque aquí lo tendremos que ignorar, de momento, por tres razones: es un problema particular de la situación española; de cierto modo los temas están aislados de la identidad que ocupan actualmente a los hispanos en general; y una investigación adecuada del mismo requeriría el tipo de atención que está más allá de los límites de este libro. Por razones similares excluiré el análisis de la identidad en Portugal y en otros grupos étnicos dentro de la península ibérica.

La búsqueda de la identidad entre los hispanos en los Estados Unidos apenas ha empezado y, por lo tanto, no tiene una historia que se pueda contar; su historia está en proceso de realización. Existen sólo unos cuantos estudios que han planteado explícitamente esta cuestión, y la mayoría de las perspectivas que usan no van más allá de las que ofrecen ciertas ciencias sociales, como la antropología, la psicología y la sociología. Efectivamente, nada se ha hecho desde un punto de vista más general, y, por cierto, nada desde una perspectiva filosófica,[1] puesto que aun aquellos filósofos hispano-estadounidenses que han tratado el tema de la identidad se han abocado más a los casos iberoamericanos que al propio.

Por estas razones, pienso que, en lugar de ocuparnos de Iberia o los Estados Unidos, podemos aprender más sobre el tema de la identidad hispánica si dedicamos nuestra atención a la América Ibérica. Este esfuerzo se adapta bien a nuestro objetivo, puesto que la búsqueda de la identidad en

---

[1] Stavans (1995, pp. 147-65) ofrece una historia general (no técnica ni filosófica) de estas investigaciones. Entre otros textos importantes se encuentran Acosta-Belén (1986); Acuña (1971) y Rodríguez (1981).

nuestra América comprende numerosos países con diferentes poblaciones y condiciones. Los iberoamericanos siempre han tenido una clara conciencia de las enormes diferencias que los separan entre sí y de las dificultades que implica encontrar un cimiento común. La América Ibérica está más cerca de los Estados Unidos que de Iberia, y su población está vinculada más estrechamente con los grupos hispanos de ese país. Además, la preocupación por la búsqueda de la identidad en la América Ibérica empezó hace mucho y ha recibido bastante atención en casi todos los niveles del medio intelectual.[2] En definitiva, este asunto se ha convertido en tema de discusión no sólo para los iberoamericanos sino también para algunos hispanoestadounidenses.

El esfuerzo más consciente en la búsqueda de la identidad iberoamericana se ha realizado dentro de los contextos filosóficos. No es que esta búsqueda no se haya dado en otros ámbitos, pues la encontramos también en otras expresiones culturales como la literatura, pero es en la filosofía donde se ha cultivado con mayor constancia y amplitud. En efecto, los filósofos han llevado a cabo la mayoría de las investigaciones acerca de la identidad, y la identidad filosófica siempre ha constituido el meollo del asunto, pues, aun en los casos en que no se encuentra una investigación explícita sobre ella, la posición adoptada por los filósofos iberoamericanos generalmente asume ciertas ideas con respecto a ella. Por este motivo, el enfoque de nuestro análisis será filosófico.

La cuestión

En los últimos cien años, una de las preocupaciones más difundidas y características entre los pensadores iberoamericanos ha sido la búsqueda de una identidad filosófica.[3] Las investigaciones sobre este tema comienzan fre-

---

[2] En el pensamiento político, dicha preocupación se encuentra en Bolívar (1991) y Martí (1977), pp. 84-94; en un contexto sociocultural, se halla en Rama (1982), y en la literatura, se manifiesta en García Márquez (1989) y Cortázar (1965).

[3] La bibliografía sobre este tema es copiosa. Además de los textos clásicos a los que me referiré más adelante, los siguientes deben mencionarse: Hernández Luna (1956); Villegas (1960); Larroyo (1958); Gómez Robledo (1958); Romanell (1954); Ramos (1951), pp. 103-114; (1949), pp. 175-185; O'Gorman (1951); Villoro (1950); Salmerón (1980); Roig (1993); Miró Quesada (1986); Martí (1984); Gracia y Jaksiç (1984); Schutte (1993); Medina (1992). También: *La filosofía en América* (vol. 1, pp. 167-253); los volúmenes de 1950 de *Cuadernos Americanos* y *Filosofía y Letras*; y las bibliografías del *Handbook of Latin American Studies* (desde 1935 hasta el presente). Los textos clásicos se han reunido en Gracia y Jaksiç (1988).

cuentemente con la pregunta: ¿existe, o puede existir, una filosofía iberoamericana (o latinoamericana, como se dice con frecuencia)? Esta pregunta
es ambigua en la medida en que se la puede interpretar de varias formas. Por
ejemplo, puede preguntar si existen filósofos iberoamericanos, o si se han
producido, o si se producen, obras filosóficas en la América Ibérica. Si la
cuestión se interpreta de este modo, la respuesta es bien clara, porque existen muchos iberoamericanos que se dedican a la filosofía y que disponen de
una producción considerable de escritos filosóficos; así, se trataría sólo de un
problema empírico, factible de resolver en función de la evidencia disponi-
ble. Empero, entendida de esta forma, la cuestión carecería de interés filosófico y se circunscribiría al ámbito histórico.

Para que el asunto adquiera una dimensión filosófica, tiene que ver con
algo más que con los meros hechos históricos; debe plantear el problema de
si es posible que exista una filosofía peculiarmente iberoamericana. Su solución requiere esclarecer tres cosas, la primera de las cuales es determinar la
naturaleza de la filosofía y de lo que se puede considerar propiamente iberoamericano. Una vez hecho esto, en segundo lugar, se debe comprobar si la
naturaleza de la filosofía permite la incorporación de características que
puedan calificarla como iberoamericana; y, en tercer lugar, es necesario es-
pecificar las relaciones que estas características pudieran tener con la filosofía. En contraste con la investigación histórico-empírica, ésta es filosófica,
puesto que involucra tanto un análisis de las nociones de "filosofía" e "iberoamericana", como de las relaciones entre ellas. Y en efecto, esto es, precisamente, lo que ha preocupado a los filósofos que se han abocado al problema de la identidad filosófica de nuestra América.

Pese a que estos filósofos han adoptado numerosas posturas respecto de
la cuestión, sus puntos de vista se pueden clasificar bajo tres rótulos:
universalista, culturalista y crítico. La posición universalista se inspira en
una extensa tradición que se remonta hasta los griegos. De acuerdo con ella,
la filosofía es una ciencia (ya sea de conceptos, realidades o lenguaje), y
como tal, los principios que usa y las conclusiones a las que llega se conciben como universalmente válidos; consecuentemente, no tiene sentido hablar de una filosofía iberoamericana, así como no tiene caso referirse a una
química o una física iberoamericana. La filosofía, como una disciplina del
conocimiento humano, no puede poseer características específicas que la
puedan precisar como iberoamericana, francesa o italiana. En sentido estricto, la filosofía es únicamente filosofía, o, para utilizar una expresión que
está de moda en la literatura pertinente, filosofía "sí más".[4]

Cuando se habla de la filosofía francesa o italiana, esto no quiere decir

[4] Frondizi (1949), p. 355.

que la filosofía en sí sea diferente en ambos casos. Categorías como "france-sa" o "italiana" corresponden a designaciones históricas que aluden a cier-tos periodos circunscritos al pensamiento de la época o al lugar del que se habla; pero en ningún caso esto implica que la filosofía de un momento concreto sea, en sí misma, de un tipo diferente de la de cualquier otro perio-do. Lo que se puede considerar peculiar en la filosofía de una época deter-minada no es una parte esencial de la filosofía, sino el producto de las cir-cunstancias pertenecientes al desarrollo de la disciplina en ese periodo. Esas particularidades no son, entonces, parte de ella, y no pueden incluirse en su estudio; pertenecen, más bien, a la investigación histórica del periodo en cuestión, del mismo modo que los errores matemáticos no son parte de las matemáticas, o que los estudios sobre la física egipcia forman parte de la ciencia física. Como las matemáticas y otras disciplinas del conocimiento humano, la filosofía consiste en una serie de verdades y métodos de investi-gación que no poseen características espacio-temporales. Su aplicación y su validez son universales, y por esa razón, resultan independientes de las condi-ciones históricas en las cuales se descubrieron. Por ejemplo, la conclusión de que la racionalidad forma parte de la naturaleza humana es o verdadera o falsa, al margen de todo tiempo o lugar. Y un método de investigación *a priori* o *a posteriori* es lo que es, independientemente de su ubicación histórica.

Desde esta perspectiva, la respuesta a la pregunta de si existe o no una filosofía iberoamericana es, obviamente, negativa. Más aún, la posición universalista no sólo niega que haya una filosofía tal, sino que también rechaza que pueda haberla, puesto que considera intrínsecamente incompa-tible que la filosofía sea simultáneamente una disciplina universal del cono-cimiento y un producto de origen cultural.

Frente a esta postura, el culturalista responde señalando que el universalista comete un grave error. La filosofía, como todo lo que acontece en la experiencia humana, depende de coordenadas espacio-temporales par-ticulares para su validez, puesto que no existen verdades universales ni ab-solutas. La verdad es siempre concreta y resultado de un punto de vista, de una perspectiva individual, la cual se aplica incluso a las verdades matemá-ticas, tal como lo sugiere Ortega y Gasset, el filósofo que más influencia ha ejercido sobre los culturalistas.[5]

El perspectivismo de Ortega, introducido por muchos de sus discípulos, y particularmente por José Gaos, es, en gran medida, responsable del éxito de la posición culturalista en la América Ibérica. Una filosofía que enfatiza el valor de lo particular y lo idiosincrásico se presta fácilmente para funda-

---

[5] Ortega y Gasset (1964a), p. 115. Este punto de vista se mantiene en boga entre los historiadores de la filosofía que adoptan una perspectiva sociológica. Véase Kusch (en prensa) y Gracia (2000b); (1992b), pp. 226-234.

mentar las ideas de los culturalistas.[6] En consecuencia, muchos de estos pensadores adoptaron esta perspectiva sin titubeos, adaptándola a sus exigencias conceptuales. Así surgió la idea de una filosofía iberoamericana como una filosofía peculiar de nuestra América, una filosofía diferente de aquellas producidas por otras culturas, y opuesta, especialmente, a la filosofía anglosajona. Esta filosofía es, supuestamente, el producto de la cultura iberoamericana, que, a su vez, resulta de la perspectiva desde la cual reflexionaron los pensadores iberoamericanos. Esta postura ha abierto el camino para la búsqueda de una filosofía autóctona que pueda reflejar indiscutiblemente las características de la cultura iberoamericana.

Desde esta perspectiva, no sólo es posible encontrar una filosofía iberoamericana, sino que se llega a la conclusión de que toda la filosofía genuina que se produzca en la América Ibérica es iberoamericana. Si no lo es, resulta ser una copia de otras filosofías realizadas en otras partes, importada a esta parte del mundo, e impuesta sobre ella. Estos modos foráneos de pensar no constituyen una filosofía auténtica cuando se adoptan en nuestra América, porque no tienen ninguna relación con su cultura, al ser resultado de perspectivas completamente extrañas para los habitantes de la región.

La mayor parte de los pensadores que adoptan este punto de vista concluyen que, actualmente, no existe una filosofía iberoamericana, puesto que la única filosofía que se ha practicado en esta zona es importada, pero al mismo tiempo confían en que el futuro sea distinto. Contrariamente, otros señalan que existen algunas perspectivas filosóficas en la región que son auténticas, y, aunque sólo sean pocas, el número es suficiente para justificar el término 'filosofía iberoamericana' con una connotación culturalista.

En relación con esta cuestión, un tercer punto de vista asumido puede ser calificado de crítico, y se ha presentado como una reacción en contra tanto del universalismo como del culturalismo, aun cuando tiene elementos de ambos. De modo similar al enfoque universalista, esta posición rechaza la existencia de una filosofía iberoamericana, pero no porque el concepto de "iberoamericano" sea incompatible con el de "filosofía" sino, más bien, porque hasta ahora la filosofía de este lugar ha tenido un carácter ideológico, es decir, no se ha llevado a cabo de un modo autónomo. Según los partidarios de esta postura, la filosofía ha sido y es utilizada en la América Ibérica para brindarles apoyo a ciertas ideas cuyo fin es tanto la preservación del *statu quo* como el beneficio de ciertas clases sociales. Los pensadores críticos suelen presentar el escolasticismo y el positivismo como ejemplos de este fenómeno.

Respecto del escolasticismo, destacan cómo la Corona española utilizó esta filosofía para mantener su hegemonía política y económica sobre las

---

[6] Véase Ramos (1943), p. 149.

colonias; la filosofía escolástica, sostienen, llegó a ser un instrumento para defender una posición política que, de otro modo, hubiese sido insostenible. En el caso del positivismo, acentúan el modo en que ciertos gobiernos iberoamericanos emplearon esta perspectiva para justificar tanto su concepción del orden social como la supremacía de la élite dirigente. El ejemplo citado con mayor frecuencia es del gobierno de Porfirio Díaz en México, el cual acogió el positivismo como doctrina oficial del régimen.

Sobre la base de este y otros ejemplos similares, se concluye que hasta ahora no ha habido, ni podrá haber en el futuro, una filosofía iberoamericana auténtica en tanto que permanezcan las condiciones socioeconómicas vigentes. Sólo cuando esta situación cambie, y la filosofía no continúe utilizándose como herramienta ideológica para justificar el actual *modus vivendi,* se darán las condiciones para el desarrollo de una verdadera filosofía iberoamericana. Algunos de los partidarios de esta tesis piensan que ésta resultaría de una perspectiva peculiar iberoamericana, por lo que, respecto del futuro, se adscriben a la posición culturalista. Por el contrario, otros adoptan una posición universalista, y sugieren que esta filosofía sin ideología será universalmente válida y completamente científica. No obstante, todos coinciden en juzgar el papel de la filosofía actual bajo una luz crítica.

Estas tres perspectivas presentan tanto ventajas como desventajas. Por ejemplo, si empezamos con la posición crítica es indudable que, en gran medida, varios sistemas filosóficos populares en la América Ibérica se han convertido en ideologías utilizadas para resguardar y preservar el *statu quo.* En este punto, los partidarios de la posición crítica están en lo cierto. Tampoco se equivocan al sugerir que la defensa ideológica de ciertas posturas ha impedido el desarrollo y la originalidad de la filosofía en la región. Una actitud apologética, amén de otras consideraciones ajenas al quehacer filosófico, ha constreñido el libre desenvolvimiento de la filosofía, y las posibles consecuencias que de ella se podían esperar en otras circunstancias. Mas, por otro lado, la posición crítica comete dos serios errores. El primero radica en suponer que toda la producción filosófica realizada en la América Ibérica está ideológicamente contaminada. Una afirmación de este tipo requiere justificación histórica, algo que no se ha ofrecido hasta ahora. Como se dijo anteriormente, es cierto que existen muchos casos en los que la filosofía se ha usado como instrumento ideológico, pero esto no implica que siempre haya ocurrido así, ni que forzosamente deba serlo. El segundo error consiste en sostener que la filosofía iberoamericana no se hallará libre de la ideología hasta que las condiciones socioeconómicas imperantes en la América Ibérica cambien. Como puede apreciarse claramente, ésta es una suposición basada en una concepción muy particular de la filosofía, en la que se le concibe como una expresión de las condiciones socioeconómicas; lo cual está muy lejos de ser indudable. En efecto, el juicio mismo concerniente a la condición ideológica de la filosofía iberoamericana la invalida.

Algo similar ocurre con la posición culturalista. Es obvio que toda filosofía funciona dentro del contexto de una cultura determinada, de la cual recibe su impulso y su dirección. No existe en el vacío; es el producto de la reflexión humana, la que, a su vez, se lleva a cabo siempre en forma particular, perteneciendo a una u otra persona en una situación y una cultura específicas. Pero esto no implica que su contenido —o sea, las afirmaciones que realiza, los argumentos que utiliza y las conclusiones a las que llega— esté necesariamente relacionado con esta u otra persona, o con las condiciones en que se produjo. Se puede ilustrar esta idea aludiendo a cuatro tipos de oraciones declarativas con las que se pueden expresar juicios diferentes: absolutas, relativas, universales y particulares.

Una oración declarativa es absoluta cuando su valor de verdad no depende de otros factores que los descritos en ella. Nótese que no estoy diciendo de *todos* ellos, puesto que existen numerosas oraciones cuyo valor de verdad depende de datos particulares y que, sin embargo, son absolutas. Un caso obvio es: 'Cuba mide aproximadamente 1 200 kilómetros de largo'. La verdad de esta oración no depende del significado de sus términos, sino más bien de la longitud de Cuba, lo cual es un hecho en el mundo. No obstante, al mismo tiempo, la oración no es relativa, puesto que su valor de verdad no depende de factores ajenos a los descritos en ella. Aparte del actual valor de verdad de la oración, éste es independiente de toda perspectiva o punto de vista perteneciente al emisor de la oración.

Por el contrario, en el caso de las oraciones relativas, el valor de verdad depende no sólo de los hechos descritos en ellas, sino también de factores externos a ellas. La oración 'La cafetera está a la izquierda de la taza' es relativa, porque su valor de verdad depende de la posición circunstancial del observador con respecto a la cafetera y a la taza. Él puede estar en una posición tal que la cafetera parezca estar situada ya sea detrás o a la derecha de la taza, más que a su izquierda. En este caso, el valor de verdad de la oración depende, en parte, de algo independiente de lo descrito en ella. Éste varía algo de caso en caso: puede ser una escala de alguna clase, algún principio, o algo por el estilo. Como sea, en todos los casos la perspectiva o el principio en cuestión funciona desde fuera de lo descrito en la oración, a pesar de que cumple un papel determinante en su valor de verdad.

Al margen de los tipos absoluto y relativo, las oraciones declarativas pueden clasificarse como universales y particulares. Una oración es universal cuando el sujeto se refiere indistintamente a todos los miembros de una clase determinada (asumo que estamos hablando de clases con más de un miembro). Por ejemplo, la oración 'El todo es equivalente a la suma de sus partes' es universal, porque el todo al que hace referencia no es ninguno en particular; el sujeto de la oración se refiere indiscriminadamente a todo aquello que caiga bajo la categoría de "todo". De esta suerte, las oraciones universales se oponen a las particulares, porque una oración es particular cuando el sujeto se refiere a algunos miembros de la clase en cuestión, pero no a todos (nuevamente asumo que hablamos de clases que tienen más de un miembro). La oración 'Algunas islas tienen más de 1 200 kilómetros de longitud' es particular, porque el sujeto de la oración se refiere solamente a algunos miembros de la clase de islas, y no a todos.

La mayor parte de las conclusiones filosóficas se expresan con oraciones universales, pero las premisas que constituyen los fundamentos de dichas conclusiones se expresan, frecuentemente, con oraciones particulares. 'Una infinidad de entidades físicas es imposible' es universal, mientras que 'Este universo es infinito' es particular. Además, existen muchas oraciones filosóficas que son absolutas, y muchas que son universales y absolutas a la vez. Un ejemplo de las últimas sería: 'Nada puede ser y no ser a la vez'. Finalmente, también existen oraciones relativas universales, como 'Los gobiernos comunistas son injustos'. Esta oración es universal, pero también relativa, porque la injusticia en cuestión depende de circunstancias que son externas a la afirmación contenidas en la oración, las cuales dependen a su vez del criterio de justicia que se utilice. Por ejemplo, si la justicia se interpreta en términos económicos, entonces no sería necesariamente cierto que los regímenes comunistas son injustos, en tanto satisfagan las necesidades económicas de los ciudadanos. Sin embargo, otros conceptos de justicia podrían convertir a la oración en falsa.

Ahora bien, la posición culturalista se reduce a una perspectiva en la que se afirma que toda oración filosófica es relativa y particular. Son relativas en la medida en que su valor de verdad depende de circunstancias culturales, o de una perspectiva cultural; son particulares en cuanto que sus sujetos se refieren sólo a ciertos miembros de una clase, a aquellos conocidos por el filósofo. Pero, de lo dicho anteriormente, se desprende que los culturalistas se equivocan en esta aseveración, porque no toda la filosofía (esto es, toda oración filosófica) es relativa y particular. Existen oraciones filosóficas universales y absolutas.

El origen del error culturalista reside en la confusión entre lo que afirma o niega una oración declarativa y las condiciones bajo las cuales lo hace. Toda oración, cuando se concibe o se expresa, es necesariamente histórica, puesto que la persona en cuestión también es histórica. Esto es a lo que me refiero como la *historicidad extensional* de las oraciones, porque la historicidad en cuestión tiene que ver con las oraciones mismas consideradas al margen de sus contenidos, es decir, de aquello que afirman. Pero no todas las oraciones afirman algo histórico. Algunas sí, como 'Jorge Gracia nació en 1942'; pero otras no, como '2+2=4'. A las que lo hacen las llamo *intensionalmente históricas*, porque dicen algo acerca de la historia. Los culturalistas asumen que todas las oraciones filosóficas son intensionalmente históricas por el hecho de ser extensionalmente históricas, pero es obvio que no es así. A pesar de esto, la mayoría de los culturalistas son capaces de evadir las dificultades de su posición a causa del lenguaje oscuro que utilizan, el cual les permite ampararse en cierta ambigüedad.[7]

De lo expuesto no se sigue, sin embargo, que la posición universalista esté libre de graves limitaciones. En efecto, al asumir una perspectiva completamente opuesta al culturalismo, en la cual se supone que todas las oraciones filosóficas son universales y absolutas, el universalismo adopta una postura extrema e intolerable. Su principal falta consiste, precisamente, en rechazar que la filosofía se origina en condiciones históricas y que, por lo tanto, toda generalización filosófica se erige sobre situaciones particulares. La descripción de las situaciones de las que surgen las generalizaciones es una parte tan legítima de la filosofía como las conclusiones generales alcanzadas por la disciplina. Ésta es la razón por la cual en filosofía no sólo encontramos oraciones universales y absolutas, sino también particulares y relativas, las cuales, en muchas ocasiones, proporcionan el fundamento para las oraciones universales y absolutas. Es la naturaleza de toda ciencia, ya sea filosófica o no, proceder de este modo, pues la ciencia y la filosofía son empresas humanas, y los seres humanos somos seres históricos e individuales. Esto no significa que no podamos trascender las circunstancias históricas puesto que, en efecto, lo hacemos cada vez que formulamos principios y leyes universales verdaderos. Pero se debe tener en cuenta que la filosofía también incluye el tipo de oración universal y relativa que examinamos previamente.

Entonces, ¿cuál es la respuesta a la pregunta de si puede haber una filosofía iberoamericana? La respuesta, como casi todas las respuestas filosóficas buenas, es tanto afirmativa como negativa. Es afirmativa en tres sentidos. En primer lugar, como disciplina del conocimiento humano, la filosofía comienza en el contexto de las circunstancias particulares que circunscriben al observador que plantea la cuestión. En segundo lugar, algunas de las conclusiones alcanzadas por la filosofía, a pesar de ser universales, permanecen relativas al observador o a su cultura, teniendo completo sentido sólo cuando se les ubica dentro del contexto de origen. Ésta es otra forma de decir que la filosofía incluye oraciones declarativas relativas y particulares, cuyo valor de verdad depende directamente de las coyunturas históricas. Y en tercer lugar, a pesar de las presiones sociales en la América Ibérica para convertirla en una ideología, la filosofía todavía puede, en principio, sobreponerse a estas eventualidades y desarrollarse libremente, pues-

---

[7] Gracia (1992b), pp. 158-168, 226-228.

to que no existe ninguna razón lógica que lo impida. En efecto, la existencia de la posición crítica misma constituye clara evidencia de ello.

La respuesta también es negativa en tres sentidos. En primer lugar, el objetivo de la filosofía como disciplina del conocimiento humano trasciende, al menos en cierta medida, las circunstancias particulares del pensador que se plantea la interrogante. En segundo lugar, a pesar de que proviene de datos particulares, muchas de sus conclusiones son absolutas y universales, por lo que a) se pueden aplicar a todos los casos del mismo tipo, y b) su valor de verdad es independiente de las coyunturas históricas relacionadas con el observador. Y en tercer lugar, las presiones ideológicas en la América Ibérica son tan fuertes que resulta difícil para la filosofía mantener un itinerario verdaderamente autónomo.

La historia

La clasificación en las posiciones universalista, culturalista y crítica resulta conveniente con miras a proporcionar un sentido general del desarrollo histórico de esta controversia filosófica, pero no es suficiente. Tenemos que ofrecer además una descripción más detallada de las posiciones adoptadas por los principales protagonistas de la controversia, para así poder develar los mecanismos internos que las originaron y las condujeron a su desarrollo. Del mismo modo, una indagación más detallada de estas posiciones nos puede ayudar a determinar qué tipo de unidad tiene el pensamiento iberoamericano, si es que acaso tiene alguna.

Los primeros planteamientos explícitos sobre una identidad filosófica iberoamericana se encuentran alrededor de los años cuarenta, en los textos de Leopoldo Zea (1912-2004) y de Risieri Frondizi (1910-1983). La proliferación de la literatura filosófica ya en esa época justificaba —y quizá aun requería— una investigación de este tipo. El número de revistas especializadas, la creación de departamentos de filosofía en diversas universidades y el establecimiento de asociaciones internacionales que habían iniciado la coordinación de las actividades filosóficas en el territorio iberoamericano fomentaron el planteamiento de la cuestión.[8]

Sin embargo, previamente ya se había considerado el problema de las características y el futuro de la filosofía iberoamericana. El primer autor que lo hizo fue el argentino Juan Bautista Alberdi (1810-1884). Como miembro destacado del floreciente movimiento liberal de esa época, Alberdi propuso

---

[8] Para una breve aproximación de la filosofía iberoamericana en el siglo XX, véase Gracia (1988-1989).

sus ideas bajo la influencia de un liberalismo emparentado muy cercanamente
con el racionalismo filosófico, el anticlericalismo y el optimismo con respecto a la industrialización, posiciones muy típicas en la América Ibérica del
siglo XIX. Así, su concepción de la filosofía no se apartaba de las tendencias
básicas de la época. No obstante, Alberdi revelaba una conciencia clara sobre la conexión entre filosofía e identidad cultural que, por obvias razones,
ha acaparado la atención de numerosos filósofos, quienes habrían de
involucrarse en el tema de la filosofía iberoamericana posteriormente.

Según Alberdi, nuestra filosofía está obligada a asumir un carácter social y político íntimamente vinculado a las más vitales exigencias de la región. Ella es una herramienta que puede ayudar a introducir una conciencia
sobre las necesidades sociales, políticas y económicas de las naciones iberoamericanas. Ésta es la razón por la que Alberdi rechaza categóricamente la
metafísica y otras áreas "puras y abstractas" de la filosofía, a las que juzgaba
ajenas a las necesidades nacionales urgentes.[9]

Alberdi no mostró ningún interés en enaltecer el "americanismo" a través de la filosofía, ni tampoco consideró a la disciplina, tal como se practi-
caba en la América Ibérica, como algo idiosincrásico o culturalmente peculiar. Al contrario, concibió a la filosofía como un instrumento para
proporcionar argumentos que socavasen los modelos sociales y económicos
heredados de las instituciones coloniales españolas correspondientes a la
sociedad iberoamericana del siglo XIX. Alberdi propuso la implantación de
una sociedad industrializada sobre la base de principios democráticos y liberales, los cuales percibía como atributos propios de la organización política de los Estados Unidos.[10]

Para tal fin, Alberdi creía necesario eliminar el legado cultural de España y diluir los rasgos raciales distintivos de ciertos sectores de la población
argentina. Del mismo modo que sus correligionarios liberales Domingo
Faustino Sarmiento y José Victorino Lastarria, Alberdi culpó a las características nacionales vigentes de las desventajas económicas de la zona con
respecto a los Estados Unidos y Europa. Con miras a suprimir estos rasgos
debilitantes, Alberdi propuso la industrialización del territorio, la importa-
ción de capital europeo y estadounidense, y el fomento de la inmigración
anglosajona en gran escala, pues consideraba que en esa comunidad existía
una ética de trabajo escasamente presente en la población nativa.[11]

Es notable que Alberdi haya opuesto explícitamente la tecnología a la
identidad cultural, y haya supuesto que la industrialización de la región
eliminaría definitivamente el subdesarrollo cultural de la sociedad ibero-

---

[9] Alberdi (1895-1901), p. 613.
[10] Alberdi (1963), pp. 53-55.
[11] *Ibid.*, p. 69.

americana. Es gracias a esa defensa de la industria que uno comprende cuán lejos se hallaba Alberdi de ser un defensor apasionado del "americanismo" y de la cultura iberoamericana de su época. Por el contrario, fue un enemigo declarado de esta cultura porque creía que se contraponía al desarrollo industrial de la América Ibérica. De allí que la filosofía albergue un doble propósito: por un lado, oponerse al legado cultural del pasado colonial español y, por el otro, encauzar el desarrollo económico, político y social de la región. En este último aspecto, la concepción de Alberdi coincide con los postulados principales del positivismo, la escuela de pensamiento más popular de la América Ibérica en la segunda mitad del siglo XIX.[12]

En rigor, el positivismo —al menos en la versión iberoamericana— abogaba por el desarrollo de la ciencia y la tecnología, rechazaba la religión y la metafísica, y juzgaba a la población nativa como responsable del subdesarrollo económico de la América Ibérica. Mientras pugnaba por divulgar la enseñanza de la ciencia en el sistema educativo iberoamericano, y defendía el proceso de industrialización del territorio, este movimiento también elaboró una serie de teorías raciales que pretendían explicar la "inferioridad" de la población indígena.[13] La razón de este énfasis en lo racial se encuentra íntimamente ligada con la identificación, habitual por aquel entonces, entre la tecnología y lo que se consideraba raza anglosajona. Para muchos positivistas, y también para numerosos liberales, el gran obstáculo de la industrialización se originaba en la población predominantemente indígena y latina, y en su supuesta intransigencia a aceptar la tecnología y al talante anglosajón ceñido a ella.

Uno de los primeros embates que recibió el modelo positivista de desarrollo social y económico estuvo a cargo de José Enrique Rodó (1871-1917).[14] Este pensador uruguayo concibió la distinción entre tecnología y cultura basándose en la analogía entre Ariel y Calibán, antagonismo popularizado por el filósofo francés Renan, que a su vez la había tomado de la obra *La tempestad*, de Shakespeare, y la había empleado como una herramienta de análisis social. La posición de Rodó representa el reverso del optimismo de Alberdi con respecto a la industrialización, a pesar de que simultáneamente aceptó que este fenómeno era una preocupación legítima de los filósofos iberoamericanos. De acuerdo con Rodó, la tecnología no sólo encarna las grotescas cualidades de Calibán, sino que también es la expresión de la

---

[12] Alberdi (1963, pp. 67, 68-69, 73-75) presentó algunas ideas fundamentales sobre orden, progreso e industria, las que han llegado a convertirse en un lugar común en el discurso positivista latinoamericano.

[13] Stabb (1967); Arguedas (1959); Bunge (1903); García Calderón (1979).

[14] Véase Crawford (1961); Arciniegas (1967); Jorrín y Martz (1970); Davis (1972); Gracia (1975).

democracia pragmática de los Estados Unidos. Dos años antes de la guerra entre los Estados Unidos y España, cuando los Estados Unidos emergieron como una potencia mundial, Rodó publicó *Ariel*, obra en la que caracterizó a la industrialización, la política masiva y la expansión estadounidense en el territorio iberoamericano como muestras de la expansión realizada por las fuerzas victoriosas de Calibán.[15]

Mientras Alberdi concebía la eliminación de las características del subdesarrollo de la cultura iberoamericana por medio de la industrialización, y el desarrollo tecnológico como un acervo positivo, Rodó se oponía rotundamente a ello, auspiciando, en cambio, a la misma cultura rechazada por el pensador argentino. Rodó hizo hincapié en las cualidades positivas de la raza latinoamericana,[16] a la cual se aproximó en términos románticos, y le atribuyó una espiritualidad capaz de combatir efectivamente el carácter pragmático del medio industrializado instaurado por los anglosajones.

El pensador uruguayo llevó la confrontación entre tecnología y cultura a un nivel espiritual, donde Ariel, representante de la raza latinoamericana en su cenit, acepta la presencia de Calibán pero sólo con un papel subalterno y restringido. De acuerdo con esta nueva dicotomía, Calibán y Ariel coexisten en un universo en el cual el primero vive en un ambiente meramente económico, mientras que el segundo habita una esfera espiritual más sublime.[17] Por medio de esta ilustración, Rodó rechazó el modelo anglosajón político y social transferido a nuestra América a través de la industrialización, al que percibió como una amenaza para sus ideales espirituales y estéticos. Con todo, su rechazo a la industrialización y a sus implicaciones culturales no lo condujeron a defender a la población autóctona, ni tampoco a identificarse con ella.[18]

Esta defensa e identificación desempeñan un papel central en la obra del filósofo mexicano José Vasconcelos (1882-1959). Este autor adoptó muchas de las ideas de Rodó, en especial las dicotomías tecnología-cultura, latino-sajón y extranjero-autóctono, convirtiéndolas en los ejes centrales de

---

[15] Rodó (1957a); también, véase Jaksiç (1996).

[16] Muchos pensadores que tratan sobre el tema que nos concierne usan el término 'latinoamericano / a' en lugar de 'iberoamericano / a'. Sin embargo, con esto frecuentemente se refieren a lo que aquí he llamado "iberoamericano / a", ya que en general excluyen lo que tiene que ver con la América Francesa. Esto justifica, en muchos casos, el uso de 'iberoamericano / a' en lugar de 'latinoamericano / a' al exponer sus ideas, pero en otros contextos no. En lo que sigue, he tratado de ser fiel a la intención de los autores que expongo.

[17] *Ibid.*, pp. 202, 242.

[18] Rodó estuvo muy lejos de una posición igualitaria *malgré* Fernández Retamar (1974).

la cuestión sobre nuestra identidad cultural. Como promotor de un pana-
mericanismo racial y cultural, Vasconcelos confiaba en que la región lograría forjar una unidad cultural fundada en una amalgama de su profusa variedad racial. La síntesis de las diferentes razas y culturas suministraría los
cimientos mismos de la identidad cultural del territorio, una condición que
él oponía al espíritu anglosajón encarnado en los británicos y estadounidenses por igual.[19] De hecho, Vasconcelos creía que ese espíritu era exclusivo de la raza blanca. Pensaba que, debido a una altura espiritual y una
riqueza racial más altas, la raza latinoamericana podía hacerle frente eficazmente al limitado espíritu anglosajón y a su invención, la tecnología.[20]

Vasconcelos interpretó el conflicto entre latinos y anglosajones como
una "pugna de instituciones, de propósitos y de ideales".[21] Un punto crítico de este conflicto es el intento blanco anglosajón de "mecanizar el mundo", mientras que el latino se esmera en integrar los componentes y las
virtudes de todas las razas existentes en el mundo en una síntesis étnica, a
la cual Vasconcelos denominó la "raza cósmica".[22] Adoptando tanto la
perspectiva de Toynbee referente a la tendencia de las razas a mezclarse,
como la opinión de Mendel relativa a las ventajas del mestizaje, Vasconcelos creyó que esta "raza cósmica" sería el agente responsable de la creación
del más alto nivel posible que la humanidad pudiera alcanzar: un estado
estético-espiritual, donde la tecnología intervendría solamente con un papel
subordinado.[23]

Las ideas de Vasconcelos, como las de Rodó, forman parte de la reacción
en contra del positivismo y de la noción de "progreso" defendida por esta
escuela. Según Vasconcelos, así como muchos otros contemporáneos suyos,
este progreso era sólo de tipo material, pues sofocaba los valores estéticos y
espirituales. Al igual que Rodó, Vasconcelos expuso sus ideas sobre la identidad cultural de la América Latina como una respuesta a la industrialización de la zona. Concibió la oposición entre tecnología y cultura en términos raciales, y sugirió que la gran receptividad y los intereses de la "raza
cósmica" subyugarían las mezquinas intenciones de la raza blanca
anglosajona y sus debilidades inherentes.

El énfasis de Vasconcelos en las peculiaridades culturales de los diferentes grupos étnicos atrajo la atención de muchos intelectuales durante la
primera mitad del siglo xx, especialmente en México, donde la reciente revolución buscaba reivindicar social, económica y culturalmente al sector

[19] Vasconcelos (1957b), p. 920.
[20] *Ibid.*, pp. 926-927.
[21] *Ibid.*, p. 910.
[22] *Ibid.*, pp. 917-942.
[23] *Ibid.*, pp. 930, 931, 935.

indígena de la población. No sólo el arte y la literatura, sino también la filosofía y los ensayos de ideas en general comenzaron a preocuparse por lo que atañe al componente racial.

Samuel Ramos (1897-1959) fue quizá la figura más destacada e influyente entre los intelectuales inspirados por el pensamiento de Vasconcelos. Del mismo modo que Vasconcelos, Ramos rechazó el positivismo prerrevolucionario de México, aunque más desde un enfoque humanístico que en términos espirituales y estéticos. Sugirió que la notoria escasez de humanismo en nuestro continente se debía en gran parte a la herencia positivista.[24] El desarrollo de este humanismo, que consideraba un componente esencial de cualquier pensamiento latinoamericano genuino, estaba obstaculizado por "la invasión universal de la civilización maquinista", calificativo con el que aludía a la industrialización.[25] De esta forma, Ramos contrastó el humanismo, al que consideró el vehículo para la liberación de los latinoamericanos, con la tecnología imperante que empezaba a caracterizar a la civilización moderna; la civilización mecanizada, desde su punto de vista, en lugar de fomentar el desarrollo humano, estaba llegando a ser una "carga pesada" que amenazaba con "desnaturalizar" a hombres y mujeres.[26]

Para Ramos la tecnología, concebida al modo de Vasconcelos, tenía un fundamento racial. El hombre blanco —particularmente el anglosajón estadounidense— se sentía como en casa con el uso de la tecnología, debido a una "voluntad de poder", ausente por lo general en los habitantes de México o de la América Latina.[27] Consideraba que su país estaba amenazado por el creciente poder de los Estados Unidos en lo que respecta a la economía y la tecnología, y lo instó a permanecer alerta ante esta penetración, por si sus pueblos se tornaran en "autómatas".[28] Sin embargo, no mantuvo una actitud plenamente antagónica frente a la tecnología, y sugirió que ésta presentaba ciertos aspectos positivos, en especial cuando se le sometía al control y se utilizaba en beneficio de la gente. Su aspecto más valioso consiste en la capacidad de liberar a la población del trabajo físico, permitiéndole dedicar su tiempo a la realización de ideales más nobles.[29]

Ramos inauguró una nueva corriente en el pensamiento iberoamericano que destacó las características autóctonas y nacionales como principios de la actividad filosófica. En contraste con Vasconcelos, quien concibió la identidad cultural en términos continentales, puso énfasis en la dimensión na-

---

[24] Ramos (1963), p. 143.
[25] *Ibid.*, p. 145.
[26] *Ibid.*, p. 146.
[27] *Ibid.*, p. 148.
[28] *Ibid.*, p. 151.
[29] *Ibid.*, p. 152.

cional, y sólo por implicación en la de América Latina en general. El estudio
de lo mexicano alcanzó una expresión completa con Ramos, quien suminis-
tró las bases para la tendencia culturalista de nuestra filosofía.[30] No obstante, los investigadores de su pensamiento han reinterpretado lo mexicano en
un sentido más optimista que el desarrollado por el autor mismo.[31] En verdad, su concepción de un "complejo de inferioridad" como constituyente
fundamental del carácter mexicano, y su escepticismo frente a la posible
integración de los sectores marginales de la población en el curso principal
de la sociedad, se encuentran muy lejos de expresar un optimismo absoluto
con respecto a lo mexicano.[32]

Con todo, el contraste entre Vasconcelos y Ramos, por más marcado
que pueda parecer, se torna insignificante en el contexto de su perspectiva
común sobre el poder de la tecnología. Ambos vislumbraron en la tecnología una amenaza no sólo para la identidad cultural de la América Ibérica,
sino —y muy concretamente— para la vida espiritual en general. Ellos, junto a Rodó, contrastaron la tecnología con la vida espiritual y coincidieron
en concebir la última en términos estéticos y distinta de las tendencias de
masas de la tecnología contemporánea. Ortega y Gasset, quien influyó notablemente en Ramos, había popularizado esta opinión acerca de la tecnología en su *Meditación de la técnica,* donde sugirió que el vacío espiritual
—que según él caracteriza a la vida moderna— era un producto directo del
desarrollo de la tecnología.[33] Tanto en España como en la América Ibérica,
los intelectuales percibieron la tecnología no sólo con cierto escepticismo,
sino incluso, en algunos casos, con manifiesta hostilidad.

El pensamiento iberoamericano en relación con la tecnología y su impacto cultural sobre la región encuentra una exposición teórica más balanceada en Félix Schwartzmann (n. 1913). Este pensador chileno concibió el
impacto cultural de la introducción de la tecnología como un fenómeno que
no se restringe a la América Latina, sino que afecta al mundo entero. De
modo opuesto a las posiciones adoptadas por sus predecesores, consideró
que la reacción ante el proceso de "occidentalización de la técnica" constituye una realidad por sí misma.[34] De allí que él haya propuesto que la reacción latinoamericana en contra de la modernidad y la tecnología revela algunos de los más típicos elementos constituyentes de la identidad del

[30] La influencia de Ramos se extiende más allá de la filosofía. Entre los literatos
a los que influyó se encuentra Octavio Paz.
[31] Por ejemplo, Zea (1948), pp. 160-161 concibe lo mexicano como una de las
bases de la filosofía latinoamericana.
[32] Ramos (1963), pp. 69-87.
[33] Ortega y Gasset (1957), p. 85.
[34] Schwartzmann (1950), vol. I, p. 111.

territorio.[35] La soledad del hombre latinoamericano, su incapacidad para autoexpresarse y su búsqueda de vínculos humanos genuinos son algunos de los rasgos más importantes que Schwartzmann atribuyó como respuestas latinoamericanas en contra del fenómeno universal de la modernidad, cuya característica principal radica en ser impersonal.[36] Sin embargo, esto no se restringe a la América Latina, puesto que aun lo que parece ser regionalmente peculiar, como el énfasis en la naturaleza, resulta común a toda respuesta cultural ante el advenimiento global de la modernidad. En su indagación sobre estos rasgos culturales propios, examinó la literatura, la poesía y los ensayos de ideas en la región, y encontró rasgos tanto autóctonos como universales que al juntarse producen una expresión cultural única, la cual denominó "el sentido de lo humano en América".[37]

El lugar de Schwartzmann en la controversia sobre la identidad iberoamericana es, pues, similar y diferente al de Ramos. Es similar tanto en la búsqueda de características comunes que expliquen un fenómeno común como en considerar a la tecnología un elemento importante en la investigación de esas características. Pero es diferente en otros aspectos. En primer lugar, el acento de Schwartzmann está puesto en la América Latina, mientras que Ramos se concentra en México. En segundo lugar, el análisis de Schwartzmann comprende expresiones de la llamada alta cultura, más que los fenómenos sociopsicológicos particulares, como en el caso de Ramos. Finalmente, Schwartzmann asumió una posición distinta de la de Ramos con respecto a la extensión y la naturaleza de la tecnología.

La década de los cuarenta fue un periodo en el que los intelectuales examinaron la cultura iberoamericana y se empeñaron en aprovecharla como fuente para el pensar filosófico. Una generación de autores mexicanos inspirados por el perspectivismo de Ortega, hecho popular por los exiliados españoles, especialmente José Gaos,[38] sugirió que las "circunstancias" culturales de la zona suministran las condiciones para el desarrollo de una filosofía original iberoamericana. Leopoldo Zea, líder de estos intelectuales, aseveró que cualquier tipo de reflexión filosófica forjada en la región podía clasificarse como "filosofía latinoamericana" en virtud de la íntima relación existente entre filosofía y cultura.[39] También sugirió que la filosofía latinoamericana tiene un fundamento histórico, debido a que el hombre latinoamericano siempre ha reflexionado sobre su situación desde una perspectiva vitalmen-

[35] *Ibid.*, pp. 111-112, 104.
[36] *Ibid.*, p. 104.
[37] *Ibid. [loc. cit.]*.
[38] Gaos (1952b), pp. 53-54, 88.
[39] Zea (1948), p. 166.

te latinoamericana.[40] En este sentido, aun la reflexión filosófica carente de originalidad —resultado de la mera imitación— podría calificarse como filosofía latinoamericana en virtud de su historicidad y del hecho de que surge como respuesta a circunstancias vitales específicas. De allí que Zea haya afirmado categóricamente la existencia de una filosofía latinoamericana. No obstante, es importante notar que él nunca se sintió obligado a corroborar sus tesis, como sí lo hiciera Schwartzmann en la literatura y las artes: no procedió formulando sus teorías sobre la base de un etos peculiar, manifestado por la cultura de la región. Al contrario, al igual que muchos otros de su generación, sus ideas se basaban en una concepción *a priori* de la filosofía —originada en la filosofía de Ortega— la cual estipula que esta disciplina es un producto histórico que surge a partir de perspectivas particulares.

El sentimiento nacionalista que caracterizaba a la política de la mayoría de los países iberoamericanos de esa época, especialmente en México, ayudó a promover las ideas de Zea sobre la existencia y la naturaleza de la filosofía latinoamericana. Partidarios y adversarios de esta concepción de la filosofía dejaron escuchar sus opiniones rápidamente a lo largo del territorio. Abelardo Villegas, Diego Domínguez Caballero y Guillermo Francovich se encuentran entre los defensores de la perspectiva culturalista de Zea.[41] Entre los adversarios, Frondizi se destaca como un líder. Para él y para los que se oponen a Zea y sus discípulos, la filosofía tiene que distinguirse del nacionalismo cultural, y debe considerarse independientemente de los límites geográficos: correspondería hablar de la filosofía *en* América más que de una filosofía *de* América.[42] Como previamente había señalado Francisco Romero, la filosofía no tiene apellidos, es decir, es necesario concebirla como una disciplina de naturaleza universal.

El mismo Vasconcelos, cuya obra refleja en muchos sentidos una perspectiva culturalista, adoptó una posición universalista cuando hablaba de la naturaleza de la actividad filosófica. Incluso llegó a rechazar explícitamente la existencia de una filosofía particularmente latinoamericana sobre la base del carácter universal de la disciplina, aunque reconoció que es una prerrogativa de cada cultura repensar los grandes temas de la filosofía universal. El nacionalismo filosófico no tiene cabida en su pensamiento.[43]

La polémica que súbitamente circunscribió la cuestión sobre la existencia de una filosofía iberoamericana en los años cuarenta tuvo como consecuencia, en muchos casos, la pérdida del foco sobre la identidad cultural

[40] *Ibid.*, p. 201.
[41] Villegas (1963); Domínguez Caballero (1968); Francovich (1956; 1968).
[42] Frondizi (1949).
[43] Vasconcelos (n. d.), pp. 109-110.

que había caracterizado el pensamiento filosófico iberoamericano precedente, y que, en muchos aspectos, era responsable de este nuevo escenario. La controversia sentó un precedente para el estudio de la cultura, de manera que éste se separó más y más del análisis contemporáneo del fenómeno cultural. Los mismos culturalistas, quienes basaban sus concepciones sobre la filosofía iberoamericana en una perspectiva cultural, han proporcionado escasos testimonios sobre el etos cultural de la región, y con frecuencia se refieren a la cultura con términos muy generales.

Eduardo Nicol (1907-1990), uno de los miembros de la generación de los exiliados establecidos en la América Ibérica después de la guerra civil española, es uno de los primeros que reanudaron la búsqueda de un etos que pudiese definir a la cultura iberoamericana. Propuso la noción de "hispanidad" como el núcleo de la identidad tanto española como iberoamericana.[44] Según él, este concepto unifica los aspectos lingüísticos y culturales de ambas áreas geográficas, y confiere un carácter distintivo a estas regiones, aunque, a fin de cuentas, no las consideraba separadas del resto del mundo. En un vuelco completamente opuesto al pesimismo con el que muchos intelectuales anteriores a él habían juzgado a la técnica, Nicol sugirió que cualquier tipo de unidad que tenga el mundo se debe a la ciencia y la tecnología. La última, en efecto, brinda una oportunidad para la integración mundial, y ni el "perspectivismo" orteguista ni el existencialismo —productos de una cultura de crisis— son capaces de fraguar esta integración. Desde su perspectiva, estas filosofías suministran una razón para promover el regionalismo y el separatismo culturales en medio de un mundo en proceso de consolidación por la ciencia y la tecnología.

El ataque de Nicol a uno de los productos del regionalismo cultural, el "indigenismo", lo lleva a justificar, e incluso minimizar, la cuestión políticamente controvertida referente a los efectos de la colonización española en la América Ibérica. Retomando planteamientos esgrimidos por Alberdi, acusó al indigenismo de obstaculizar la integración económica y tecnológica de la región. Sugirió que sus partidarios se sentían amenazados por el poder integrador de la ciencia y la tecnología, y que esta capacidad unificadora no podría sino producir una "mutación" o una perturbación de los "fundamentos de vida" imperantes en la América Latina.[45] Pero Nicol no encontraba nada negativo en este proceso. Al contrario, lo veía como un paso efectivo hacia una "meditación sobre el propio ser" lo cual favorecería, en última instancia, a instaurar un etos cultural basado en la hispanidad. Simultáneamente, esto conduciría a una actitud positiva en relación con la tecnología

---

[44] Nicol (1961), pp. 53, 61-64, 161.
[45] *Ibid.*, p. 54.

y, finalmente, acabaría con el subdesarrollo económico del territorio.[46]

La postura de Nicol argumenta a favor de una unidad total hispánica basada en rasgos comunes a españoles e hispanoamericanos, por lo que se opone a la posición que presento en este libro. Además, excluye de este grupo a los portugueses y brasileños, y deja sin explicación la base de la unidad de los grupos étnicos iberos e iberoamericanos. Finalmente, su punto de vista se extiende a la cultura, en general, y a la filosofía, en particular, característica que, asimismo, lo separa de sus predecesores en esta controversia.

Perspectivas fenomenológicas de influencia heideggeriana, como la de Ernesto Mayz Vallenilla (n. 1925), también se han empleado en el análisis filosófico de nuestra identidad cultural. De acuerdo con este autor, la cultura latinoamericana se funda históricamente en la "expectativa" del hombre latinoamericano por "llegar a ser".[47] Esta preocupación suscita un "temple de conciencia" peculiar que define la naturaleza más fundamental del hombre de la región. La definición de Mayz Vallenilla representa un intento por comprender la cultura en términos ontológicos, tentativa que lo exime de cotejar en detalle las expresiones literarias, artísticas y sociales. Sin embargo, en una obra subsiguiente, retomó el hilo del asunto donde explícitamente se relaciona la tecnología y la cultura en la América Latina, revelando la intención de aplicar sus ideas a la tecnología. En efecto, sugirió que la tecnología, que tiene entre sus atributos más resaltantes cierta tendencia hacia el incremento del "anonimato" y la "homogeneidad", está encauzada a destruir un etos latinoamericano fundamentado en la peculiaridad, la originalidad y una "expectativa" en torno al futuro.[48] Consecuentemente, entiende la confrontación entre el etos cultural latinoamericano y la tecnología como un auténtico "desafío".[49]

Resulta revelador que esta confrontación haya conducido a Mayz Vallenilla a tratar los fenómenos tecnológicos en términos filosóficos, pues al hacerlo recuperó uno de los temas básicos del pensamiento iberoamericano, el cual había sido desplazado temporalmente por la controversia sobre la existencia de la filosofía iberoamericana y su naturaleza particular.

No debería sorprendernos que ninguna de estas diferentes interpretaciones acerca de la identidad cultural iberoamericana haya llegado a establecerse, ya que ni el "complejo de inferioridad" —término utilizado por Ramos para referirse al carácter mexicano— ni la "raza cósmica" de Vascon-

---

[46] *Ibid.*, pp. 67-68, 94.
[47] Mayz Vallenilla (1969), pp. 69, 90.
[48] Mayz Vallenilla (1976), p. 6.
[49] *Ibid.*, p. 15.

celos, ni el sentido particular de lo humano propuesto por Schwartzmann, ni la "hispanidad" de Nicol, ni la "expectativa" de Mayz Vallenilla se pueden verificar. En efecto, actualmente no existe un consenso con respecto al carácter de la cultura iberoamericana, y las definiciones y descripciones ofrecidas hasta el momento son, con frecuencia, demasiado abstractas y generales como para lograr adeptos.

La ausencia de una aceptación general en torno a la noción de cultura iberoamericana también repercute en lo que se refiere a la noción de una filosofía iberoamericana. Ésta es una de las razones por las que, durante los años sesenta, diversos autores retomaron este problema, mas no dentro de un marco universalista o culturalista. Es entonces cuando surge la perspectiva crítica de la que hablamos anteriormente. Estos pensadores plantearon el tema general de la identidad en la América Ibérica y el asunto más específico de la identidad filosófica de la región en términos sociales y de ideología, opresión y dominación.

Por ejemplo, Augusto Salazar Bondy (1926-1974) consideraba que la filosofía en la América Ibérica era el terreno de las élites intelectuales. Estas minorías tomaron prestados los modelos de la cultura europea acríticamente, sin una metodología rigurosa y definida, y sin una conciencia sobre la situación de otros grupos sociales. A la luz de esta reflexión, los problemas de la cultura y la filosofía sólo aparecen como tales para una pequeña minoría de intelectuales enajenados del resto de la sociedad, y de las dificultades sociales, económicas y políticas.[50] Esta posición, compartida por Juan Rivano (n. 1926), sugiere que la historia de la controversia con respecto a la existencia de una filosofía iberoamericana y a su naturaleza revela una falta de interés entre los intelectuales por los problemas más urgentes de sus respectivas comunidades.

A pesar de lo expuesto, este último autor también se ocupa de la tecnología, al proponer que parte de su verdadera naturaleza reside en provocar una crisis de identidad cultural. Al igual que Schwartzmann y Nicol, Rivano afirma que la crisis no se restringe a nuestra América: la naturaleza de la tecnología consiste en extender su influencia sobre todo el orbe, en un proceso al que llama "totalización tecnológica".[51] De este modo, asevera que la cuestión de la identidad cultural de la región tiene que verse dentro del contexto del fenómeno global de la tecnología. También, como lo hiciera Mayz Vallenilla, Rivano desarrolla una serie de categorías que cree imprescindibles para comprender las cuestiones tecnológicas desde un punto de vista filosófico.

Aquellos que se adhieren a la posición universalista reaccionan de inme-

---

[50] Salazar Bondy (1968, "Una interpretación").
[51] Rivano (1971).

diato frente a esta última postura sobre el problema de la identidad filosófica iberoamericana. Entre ellos se encuentra Fernando Salmerón (1925-1997), quien, a pesar de haber presentado rasgos "culturalistas" al comienzo de su carrera filosófica,[52] rechazó, en los años subsiguientes, tanto el culturalismo como el enfoque crítico. Según él, corresponde distinguir dos concepciones diferentes de la filosofía. A la primera la describe como una "sabiduría o concepción del mundo [...] que, en rigor, no es otra cosa más que la expresión de una actitud moral".[53] En este sentido, es posible admitir una posición como la de Salazar Bondy, por ejemplo. Pero la palabra 'filosofía' se entiende también —y más estrictamente— para "referirnos a una determinada empresa intelectual, analítica y teórica, que, dominada por una energía propiamente científica, se enfrenta a problemas de diversa índole —por ejemplo lógicos, epistémicos, semánticos— haciendo uso de ciertos métodos sobre los cuales hay un acuerdo general".[54] Si la filosofía se concibe de esta manera, entonces ni la posición culturalista ni la crítica tienen sentido.

En los últimos años se ha añadido una nueva dimensión a la controversia que rodea a la filosofía iberoamericana: el intento de comprender y localizar la controversia misma y su estudio en términos históricos, además de estudiar sus orígenes, límites y temas. Francisco Miró Quesada (n. 1918) es uno de los pensadores más importantes que han propuesto esta línea de estudio, habiendo analizado las causas, los resultados y el futuro de la controversia, así como las ideas propuestas por muchos autores pertinentes. Según este filósofo, la situación que originó el tema de la identidad es algo que él llama "vivencia de desenfoque". Asimismo, señala que el esfuerzo por sobreponerse a esta desorientación "es la clave que nos descubre el filosofar latinoamericano".[55] La cuestión, pues, no es determinar si existe o puede existir una filosofía latinoamericana, sino más bien la investigación misma sobre la preocupación de este tópico y su futuro.[56]

La controversia ha seguido creciendo, captando en gran medida el interés de los partidarios de todas las tradiciones filosóficas, con excepción de la filosofía analítica. Existencialistas, fenomenólogos, tomistas, kantianos y orteguistas se han sentido atraídos a explorar el tema. Pero, en vista de que ninguna de las diversas interpretaciones de la identidad cultural iberoamericana se ha aceptado ampliamente, ha sido imposible arribar a un consenso sobre la noción de filosofía iberoamericana.

En este contexto, en los setenta, aparece el movimiento conocido como

[52] Salmerón (1952).
[53] Salmerón (1969), p. 29.
[54] *Ibid. [loc. cit.].*
[55] Miró Quesada (1976, sección 3).
[56] Otro ejemplo es Sambarino (1980).

"filosofía de la liberación". Para filósofos como Enrique Dussel (n. 1934), Horacio Cerutti Guldberg (n. 1950) y Arturo Andrés Roig (n. 1922), la tarea primordial de la filosofía en la América Latina radica en la liberación social y nacional de las relaciones injustas, como la de dominador-domina-do, que han caracterizado tradicionalmente al territorio latinoamericano. Para Roig en particular, esto conlleva a una integración de los pueblos lati-noamericanos cimentada en la conciencia de la historicidad del hombre americano y de la historia de la filosofía en la América Latina. Rechazando lo que juzga ser un formalismo y ontologismo propios de la filosofía acadé-mica tradicional, propicia en cambio una filosofía de compromiso que bus-ca conceptos integradores en la América Latina. La novedad de esta filoso-fía, según él, se encontrará en el discurso político de los sectores marginados y explotados de la sociedad, el cual promoverá un pensamiento auténtico que sirva para edificar la humanidad del hombre.[57]

El último capítulo de esta controversia, y que aún se encuentra en pro-ceso de desarrollo, es el esbozado por los posmodernos. Siguiendo la vene-rable tradición de aplicar las ideas europeas a los asuntos iberoamericanos, algunos autores de la región han iniciado una reflexión *sobre* la reflexión en torno a la identidad cultural y filosófica de la América Ibérica. Su interés se centra en lo que la reflexión histórica sobre la identidad latinoamericana pueda revelarnos. Así, el objeto de su análisis no es la identidad de la Amé-rica Ibérica, ni la historia del pensamiento iberoamericano que se ocupa del tema, sino el discurso iberoamericano sobre la identidad y lo que éste revela acerca de sí mismo.[58]

La contribución hispano-estadounidense

Un acápite de esta controversia se encuentra en la aportación de los filóso-fos hispano-estadounidenses. Se podría esperar que la polémica concerniente a la identidad de la filosofía iberoamericana hubiese pasado inadvertida para los hispanos que viven en los Estados Unidos. Sin embargo, unos cuan-tos de estos filósofos han tratado el tema, y no solamente desde un punto de vista histórico o académico. En lugar de las investigaciones eruditas y asépticas que uno hubiera esperado, estos pensadores han producido análi-sis que los han involucrado con la controversia misma. ¿Por qué? ¿Qué es lo

---

[57] Roig (1986), pp. 255-257.
[58] Castro-Gómez (1996) plantea este asunto en términos latinoamericanos en lugar de iberoamericanos, aunque no está claro que incluye a la América Francesa.

que esto revela acerca de los hispanos residentes en los Estados Unidos y de nuestras relaciones con la América Ibérica?

Quizá debamos empezar con algunos datos que pueden tener cierta pertinencia. Sólo existen cuatro filósofos hispano-estadounidenses que han abordado el tema de la identidad filosófica iberoamericana con cierta profundidad. Existen, además, especialistas en otras disciplinas que han hecho lo propio con el tópico, pero nuestro interés aquí está restringido a la filosofía y a los análisis filosóficos, por lo que omitiré la referencia a los demás autores. Los cuatro filósofos en cuestión son Óscar Martí, Vicente Medina, Ofelia Schutte y quien suscribe.

Diversos factores se distinguen en este grupo. Los cuatro son cubanos emigrados a los Estados Unidos, y tres de ellos pasan de los cincuenta años de edad, mientras que uno está en los años cuarenta. Dos enseñan filosofía en programas de posgrado, y los otros dos son profesores de pregrado, pero los cuatro enseñan en estados donde se concentra una población cuantiosa de hispanos: Nueva York, Nueva Jersey, California y la Florida. Para dos de ellos el campo de especialización es el pensamiento iberoamericano; los otros, en cambio, trabajan en otras áreas, aunque mantienen un interés por el tema. De estos datos no puede inferirse mucho, aunque un hecho significativo puede ser que todos ellos nacieron fuera de los Estados Unidos, pues explicaría su interés por el asunto. Quizá se sientan más cercanos a la América Ibérica que los hispano-estadounidenses nacidos en el país.

La primera publicación sobre este tema en los Estados Unidos corresponde al artículo "Is there a Latin American philosophy?" (1982), de Óscar Martí, el cual, en líneas generales, no toma una posición definida. Señala que hay dos formas posibles de interpretar esta interrogante: 1) ¿Existen filósofos latinoamericanos? 2) ¿Existe una filosofía que sea específicamente latinoamericana? La respuesta a la primera pregunta es, por lo común, afirmativa, y Martí está de acuerdo; no obstante, la respuesta a la segunda es controvertida, porque depende de la concepción filosófica que se tenga. Quienes conciben la filosofía en términos universalistas responden negativamente; por el contrario, los culturalistas se expresan en forma positiva.

Martí rehúsa asentir en favor de una de estas posiciones que excluya a la otra, de manera que no ofrece una respuesta a la cuestión de la filosofía latinoamericana entendida en el segundo sentido; más bien opta por una posición intermedia donde la filosofía se entiende como "su historia y los intentos de resolver los problemas que vemos como universales".[59] A fin de cuentas, prefiere mantenerse neutral, aunque acepta que el modo en que ha planteado la cuestion implica cierto compromiso.

[59] Martí (1984), p. 51.

Casi contemporáneo al artículo de Martí se publicó "The problem of philosophical identity in Latin America: history and approaches" (1984), escrito por Iván Jaksiç y quien suscribe. A éste le siguió una sección en un libro que edité en 1986 sobre filosofía latinoamericana en el siglo XX donde presenté el tema e incluí textos de Leopoldo Zea, Augusto Salazar Bondy y Arturo Andrés Roig. Otras dos publicaciones referentes al tema prosiguieron, pero se publicaron en castellano: *Filosofía e identidad cultural en la América Latina* (1988), una antología preparada con Jaksiç, en la cual recopilamos la mayoría de los textos clásicos relacionados con la controversia, y un artículo mío titulado "Zea y la liberación latinoamericana" (1992).[60]

El contenido de las tres primeras publicaciones contiene un resumen de las secciones previas a este capítulo. Sin embargo, en el último artículo propuse un modo de entender la filosofía iberoamericana a través de la idea de la liberación. Mi argumento radica en que la historia del pensamiento iberoamericano puede verse como una progresiva búsqueda de liberación en varios sentidos, la cual culmina con el pensamiento liberacionista contemporáneo. Las bases de esta búsqueda se encuentran a lo largo de la lucha por la liberación política y religiosa conocida como la Reconquista, y en la liberación espiritual y civil de los amerindios de la escolástica colonial. A esto le siguió una conciencia más explícita de la necesidad de liberación en la lucha por la independencia política, la lucha económica por el desarrollo y el progreso propuesto por los positivistas del siglo XIX, en la lucha individual y moral en contra del mecanicismo y del determinismo positivistas a comienzos del siglo XX, y con las campañas culturales e intelectuales subsecuentes para el establecimiento de las identidades nacionales y latinoamericana. Este proceso tomó quinientos años, y culmina en la filosofía y teología de la liberación, las cuales pretenden hacer de la idea de liberación misma el concepto central de la reflexión en la América Ibérica y extenderlo a todos los aspectos de la experiencia latinoamericana.

De esta manera sostuve que el deseo de liberación se presenta como una constante en la vida intelectual del pensamiento iberoamericano, y revela tanto su condición marginada y sometida a través de la historia, como la conciencia de esa condición. Esto no quiere decir que esa condición y esa conciencia sean idiosincrásicamente características del pensamiento iberoamericano; puede haber otras historias intelectuales que revelen un énfasis similar. La preocupación por la liberación no es parte necesaria ni suficiente de la filosofía iberoamericana; constituye, meramente, una característica basada en un juicio limitado a la historia del pasado intelectual iberoamericano.

Luego de la obra de Jaksiç y Gracia, dos trabajos de Ofelia Schutte

---

[60] Gracia (1992a).

merecen mención aquí. El primero, "Toward an understanding of Latin-American philosophy: reflections on the foundations of cultural identity", apareció en 1987; el segundo, *Cultural identity and social liberation in Latin American thought,* es una monografía sustancial publicada en 1993, la cual integra su obra anterior, incluido el artículo mencionado. Allí exhibe una perspectiva original que difiere de las aproximaciones estándar sobre el tema.

El interés de Schutte no se relaciona primariamente con la cuestión de la identidad filosófica, sino más bien con la de la identidad cultural, aunque a través de la última nos presenta una nueva interpretación de la historia de la filosofía del siglo XX en la América Latina. Esta interpretación se efectúa desde una perspectiva sociopolítica, donde el punto de vista de algunas voces marginadas, como el del marxismo heterodoxo de José Carlos Mariátegui (1894-1930) y el de las mujeres, ocupa un lugar destacado, y en el cual el concepto de liberación asume un papel primordial. Este sutil análisis histórico-filosófico muestra cómo aun algunos autoproclamados campeones de la liberación latinoamericana, como Zea y Dussel, no cumplen con las expectativas requeridas, en cuanto que adoptan frecuentemente categorías masculinas y europeas, y eluden una comprensión real de aquello que proponen liberar. La verdadera liberación debe calar más a fondo, y recoger las perspectivas culturales y las categorías conceptuales de aquellos a quienes se desea liberar: al pobre, a la mujer, y a casos similares, se les debe permitir expresarse por sí mismos y en sus propios términos. Es su identidad la que está en cuestión, y cualquier comprensión de ella tiene que surgir de adentro.

Schutte afirma que existe una tradición establecida en el pensamiento iberoamericano que se dedica a los temas de la identidad cultural y de la liberación social. En este punto su tesis no es controvertida sino descriptiva. Sin embargo, va más allá al señalar que esta concepción de la identidad cultural muy frecuentemente se emplea "para bloquear el proceso de liberación social [...]"[61] y para prescribir su abolición.[62] Su posición consiste en que tanto la identidad como la diferencia radican en la necesidad humana de dar significado a la existencia propia; no obstante, esta búsqueda debería apuntar a una identidad flexible que permanezca abierta a la evolución y la transformación. Al rechazar cualquier tipo de esencialismo, separatismo o superioridad cultural, Schutte defiende el derecho iberoamericano de asumir e integrar elementos de otras culturas en un sentido auténtico de mestizaje.

Una de las aportaciones más recientes a la polémica sobre la identidad

[61] Schutte (1993), p. 239.
[62] *Ibid.,* pp. 240-241.

filosófica iberoamericana es el artículo "The possibility of an indigenous philosophy: a Latin American perspective" (1992), de Vicente Medina. Este autor sostiene que si el término 'filosofía latinoamericana' posee algún sentido claro, se refiere a una o más de las siguientes acepciones: 1) Una literatura específica que trata sobre la posibilidad de una filosofía latinoamericana; 2) algunas características exclusivas que generalmente son ciertas respecto de la filosofía latinoamericana, y 3) la llamada filosofía de la liberación. Enseguida explica que la primera posibilidad no tiene consecuencias filosóficas interesantes; el desafío de la segunda consiste en encontrar una característica idiosincrásica a la filosofía latinoamericana; y la tercera es por lo menos dudosa y a lo más incoherente, porque implica una ideología y, por lo tanto, una concepción deficiente de la filosofía en cuanto que no deja lugar para ciertos principios universales, como las leyes lógicas. La conclusión obvia que se desprende de todo esto es que no existe una concepción de la identidad filosófica latinoamericana que sea filosóficamente interesante, incuestionable, coherente y sustancial. La única concepción de este estilo de esa identidad, y que implique ciertas características comunes necesarias, suficientes, o necesarias y suficientes, no se ha podido establecer todavía.

En fin, ¿se puede llegar a alguna conclusión a partir del análisis de la identidad iberoamericana que nos han dado los hispanos residentes en los Estados Unidos? En primer lugar, las aproximaciones son diversas, pero reflejan los análisis que encontramos en la América Ibérica. Dos se dedican exclusivamente al tema de la identidad filosófica iberoamericana (Martí y Medina), mientras que las otras comprenden tanto la filosofía como la cultura (Gracia y Jaksiç, Gracia y Schutte). Dos son exclusivamente sistemáticas (Martí y Medina), mientras que las demás incluyen también aspectos históricos. Una (Martí) se mantiene neutral frente a los temas cruciales, pero el resto manifiesta fuertes posiciones. Si bien algunas de las ideas presentadas por estos autores coinciden con ciertas tesis defendidas en la América Ibérica por filósofos iberoamericanos, en todos los casos se dan elementos originales.

Por otro lado, existen algunos componentes fundamentales que los diferencian de la controversia de la identidad en la América Ibérica. Por ejemplo, en ninguna de las investigaciones hispano-estadounidenses se encuentra el énfasis en el contraste entre la América Ibérica y la Anglosajona que, no obstante, se halla frecuentemente en las exploraciones iberoamericanas. Tampoco se advierte esa preocupación por la tecnología que, en general, abunda en los escritos iberoamericanos. Por último, se revela un tono más desapasionado y menos nacionalista en contraste con el tono apasionado y nacionalista de muchas investigaciones iberoamericanas sobre el tema.

Estas similitudes y diferencias entre los hispano-estadounidenses y los iberoamericanos no deberían provocar asombro alguno. Se podría intentar explicar las similitudes por el hecho de que los cuatro autores cuyas posiciones hemos presentado son iberoamericanos de nacimiento y, por lo tanto, comparten mucha historia con otros iberoamericanos. Las diferencias se pueden explicar como el resultado de la eventualidad de que ellos residan en los Estados Unidos y hayan estudiado, en parte, en ese país. Como estadounidenses, difícilmente podrían compartir algunas de las actitudes típicas reflejadas en la literatura iberoamericana sobre la identidad filosófica y cultural.

Conclusión

La historia de la búsqueda de una identidad filosófica iberoamericana es algo más que un simple cúmulo de temas y autores. Para empezar, la relación entre filosofía e identidad cultural en la América Ibérica proporciona un tópico constante de investigación desde la época de Alberdi. En muchos casos las definiciones de filosofía y cultura carecen de precisión, pero, así y todo, manifiestan el esfuerzo de los pensadores iberoamericanos por encarar los problemas culturales con la ayuda de la filosofía. Por ejemplo, el problema del impacto de la tecnología en la cultura ha sido un tema recurrente en los escritos filosóficos iberoamericanos. Esta reflexión sobre la tecnología en una región geográfica que, se podría decir, está sometida al impacto de la modernización, concertó la atención de muchos pensadores iberoamericanos precisamente a causa de la magnitud de este acontecimiento en la cultura de la región, tal como se revela en su literatura, poesía y ensayo. A la vez, esto cedió paso a una variedad de concepciones sobre la naturaleza y el objetivo de la filosofía iberoamericana.

La controversia concerniente a la identidad filosófica y cultural de la América Ibérica ilustra bien algunos de los aspectos que surgen y deben surgir en las investigaciones acerca de la identidad cultural y de grupo. En efecto, encaja perfectamente con la teoría general defendida en este libro en la medida en que muestra que no existe una propiedad común claramente evidente en todo el pensamiento iberoamericano que pueda servir para distinguirlo de otros. Además, patentiza debidamente la marcada interacción entre el pensamiento iberoamericano e ibérico. Por ejemplo, no sería posible explicar el desarrollo de la filosofía iberoamericana en el siglo XX sin mencionar a Ortega o a los exiliados. También esto provee un buen contraste entre la vida de nuestra comunidad filosófica y las otras, dejando en claro que existe cierta unidad entre nosotros que no compartimos con el mundo filosófico anglosajón, por ejemplo. Las constantes referencias a las discrepancias entre nosotros y la América Anglosajona en los escritos sobre nuestra identidad cultural y filosófica deberían haber esclarecido ese punto. El énfasis en un tipo de mestizaje cultural y conceptual también se registra en la historia intelectual iberoamericana. La falta de un acuerdo y uniformidad, la diversidad en las aproximaciones y la complejidad de las perspectivas apuntan a la ausencia de homogeneidad y fusión dentro de una comunidad históricamente relacionada y vitalmente activa. La tensión entre categorías más generales y particulares, entre la América Ibérica y Panamá o México, revela la misma dialéctica que se aplica a los análisis sobre una identidad total a los hispanos *versus* la identidad de peruanos, dominicanos, sudamericanos o hispano-estadounidenses. Más aún, la carencia de una definición clara, la ausencia de una propiedad común a una familia interrelacionada histórica y estrechamente, deja las puertas abiertas hacia el futuro. Y, por último, en definitiva, también podemos constatar aquí el mismo sentido de marginación y de inferioridad que impregna las investigaciones sobre la identidad hispánica en general.

CAPÍTULO 7

Forasteros en nuestra propia tierra: los hispanos en la filosofía estadounidense

UN LIBRO ACERCA DE LA IDENTIDAD HISPÁNICA escrito en los Estados Unidos no puede ignorar nuestra situación dentro de la sociedad estadounidense, pero este tema es demasiado extenso como para tratarlo aquí adecuada y comprensivamente. Por esta razón, propongo más bien explorar un aspecto específico de él que pueda ayudarnos a entender el tema más amplio. La situación de los hispanos en la filosofía estadounidense nos servirá como ilustración para esclarecer el lugar que ocupamos en los Estados Unidos en general.

Cuando se considera la situación de los hispanos en la filosofía estadounidense, dos hechos quedan claros: primero, el porcentaje de filósofos hispánicos es significativamente más bajo que el porcentaje de hispanos en la población en general; segundo, ni los filósofos no hispánicos, ni los hispánicos mismos, dedican mucha atención a los temas filosóficos relacionados con nosotros o nuestra filosofía. En este capítulo, sugiero que una razón importante que explica estos hechos es que a los filósofos hispánicos se nos percibe como forasteros, y que nuestro pensamiento filosófico se considera parte de una cultura diferente, una cultura no estadounidense.

El problema

Permítaseme comenzar con algunas cifras relativas al número de hispanos dedicados a la filosofía en los Estados Unidos. A pesar de que, en los últimos años, nuestro número se ha incrementado tanto en el ámbito magisterial como en el estudiantado de posgrado, nuestra cantidad aún sigue siendo bajísima. Los datos arrojados por la última encuesta del Comité para Hispanos de la Sociedad Filosófica Estadounidense, enviada a 850 departamentos de filosofía en instituciones de posgrado y pregrado, demuestran con claridad el escaso número de hispanos en filosofía, y más específicamente, el dramático descenso del número de estudiantes de pregrado que continúan estudios de posgrado en este campo. De los 316 departamentos que respondieron la encuesta, sólo 31 por ciento (99 instituciones) informó de la presencia de algún hispano entre sus profesores, estudiantes de posgrado o postulantes de pregrado. En esos departamentos había un total de 277 postulantes de pregrado, 66 de posgrado y 55 profesores (contratados y nombrados).[1] Aun cinco años más tarde, y seis desde que había dejado la presidencia del Comité para Hispanos, había sólo 68 profesores y 59 estudiantes de posgrado registrados en el comité.

Puesto que hoy en día hay aproximadamente 12 mil filósofos enseñando en los Estados Unidos, las cifras presentadas nos llevan a concluir que el porcentaje de profesores está alrededor del 0.5 por ciento. Este porcentaje es mucho más bajo que el porcentaje total de hispanos en la población en general, el cual se encuentra alrededor del 10.3 por ciento.[2] En efecto, aun si sólo se cuentan los filósofos que son miembros de la Sociedad Filosófica Estadounidense (aproximadamente 9 mil) y se triplica el número de profesores hispánicos registrados en el comité —para compensar por aquellos que no se hayan registrado—, todavía el número de hispanos en filosofía resulta muy bajo, alrededor del 2.26 por ciento.

Es particularmente alarmante el bajo número de estudiantes de posgrado en filosofía. En total son, aproximadamente, 1 700, lo cual significa un porcentaje de 3.8 por ciento. Esto implica que, a menos que ocurra un cambio radical en los intereses de los estudiantes hispánicos de pregrado, el número de profesores de filosofía no se incrementará lo suficiente como para corresponder a la proporción de hispanos en la población total.

Otras estadísticas confirman el bajo número de hispanos en filosofía. La cantidad de títulos doctorales otorgados a personas de ascendencia hispánica cada año, desde 1974, resulta ser la menor de todas las disciplinas, con excepción de la carrera de literatura inglesa.[3] Un informe de 1987, basado en una encuesta sobre la profesión realizada por el Comité sobre el Estado y Futuro de la Profesión de la Sociedad Filosófica Estadounidense, reveló que el número de filósofos hispánicos se había reducido aún más, a pesar del ya extraordinario bajo porcentaje en las humanidades en general.[4] Una encues-

---

[1] *Proceedings and Addresses of the American Philosophical Association* (1993), pp. 45-46.
[2] *US Bureau of the Census* (1996), tabla 13.
[3] *National Research Council* (1987).
[4] *Proceedings and Addresses of the American Philosophical Association* (1987), pp. 359-360.

ta más reciente sobre la filosofía en los Estados Unidos, llevada a cabo en 1994 por el mismo comité, no muestra ningún progreso significativo respecto de la situación.[5] Y lo mismo puede decirse de la situación de los estudiantes de posgrado y de pregrado.[6]

Un hecho aún más desalentador es que actualmente sólo existe media docena de filósofos hispánicos que han podido establecerse a nivel nacional en los Estados Unidos y Canadá, y todos ellos han nacido en el extranjero. Con esto me refiero a catedráticos que forman parte de programas de doctorado y que son reconocidos en la profesión filosófica por su obra en algún campo especializado de la filosofía. Mario Bunge (n. 1919) nació en la Argentina; Ignacio Angelelli (n. 1933) nació en Italia, pero se considera a sí mismo argentino; Alfonso Gómez-Lobo (n. 1940) nació en Chile; Ernesto Sosa (n. 1940), Ofelia Schutte (n. 1943) y el que suscribe (n. 1942) hemos nacido en Cuba.[7] No existe ningún otro hispano, de más de cincuenta años de edad, que satisfaga las condiciones señaladas, aunque existen algunos miembros más jóvenes en la profesión quienes claramente están en camino.[8]

Hay otro factor que se debe tomar en cuenta. Muchos filósofos afroestadounidenses que se han destacado en la filosofía lo han hecho, precisamente, por dedicarse a temas relacionados con la experiencia afroestadounidense y la condición de este grupo minoritario en los Estados Unidos. Y lo mismo puede decirse de muchas mujeres. La mayor parte de las filósofas más destacadas del país son reconocidas por su obra sobre la condición de la mujer en la sociedad. La producción de los afroestadounidenses y las mujeres en estos campos les ha otorgado un gran prestigio y les ha asegurado cátedras dentro de programas de filosofía de posgrado o en programas élites de pregrado.[9] En cambio, tan sólo uno de los filósofos hispánicos mencionados

---

[5] "Philosophy in América in 1994" (1996), pp. 135-137.

[6] *Ibid.*, p. 149.

[7] Bunge ya se jubiló, pero durante muchos años enseñó en la Universidad de McGill. Los demás dictan en las siguientes instituciones: Angelelli (Texas en Austin), Gómez-Lobo (Georgetown), Sosa (Brown), Schutte (Florida en Gainesville) y Gracia (State University of New York en Búfalo).

[8] Héctor-Neri Castañeda (1924-1991), nacido en Guatemala, fue hasta hace poco un miembro importante del grupo. Entre los miembros del grupo más jóvenes está Jorge García (Rutgers), Reinaldo Elugardo (Oklahoma), Linda López McAllister (South Florida) y Linda Martín Alcoff (Syracuse).

[9] He aquí algunos ejemplos de afroestadounidenses: Leonard Harris (Purdue), Howard McGary (Rutgers) y Lucius Outlaw (Haverford). Entre las filósofas reconocidas por su obra en temas feministas se encuentran Kathryn P. Addelson (Smith), Louise Antony (North Carolina en Chapel Hill), Susan Bordo (Kentucky), Lorraine Code (York, Ontario), Nancy Frankenbury (Dartmouth), Alison Jaggar (Colorado en Boulder), Carolyn Korsmeyer (Buffalo), Elizabeth Spellman (Smith) y Nancy Tuana (Oregon).

anteriormente, Ofelia Schutte, tiene como campo de estudio la condición de los hispanos. Otros dos, Angelelli y quien suscribe, hemos realizado alguna investigación en áreas relacionadas con la condición de los hispanos en la filosofía, pero tenemos nuestro campo principal de investigación orientado hacia otras áreas, y se nos conoce más por éstas que por las primeras. Los demás han escrito poco o nada sobre el tema, e incluso algunos de ellos han criticado públicamente a aquellos filósofos hispánicos que se han dedicado a la tarea.[10]

Más significativo aun es que el currículo filosófico de los Estados Unidos generalmente ignore la filosofía hispánica. Debe haber, probablemente, menos de una docena de universidades que ofrezcan cursos de filosofía hispánica, ya sea iberoamericana o ibérica. El informe de la Sociedad Filosófica Estadounidense de 1994 citado anteriormente no hace mención de ningún tipo de filosofía hispánica, latinoamericana, iberoamericana, latina (en el sentido estadounidense de latino-estadounidense o hispano-estadounidense), española o de cualquier otro tipo que se relacione específicamente con los hispanos. Sin embargo, sí señala el porcentaje de departamentos de filosofía que ofrecen cursos —al menos cada dos años— en filosofía asiática/oriental (33%), india / oriental (21%), arábiga / islámica (5%) y africana (27%).[11] Esto indica claramente que o la filosofía hispánica simplemente no es parte del currículo en los Estados Unidos, o que los que llevaron a cabo la encuesta no estaban conscientes de su existencia. Pienso que lo que ocurre es lo primero, pero incluso lo segundo sería un signo de la poca importancia que tiene la filosofía hispánica entre los filósofos estadounidenses.

Por supuesto, esto no debería sorprendernos, puesto que entre los diversos campos históricos y sistemáticos que están representados por subcomités del Comité a cargo del Programa de la Sociedad Filosófica Estadounidense, no figura la filosofía latinoamericana, iberoamericana, hispánica o latina. Sin embargo, existen comités para muchos otros campos filosóficos, incluida la filosofía oriental y la africana. La misma actitud se constata en los materiales de clase. Por ejemplo, considérese el libro editado en 1999 por Robert L. Arrington, *A companion to the philosophers*. Este impresionante volumen de más de setecientas páginas incluye artículos de filósofos de África (8), China (18), Europa y los Estados Unidos (122), India (26), Japón (11)

---

[10] Bunge, por ejemplo, se ha mostrado impaciente con aquellos que trabajan en la historia de la filosofía hispánica y ha opinado que casi no existe nada de filosofía latinoamericana, incluso en Argentina, lugar que es, verdaderamente, uno de los países filosóficamente más avanzados de la América Ibérica; véase Bunge (1995), p. 60.

[11] *Proceedings and Addresses of the American Philosophical Association* (1996), p. 153.

y de las tradiciones islámica y judía (8), pero no contiene ni un solo artículo de filósofos de países hispánicos.

A esto habría que sumarle que la Sociedad Filosófica Estadounidense no haya tenido un comité dedicado a asuntos hispánicos hasta 1991, cuando Robert Turnbull, presidente del consejo directivo, decidió unilateralmente que era oportuno para la Sociedad tenernos en cuenta. Es significativo que esta situación contrasta claramente con la de los afroestadounidenses, pues el Comité para Negros en Filosofía ha existido desde 1968. A propósito, cuando me puse en contacto con la Oficina Nacional de la Sociedad Filosófica Estadounidense en el verano de 1997 buscando información sobre los hispanos en filosofía, recibí como respuesta que la oficina era incapaz de colaborar con mi investigación porque no poseía datos sobre la materia. Creo que esta respuesta revela con extrema claridad cuán invisible e intrascendente sigue siendo nuestra presencia en el ámbito dirigente de la filosofía estadounidense.

En verdad, esta omisión ha contribuido a hacer de la filosofía un campo de estudio y una carrera poco apetecibles para la mayoría de los estudiantes hispánicos de pregrado. Las ciencias políticas, la sociología, la literatura, las lenguas modernas y los estudios sobre religión parecen ser, decidida y efectivamente —al menos para los estudiantes en cursos introductorios— materias más pertinentes, por lo que son bien recibidas por los estudiantes de pregrado.

Existe una asociación dedicada a la filosofía hispánica, la Sociedad para el Pensamiento Ibérico y Latinoamericano (Society for Iberian and Latin American Thought, SILAT), fundada en 1976 por un grupo de académicos preocupados por la falta de atención que se le da al pensamiento hispánico en los Estados Unidos. Pero su fundación no ha producido muchos frutos.[12] A pesar de tener más de veinticinco años de antigüedad y de organizar regularmente sesiones sobre la filosofía hispánica durante las reuniones de la Sociedad Filosófica Estadounidense, ha sido muy difícil mantenerla a flote, y el número de sus miembros activos no sobrepasa la docena.

Todos estos hechos requieren una explicación. Primero, ¿por qué sólo un número tan reducido de hispanos ha llegado a establecerse a nivel nacional en la profesión? Segundo, ¿por qué sólo aquellos pocos que han nacido en el extranjero han llegado a hacerlo? Tercero, ¿por qué hay tan pocos hispano-estadounidenses en la profesión? Cuarto, ¿por qué se ignora la filosofía hispánica en el currículo? Y, finalmente, ¿por qué a los filósofos hispano-estadounidenses no les atraen los temas relacionados con su identidad como hispanos —y hasta, quizá, por qué los rechazan—, a dife-

---

[12] Donoso (1976); (1992), p. 238.

rencia de lo que pasa con las mujeres y los afroestadounidenses y sus respectivos campos?

Algunas explicaciones

Existen muchas razones que pueden explicar por qué pocos hispano-estadounidenses llegan a ser filósofos. Una de ellas es su estatus socioeconómico. Los hispanos aún permanecen en un estrato socioeconómico muy bajo de la sociedad estadounidense.[13] Eso implica que solamente una pequeña proporción de ellos, comparada con otros estadounidenses (con excepción de los afroestadounidenses), alcanza la educación de pregrado, y por tanto el número de estudiantes del cual salen los filósofos es muy reducido.[14] Este factor suele explicar también por qué hay tan pocos afroestadounidenses en filosofía, pues ellos están en un nivel socioeconómico aun más bajo que el nuestro.

Hay algo de verdad en esto, pues es un hecho que la población hispánica en los Estados Unidos, considerada en conjunto, es más pobre y menos educada que la población de ascendencia europea. Algunos hispanos pertenecen a la clase obrera, otros son agricultores y muchos de ellos están dedicados a trabajos no especializados (como ayudante de cocina, servicio de limpieza o empleados domésticos). Diversas estadísticas confirman el triste cuadro de que la mayoría no va a la universidad, y que una gran cantidad ni siquiera completa la secundaria.[15]

Un hecho que respalda esta explicación es que los hispanos que estudian filosofía provienen, generalmente, de familias de clase media y alta, donde al menos uno de los padres es profesional. En efecto, las estadísticas presentan un número altamente desproporcionado de filósofos cubano-estadounidenses y argentino-estadounidenses. En el caso de los primeros, la justificación puede darse en el hecho de que la mayoría de los cubanos que viven en los Estados Unidos son exiliados políticos o descendientes de ellos, y esa gente pertenecía a la clase media y alta de Cuba, miembros de la burguesía con una educación profesional. El caso de los argentino-estadounidenses es similar, en la medida en que muchos de ellos han venido a este

---

[13] Jaffe *et al.* (1980), pp. 51-62. Esta fuente no es muy reciente, pero sus datos son particularmente pertinentes para establecer el número de filósofos hispánicos actuales, por lo que compete a los estudiantes de las escuelas primarias —y secundarias— en la época de la encuesta. Véase también Davis *et al.* (1988), pp. 42-49.

[14] Jaffe *et al.* (1980), pp. 29-39; Davis *et al.* (1988), pp. 40-42.

[15] Jaffe *et al.* (1980), pp. 29-39.

país en busca de libertad política o de desarrollo profesional.

Otra razón que puede dar cuenta del escaso número de hispanos en filosofía es que el lenguaje funciona como una barrera para los hispano-estadounidenses que quieren dedicarse a esta profesión. El lenguaje desempeña un papel fundamental en la filosofía, y para ser filósofo se requiere una competencia elevada en él. Pero los hispanos, ya sean inmigrantes o hijos de inmigrantes, se encuentran en desventaja, pues, o su lengua materna no es el inglés, o si lo es, sus padres no tienen una competencia adecuada del idioma, por lo que no han podido transferirles a sus hijos los instrumentos lingüísticos necesarios para la práctica filosófica.[16]

Evidentemente hay algo de cierto en esto. Por ejemplo, uno puede apreciar que hay muchos hispanos, tanto profesores como alumnos, en los departamentos de español en las universidades de los Estados Unidos, es decir, donde el dominio del inglés no es un requisito fundamental como en la filosofía. Es más, existen incluso especialistas en la historia del pensamiento hispánico, quienes se encuentran trabajando actualmente en esos departamentos, lo cual indica que la competencia reducida del idioma se presenta como una restricción importante para trabajar en los departamentos de filosofía y para poder unirse a la comunidad filosófica estadounidense.

Otra razón frecuentemente citada para explicar el escaso número de hispanos en filosofía es que, en general, en la cultura hispánica no existe un espíritu orientado hacia la reflexión filosófica. Algunos afirman que, al fin y al cabo, los filósofos son escasos en los países hispánicos, y el número de ellos que ha trascendido en el contexto filosófico mundial es muy pequeño. Por lo tanto, sería muy extraño esperar que hubiese una gran cantidad de hispanos dedicados a la filosofía en los Estados Unidos.

Sin embargo, a mí no me convencerá este argumento a menos que alguien proporcione pruebas fehacientes de que la cultura hispánica es, de algún modo, antifilosófica. Antes que nada, es muy cuestionable que se pueda hablar con sentido de una sola cultura hispánica en todas las épocas y en todos los lugares. En efecto, en los capítulos anteriores de este libro he cuestionado la noción de que todos los hispanos, de todo tiempo y lugar, tengan algo en común, y esto se extiende, por supuesto, al ámbito cultural. Un modo más adecuado de hablar sería referirse a *culturas hispánicas* o, como he propuesto, a grupos de personas vinculadas por acontecimientos históricos en formas específicas, algunas de las cuales son culturales. Con todo, aun asumiendo que hubiese algo así como una sola cultura hispánica cuyos rasgos pudiesen identificarse, no me parece evidente que exista algo de tipo cultural, asociado a los hispanos, que necesariamente los aparte de la filosofía. Al contrario, parece que la cultura hispánica es más propensa a la re-

---

[16] *Ibid.*, pp. 38-39.

flexión filosófica que algunas otras culturas, y ciertamente mucho más que la cultura anglosajona.[17] Entre los hispanos existe un apego natural a hablar sobre temas relacionados con la política, la religión, el significado de la vida y otros similares, que son usualmente tratados por la filosofía, y que en el contexto anglosajón suponen evitarse. En este sentido, los hispanos comparten el mismo tipo de interés por la disciplina que los franceses, y esto se patentiza en el tributo que les rinden a los filósofos. Por ejemplo, de entre los filósofos estadounidenses importantes, no sé de ninguno que haya sido nombrado, recientemente, miembro del gabinete presidencial, embajador o presidente de alguna comisión nacional importante. Esto, no obstante, suele ser ampliamente común tanto en Iberia como en la América Ibérica.

A esto debe añadirse que la proporción de los hispanos que se dedican a la filosofía en los Estados Unidos es menor que en otros países. Considérese el caso de la América Ibérica, por ejemplo, un lugar donde uno esperaría que hubiese un número muy reducido de filósofos, a causa de las ingratas condiciones de la profesión, del bajo nivel educativo de la población y de la adversidad del contexto socioeconómico en el que vive mucha gente. La América Ibérica tiene hoy una población de, aproximadamente, quinientos millones de habitantes,[18] y allí enseñan, por lo menos, unos 2 mil filósofos.[19] Digo "por lo menos", porque la nómina oficial de filósofos y de instituciones donde se enseña filosofía del *International directory of philosophers and Philosophy* es muy inexacta.[20] Es más, ésta no tiene en cuenta el gran número de filósofos que enseñan filosofía en la preparatoria, pues en muchos países iberoamericanos esta materia es parte del currículo de secundaria. A pesar de todo, si aun se toma en cuenta sólo esta cifra, la proporción de filósofos en general es mucho mayor que la existente en los Estados Unidos. En efecto, este país tiene una población total de más de 270 millones de personas, y cerca de treinta millones de hispanos, y de estos últimos, menos de cien son profesores universitarios de filosofía.[21]

Una razón ofrecida, ocasionalmente, para explicar la ausencia de hispanos en filosofía, la cual considero maliciosa y sin fundamento, es que los hispanos no son tan inteligentes como los estadounidenses de ascendencia

---

[17] En verdad, los filósofos no desempeñan un papel muy importante en la esfera pública de los Estados Unidos, contrariamente a lo que ocurre en los países ibéricos e iberoamericanos. Véase Gracia (1999a).

[18] "Area and population of the world" (1997), p. 838.

[19] *International directory of philosophers and Philosophy* (1996).

[20] Considérese, por ejemplo, que esta fuente no contiene en sus listas a universidades importantes de muchos países, como la Universidad de San Marcos, en Perú.

[21] Los cálculos sobre la población en los Estados Unidos son tomados del capítulo 4 de "Components of population change, 1980 to 1995, and projections, 1996 to 2050", en *US Bureau of the Census* (1996), p. 9.

europea no ibérica, es decir, que carecemos de la capacidad de abstracción que los otros poseen; y, por lo tanto, no podemos filosofar adecuadamente. Ésta es, dicho sea de paso, una razón que algunos aducen para explicar, *mutatis mutandi*, la relativa ausencia de afroestadounidenses y de mujeres en filosofía.

Por supuesto, no existe evidencia alguna que apoye esta afirmación. El hecho de que existan filósofos hispánicos establecidos, tanto en los Estados Unidos como en otras partes, y de que algunos hispanos hayan producido una obra filosófica técnica que requiere un esfuerzo intelectual alto, demuestra que la ocupación filosófica no se encuentra más allá del ingenio hispánico. Ciertamente, se podría sostener que, puesto que los hispano-estadounidenses generalmente obtienen un puntaje inferior que los descendientes de europeos no ibéricos en las pruebas de inteligencia,[22] el número de hispanos que es capaz de desarrollar el tipo de pensamiento requerido en filosofía es más reducido que el de estadounidenses de ascendencia europea no ibérica. No obstante, la evidencia no es convincente por muchas razones. En primer lugar, no está claro que estas pruebas no incluyan prejuicios culturales. Por otro lado, la orientación vocacional para la filosofía no parece estar correlacionada con un determinado desempeño en estas pruebas. Así pues, que un puntaje alto no conduzca necesariamente a un interés por la filosofía se revela en el hecho que los asiático-estadounidenses obtienen el puntaje más elevado en esas pruebas, y sin embargo tampoco optan por la filosofía como profesión. Por otro lado, si se admitiese que presentar un alto rendimiento en esas pruebas no incrementa el número de filósofos, pero que uno bajo sí lo haría decrecer, aun esto no explicaría cómo es que la mayoría de los hispanos que reciben puntajes altos prefieren seguir otras carreras antes que dedicarse a la filosofía.

Se podría argumentar que sólo algunos hispanos llegan a establecerse en la carrera filosófica porque el grupo hispánico capacitado es muy pequeño por las razones mencionadas; o también, que sólo se establecen unos cuantos ya sea porque su cultura no favorece la vocación por la profesión, o porque no son suficientemente inteligentes, y así sucesivamente. Más aún, los factores socioeconómicos pueden utilizarse indirectamente para explicar el reducido sector universitario del cual salen elegidos los filósofos.

Aun si tomáramos estas razones en serio como explicaciones de lo dicho, está claro que ninguna de ellas tiene sentido cuando nos preguntamos por qué 1) la mayoría de los hispanos que se dedican a la filosofía (y en especial, aquellos que han logrado el mayor éxito en la profesión) no han

---

[22] También parecen tener un promedio más bajo que los euroestadounidenses. Véase *Black, hispanic, and white doctoral students: before, during, and after enrolling in graduate school* (1990), p. 2.

sido atraídos por los temas relacionados con su identidad, y 2) que otros incluso hasta los hayan rechazado. Pienso que parte de la respuesta a esta interrogante no tiene que ver con los hispanos mismos, sino más bien con la comunidad filosófica estadounidense. Es más, esta respuesta sirve también para explicar los otros aspectos problemáticos que hemos venido discutiendo, inclusive la ausencia de una filosofía hispánica en el currículo de las universidades estadounidenses. Así pues, a continuación presento algunas observaciones sobre esta comunidad.

La comunidad filosófica estadounidense

El universo de la filosofía estadounidense contemporánea es completamente ajeno a las personas que no son filósofos profesionales. Desde fuera, probablemente parece consistir en un grupo fuertemente ligado y bien unido de académicos dedicados a la búsqueda de la sabiduría, tal como el nombre de la disciplina elocuentemente proclama. Además, y nuevamente desde un punto de vista externo, éste se presenta probablemente como si todos sus miembros estuvieran dedicados a la búsqueda desinteresada de un objeto tanto difícil de alcanzar como sublime a través de razonamientos guiados por los más altos principios. Ser filósofo no es tan prestigioso en los Estados Unidos como en Alemania, pero existe un barniz de respetabilidad adherido a la profesión, en cuanto, por una parte, no se considera una carrera lucrativa, y por otra, se supone que atrae al menos a algunos de los intelectuales más brillantes de la sociedad estadounidense.[23]

Los hechos no confirman totalmente la apariencia, sin embargo. El universo de la filosofía estadounidense no está compuesto por un grupo unido e inspirado por nobles principios, el cual busca la sabiduría. En ciertos aspectos desagradables, se parece al universo no filosófico. Por esta razón, el examen del lugar que ocupan los hispanos en él constituye un buen ejemplo de su situación general en el país. En efecto, confirma que somos un grupo enajenado y marginado, que se nos considera extranjeros y que estamos nefastamente estereotipados de diversas maneras.

La primera falsa impresión de un observador desvinculado de la comunidad filosófica estadounidense es que ésta se encuentra unida y ligada estrechamente. Los hechos nos revelan algo muy diferente: esta comunidad está más dividida hoy que en ningún otro periodo de su historia; en efecto,

---

[23] En efecto, los estudiantes que se postulan para posgrado en filosofía están en el grupo que recibe el más alto puntaje en los exámenes de entrada.

puede que sea la colectividad filosófica más fragmentada que haya existido hasta ahora. Uno solamente tiene que concurrir a la convención anual de la División Este de la Sociedad Filosófica Estadounidense para corroborar esta afirmación. Estas reuniones, a las que asisten alrededor de un 20 por ciento de los filósofos del país, tienen dos programas. Uno es el programa oficial de la Sociedad, el cual está dividido en más de ochenta sesiones, con más de 250 participantes. Pero, además del programa oficial, existe también otro programa que podría ser denominado "satélite", y que está organizado por las diversas sociedades filosóficas especializadas que actualmente funcionan en el país. El número de las sesiones satélite es alrededor de cien, y más de trescientas personas participan en ellas.[24] Es más, los filósofos que forman parte del programa oficial y los que lo hacen en el programa satélite no siempre comparten el mismo lenguaje filosófico. La torre de Babel podría ser una analogía apropiada. El resultado es que la mayoría de las sesiones son escasamente atendidas, ya sea porque se dan demasiadas sesiones paralelas, y por lo tanto la gente presente se encuentra dividida en muchos grupos, o ya sea por la diversidad de intereses, estilos y tradiciones de los grupos en cuestión. En suma, las reuniones de la División Este de la Sociedad Filosófica Estadounidense no tienen unidad ni cohesión.

No obstante, las cosas no siempre han sido así. Hubo un tiempo en que el programa oficial poseía mayor cohesión, había menos sesiones y la asistencia a cada una de ellas era mucho mayor. Además, en aquella época no existía un programa satélite, y si se daba, era tan pequeño que el oficial mantenía una hegemonía y una presencia tal que les confería unidad a las reuniones a pesar de lo que pasara al margen de él. La pregunta que nos intriga es: ¿cómo es que llegamos al punto en que ahora nos encontramos?

La respuesta definitiva a esta interrogante sólo podrán determinarla los futuros sociólogos e historiadores de la filosofía estadounidense; nosotros nos encontramos demasiado cerca de la situación como para proporcionar una respuesta satisfactoria. En mi caso existe una desventaja adicional, y es que no soy un historiador de la filosofía estadounidense. Sólo puedo hablar como un filósofo que, como miembro de la comunidad filosófica de los Estados Unidos, soy responsable, en cierta medida, por la situación actual de la filosofía en el país. Los datos en que me apoyo son anecdóticos, aunque se basan en tres décadas de experiencia como filósofo hispánico que trabaja en el país. Un profundo compromiso tanto con la filosofía —ya sea como disciplina, profesión o forma de vida— como con mi identidad hispánica le confiere autenticidad a lo que digo.

[24] Véase *Proceedings and Addresses of the American Philosophical Association* (1996), pp. 21-75.

En la década de los ochenta ocurrió una querella pública entre dos grupos de filósofos en la División Este de la Sociedad Filosófica Estadounidense.[25] La Sociedad está dividida en tres grupos, uno de los cuales, la División Este, es el mayor, más antiguo, rico y distinguido de ellos. Los otros dos grupos son la División Central (originalmente llamada del Oeste) y la División del Pacífico. La División Este tiene una considerable influencia, y en muchos sentidos es la que marca el paso de la profesión. Ahora bien, uno de los bandos del altercado estaba constituido por los llamados filósofos analíticos, mientras que en el otro estaban los denominados continentales. Fue en este momento cuando el grupo continental acusó al grupo analítico de monopolizar el poder de la Sociedad, y amenazó con separarse y formar otra nueva asociación. El número de filósofos en cuestión era sustancial, por lo que se llegó a una tregua, y se hicieron ciertos acuerdos según los cuales el poder pudiese ser compartido en la División Este. Los comités estarían diseñados de modo tal que darían cabida a los miembros del grupo continental y, además, entre los postulantes a las candidaturas para posiciones directivas en la Sociedad se incluiría a miembros del grupo continental.

Este sistema fue puesto en práctica desde hace más de una década, y a primera vista parece funcionar bastante bien, pero, en realidad, las cosas son muy diferentes. La cruda realidad es que los filósofos estadounidenses aún están divididos en dos grupos: por un lado están los analíticos y, por el otro, coexiste un gran número de grupos diferentes con pocos elementos unificadores entre ellos, excepto por su oposición a los primeros. Muchos de los segundos aún se llaman a sí mismos continentales, aunque el término 'pluralista' también se usa. (Más adelante retomaré el asunto del nombre.)

En el grupo analítico, no hay mucho, en términos de una posición filosófica o de un punto de vista particular, que una a sus miembros. En verdad, muchos analíticos hasta rechazan esa denominación, manteniendo que ellos no realizan ninguna labor distinta de la que llevaron a cabo Aristóteles, Descartes o Kant. A pesar de ello, les guste o no, como Max Black ha señalado con razón, los analíticos en efecto "comparten una herencia intelectual común".[26] Este legado incluye ciertos supuestos: la preocupación por el lenguaje y la aclaración de su significado; el interés en la lógica y su uso en el discurso filosófico; una disposición favorable hacia la ciencia, y la convicción de que los enunciados no empíricos de naturaleza no sintáctica deben someterse a un escrutinio escrupuloso.

Con todo, el lazo más fuerte que une al grupo no son las ideas, sino el linaje. Los actuales analíticos fueron estudiantes de ciertos filósofos que,

[25] Bernstein (1987).
[26] Black (1963), p. v.

respectivamente, fueron estudiantes de otros filósofos, y así sucesivamente. En otras palabras, los analíticos actuales tienen en común una ascendencia intelectual que se remonta a ciertas figuras clave: los miembros del Círculo de Viena, Ludwig Wittgenstein, G. E. Moore y Bertrand Russell.

Si los analíticos no tienen en común mucho más allá que el linaje, los filósofos continentales tienen todavía menos, puesto que la denominación abarca a grupos ampliamente diferentes y, genéticamente, a diversas familias. Marxistas, tomistas, pragmatistas, peircianos, filósofos del proceso, posmodernistas, hegelianos, fenomenólogos, neokantianos, existencialistas, heideggerianos y muchos otros entran en este grupo. No queda claro por qué estos filósofos son llamados continentales, puesto que es obvio que algunas de las raíces del movimiento analítico se encuentran en Europa continental (el Círculo de Viena y Wittgenstein, por ejemplo) y, además, muchos de los filósofos analíticos y sus mentores intelectuales (Peirce, por ejemplo) han residido en la Europa continental. Tampoco se puede alegar que el grupo recibe ese nombre a causa de que la filosofía analítica llegó a ser dominante en el Reino Unido y el mundo angloamericano, mientras que la filosofía continental florece sólo en Europa continental y no existe el análisis en esa parte del mundo, puesto que el análisis es el modo primordial de filosofar también en Escandinavia, y existen innumerables filósofos continentales tanto en los Estados Unidos como en el Reino Unido.

Por esto, el término 'continental' carece de sentido y, ciertamente, algunos miembros del supuesto grupo prefieren utilizar el término 'pluralista' para referirse a sí mismos. Con el nombre de pluralistas, ellos quieren decir que son filósofos comprometidos con una diversidad filosófica, y por eso toleran (e incluso aceptan) modos de filosofar muy distintos de los que ellos mismos favorecen. De esta manera, buscan distinguirse a sí mismos de los filósofos rigurosamente analíticos, a quienes perciben como sectarios, intransigentes y excluyentes de las filosofías no analíticas.

Al margen de si uno llama "continental" o "pluralista" a este grupo, lo cierto es que la mayoría de estos filósofos no están unidos más que por una aversión común en contra de la filosofía analítica. De nuevo, esta aversión no se explica a causa de que los filósofos continentales o pluralistas compartan algo en común, o aun porque, a semejanza de los analíticos, ellos estén relacionados genéticamente. Su única característica unificadora parece ser que se oponen a los analíticos, aunque las razones de esa oposición no sean siempre las mismas. Algunos objetan en contra del énfasis analítico en el lenguaje, mientras que otros lo hacen a su cientificismo, o al rechazo de un lenguaje metafórico en la filosofía, o al uso de la lógica simbólica, o a cosas similares. Quizá, más que ninguna otra razón, sin embargo, se trata de una oposición de carácter político: los filósofos continentales / pluralistas creen que los analíticos monopolizan el poder en la profesión, confinándoles a ellos a un papel marginal, y por ello los acusan de intransigencia filosófica y de provincialismo.[27]

Es particularmente irónico que el grupo de historiadores de la filosofía estadounidense, miembros de la Sociedad para el Desarrollo de la Filosofía Estadounidense (Society for the Advancement of American Philosophy, SAAP), se consideren a sí mismos marginados y que hayan concertado fuerzas con otros grupos pluralistas para oponerse a los analíticos. La ironía radica particularmente en que muchos de ellos se han dedicado fervientemente al estudio del pensamiento analítico en cuanto que éste predomina en la filosofía estadounidense. Por supuesto, estos filósofos no están genéticamente vinculados al grupo analítico, sus intereses son primordialmente históricos y su actitud es tolerante frente a las diversas metodologías filosóficas, detalles que no los hace ser estimados por muchos de los más conspicuos miembros de la familia analítica.

Éste es, en resumidas cuentas, el esquizofrénico universo de la filosofía contemporánea estadounidense. Esta situación, unida al tradicional espíritu competitivo de la sociedad estadounidense, ha hecho de la filosofía otro campo más de competencia. Desafortunadamente, la competencia no suele realizarse en honor de la verdad, para ver quién está más cerca de ella, quién tiene mejor acceso a ella o quién la puede obtener más eficazmente; la contienda se da más frecuentemente por el poder y la inmortalidad intelectual.

Platón señaló, tiempo atrás, que los seres humanos tienen una insaciable sed de inmortalidad: queremos vivir para siempre. Muchos legos en filosofía satisfacen esta necesidad ya sea a través de la creencia religiosa en una vida futura, la construcción de imperios económicos que los sobrevivirán o el establecimiento de una fuerte y numerosa progenie. La mayoría de los filósofos, por el contrario, no creen en la vida futura, desprecian las riquezas (al menos algunos de ellos) y desean una inmortalidad en un sentido más individual, no a través del nombre de familia. Puesto que los filósofos creen en ideas, su fuerte deseo por una inmortalidad personal se traduce en el deseo por una inmortalidad de su propio punto de vista. Quieren que el mundo entero piense como ellos, y que reconozca que piensa como ellos.

En este proceso, la verdad usualmente se pierde y el poder de implantar y diseminar la visión propia se convierte en el objetivo avasallador. Algunos filósofos harían cualquier cosa para que otros leyeran sus publicaciones, las discutieran y les expresaran reconocimiento; no importa que con ello llegaran a ser objeto del ridículo, y menos aun que alguien pudiera salir herido, o cuán seriamente se le hiriera. Verdaderamente, la mayoría de los filósofos prefieren hacer el ridículo o ser condenados que permanecer ignorados; lo

[27] Bernstein (1987); Mandt (1990), pp. 77-101.

importante es quién tiene más estudiantes y quién puede colocarlos en puestos de poder, de modo tal que continúen siendo instrumentos de difusión de las doctrinas del maestro. Becas, empleos y publicaciones se convierten así en instrumentos esenciales y necesarios para el proyecto de inmortalidad intelectual.

Obviamente, la preservación del poder de unos requiere la aniquilación del poder de los otros, pues sólo puede haber un rey en el trono. Además, el poder incrementa el poder. Así podemos más fácilmente bloquear las publicaciones de aquellos que están en desacuerdo con nosotros; resulta sencillo colocar a nuestros estudiantes en los lugares precisos; y podemos fácilmente publicar materiales que apoyen nuestro propio punto de vista, o por lo menos, nuestra perspectiva general, método y familia filosófica. Para que este sistema prospere, debe haber también una red de asociados confiables; debemos coleccionar pagarés, eliminar a nuestros contrincantes y proteger a nuestros aliados. En suma, debemos construir y mantener una cofradía o, en términos políticos, una maquinaria filosófica.

En los Estados Unidos esto se ha hecho viable a causa de que la profesión funciona a través de un sistema de árbitros, expertos que opinan sobre el valor de las propuestas y los manuscritos enviados a las imprentas, las revistas y las fundaciones. Las imprentas y las fundaciones están dirigidas por personas que no son filósofos y, por lo tanto, requieren del consejo de especialistas en diversos campos de la filosofía. Las revistas están a cargo de filósofos, pero éstos nunca dominan todas las áreas sobre las que versan los cuantiosos manuscritos que reciben. Una vez que estos expertos son nombrados en los consejos asesores, tienden a perpetuarse a sí mismos, a sus estudiantes, a los estudiantes de sus amigos y asociados, y a sus aliados y secuaces. Es más, como ellos se encuentran en posición de recomendar nuevos árbitros para proyectos particulares, el sistema tiende a la perpetuidad.

Normalmente, los libros no están sujetos al tipo de sistema de jueces que ignoran la identidad de los autores. Esto significa que los árbitros conocen al autor del libro al cual suponen juzgar, hecho que les facilita la eliminación de académicos y puntos de vista antagónicos. Un procedimiento estándar en la profesión consiste en bloquear la publicación de materiales que no hacen referencia a los trabajos del árbitro; otro reside en la eliminación de los textos críticos de sus obras.

Un aspecto deplorable de este proceso, que en parte resulta de las pugnas entre diversas familias filosóficas en busca de poder y que tiende a desalentar a muchos de los que pretenden seguir la carrera filosófica, es la inusual agresividad y acritud que se encuentra en los informes de los árbitros. Es verdad que también existe cierto espíritu negativo en otras disciplinas pero, en mi experiencia, nunca he hallado tanta acidez, hasta crueldad a veces, como en las críticas de algunos árbitros de filosofía. Estoy a cargo de la publicación de una serie de libros interdisciplinarios y, además, estoy asociado a diversas publicaciones, algunas de las cuales sirven de base para otras disciplinas. Por esta razón, con frecuencia leo reportes sobre diversos manuscritos, pero sólo esporádicamente veo reportes de otras disciplinas que contienen el nivel de hostilidad, sarcasmo y aun sadismo, que encuentro con frecuencia en los dictámenes de los filósofos. Es como si ellos no sólo quisieran rechazar el trabajo sino que, además, se afanaran en humillar al autor y desalentarlo de cualquier otro intento de publicar. Parece que trataran de matarlo, y a veces, previa tortura.

Ciertamente, conozco muchos casos de jóvenes académicos en los que las crueles diatribas han hecho efecto, destruyendo su confianza y disuadiéndolos de proseguir en la práctica filosófica. Sólo un ego muy fuerte, o quizá recubierto de muchas cicatrices, puede sobrevivir a las invectivas de las que he sido testigo. Como se puede colegir, los ataques son especialmente agresivos cuando el autor cuya obra está siendo revisada no pertenece a la familia filosófica del encargado de revisarla. Cuando ambos pertenecen a la misma familia, la tendencia es ser agradable y cortés, aun en los casos en que se recomienda el rechazo; el escenario típico es aquel en que se ofrece una crítica plenamente constructiva, en lugar de una demoledora. Pero en otros casos, frecuentemente no hay tregua, ni hay compasión, ni siquiera respeto. La situación es particularmente nefasta para aquellos que no pertenecen a ninguna familia filosófica establecida, puesto que el ataque les viene por todos lados.

Por supuesto, nada de esto se hace "maliciosamente"; no conozco a nadie que reconozca hacer esto. La mayoría de los filósofos cree, positivamente, que está haciéndole un servicio a la profesión cuando bloquea la publicación de un texto que no los cita o que critica su punto de vista. Si el trabajo en cuestión no cita sus obras, piensa que es porque el autor no se encuentra actualizado sobre las fuentes adecuadas y, por ello, lo juzga inmaduro. Mas, si el texto las cita, pero las critica, debe también rechazarse porque el autor está equivocado o confundido. Naturalmente, los árbitros tienen una obligación profesional, inclusive moral, por la que deben rechazar las publicaciones inmaduras, sin investigación apropiada, con una perspectiva incorrecta o de exposición confusa. Obviamente, los filósofos no son menos eficientes que el resto de los mortales cuando se trata de crear ilusiones para mentirse a sí mismos, y quizá hasta lo sean más, a causa de su frecuente y completo aislamiento del mundo en general.

La situación de los artículos es similar a la de los libros, excepto que en general, en los primeros la identidad del autor es desconocida para el árbitro, ya que éste supone hacer la decisión en tales condiciones. No obstante, los directores de las revistas tienen mucha influencia en lo que respecta a la publicación de los artículos. Recuerdo al director de una revista filosófica importante diciéndome, en tono confidencial, que cuando él recibía un manuscrito que no deseaba publicar, él mismo hacía de árbitro. El director de otra revista, un poco menos reconocida en prestigio que la anterior, me dijo, cuando le mencioné este asunto, que él no se prestaba a esa vulgaridad. Su procedimiento consistía en enviar el artículo a los árbitros que, de antemano, sabía serían hostiles con el punto de vista o la metodología del texto que él quería rechazar. Esto, tomando en cuenta las amplias y profusas divisiones en la profesión filosófica, es una cosa fácil de hacer.

Otros filósofos en posiciones de poder no son tan sutiles. Conozco al organizador de una conferencia que estableció un elaborado sistema de arbitraje anónimo para la selección de las ponencias. No obstante, luego de que los árbitros hicieron la selección, él no tomó en cuenta sus recomendaciones sobre ciertos casos. Lo que hace este caso particularmente penoso es que su criterio no se basaba ni en la calidad ni en los temas, pues él no se molestó en leer los artículos que rechazó; la selección se basó, exclusivamente, en la identidad de los autores. Lamentablemente, sospecho que la razón fundamental para el rechazo tuvo más que ver con el futuro de su carrera propia que con ninguna otra cosa.

Por supuesto, se debe tener presente que algunas de las más prestigiosas revistas reciben una cantidad inmensa de manuscritos, de los cuales sólo pueden publicar una pequeña fracción. Bajo estas condiciones, cuando se debe rechazar un alto porcentaje de artículos, ¿no es legítimo que los directores de las revistas usen cualquier medio que esté a su alcance, inclusive las preferencias personales, para rechazar algunos? Además, ¿no tienen ellos la prerrogativa, e incluso el deber, de darle el tono deseado a la revista, apoyando ciertos estilos filosóficos, y aun promoviendo ciertos puntos de vista? Todo esto parece correcto, pero revela que mucho de lo que se publica en filosofía no se hace por razones enteramente filosóficas. Ciertos puntos de vista y ciertos estilos de pensamiento se excluyen simplemente porque no concuerdan con las posiciones y estilos favoritos del grupo que domina la revista, y ciertos artículos se publican meramente porque defienden la perspectiva general que apoya el director.

Lo mismo ocurre con las becas. Cuando un grupo particular domina el proceso para asignar becas, es prácticamente imposible que miembros de otros grupos puedan tener acceso a ellas. El factor genético prevalece y, a la vez, limita la participación de cualquier otra familia filosófica. Esto llega a situaciones extremas, pues, en algunas áreas especializadas de la filosofía, prácticamente es una sola persona la que ejerce el control. Ciertamente, es muy difícil mantener esta maquinaria en condiciones perfectas y, afortunadamente, algunos discípulos son lo suficientemente abiertos como para permitir que algunos no relacionados genéticamente con la familia en cuestión lleguen a participar; pero romper estas maquinarias toma tiempo y la mayoría funciona efectivamente por décadas. El sistema no asegura la inmortalidad deseada, pero prolonga la vida. Es particularmente lamentable que muchos de los filósofos que han tenido más éxito en sus carreras continúen trabajando hasta más allá de los setenta años, manteniendo así sus maquinarias en funcionamiento por décadas. Incluso, muchas veces tienen éxito en heredarlas a sus discípulos, lo que, precisamente, prolonga su influencia.

Antes de la rebelión de los filósofos continentales en contra de los analíticos, no hay duda de que los últimos habían manejado las riendas del poder en la profesión. En efecto, los analíticos habían construido una red de control casi inexpugnable que habría continuado incólume si no hubiesen acontecido excesos como los que he descrito. Fueron éstos tan escandalosos que hicieron posible lo que no hubiera ocurrido de otro modo, esto es, la alianza de muchos otros grupos filosóficos rivales en un frente unido ante ellos. Frustrados por la marginación, y por la imposibilidad de conseguir empleos estables en las universidades con prestigio, o publicar en ciertas revistas y editoriales, o conseguir becas nacionales o participar en la vida intelectual de la Sociedad Filosófica Estadounidense, estos grupos pactaron y decidieron protestar. Percibieron que la situación exigía una respuesta política en lugar de un análisis teórico. Y tuvieron éxito en cierta medida, aunque su triunfo claramente confirmó el hecho de que la filosofía estadounidense se había convertido en algo distinto del quehacer filosófico, y que la verdad se había dejado de lado por la búsqueda en pos del poder. Efectivamente, podemos afirmar que, en líneas generales, la filosofía estadounidense de hoy está teñida ideológicamente. Lo está porque muy frecuentemente se practica por razones ajenas a ella misma, de las cuales las principales quizá sean el poder y la inmortalidad. Pero ¿cómo es que esto ha llegado a suceder?[28]

Paradójicamente, este cambio se hizo posible, en parte, por un acuerdo tácito teórico entre los filósofos analíticos y continentales. La mayoría de los miembros de estos grupos ha adoptado una posición que no se puede describir sino como un tipo de escepticismo frente a la verdad. Desde la perspectiva de los analíticos, basta con aludir al filósofo contemporáneo estadounidense más famoso, W. V. O. Quine. Su filosofía se basa en dos doctrinas asombrosas: de acuerdo con la primera, nunca podemos estar seguros de que entendemos lo mismo que otra persona cuando usamos una palabra.[29] Por supuesto, si éste es el caso, ¿cómo podríamos aspirar a tener certeza sobre algo? ¿Y cómo podríamos creer en la posibilidad de la verdad? De acuerdo con su otra doctrina, nuestro lenguaje está tan impregnado de

---

[28] He realizado un análisis más profundo y extenso de la situación actual de la filosofía occidental en la introducción de mi libro: Gracia (1998), pp. 21-68.

[29] Quine (1970; 1987). Respondo a Quine en Gracia (1995), pp. 189-214.

teoría que no podemos adoptar un punto de vista independiente o neutral sobre la naturaleza del mundo.[30]

Desde la perspectiva continental, no necesitamos más que recurrir a Martin Heidegger, el filósofo que probablemente haya tenido la mayor influencia en el siglo XX, y quien también ha tenido un extraordinario impacto sobre los filósofos estadounidenses. La piedra de toque de su filosofía es el llamado círculo hermenéutico. En su versión de este sofisma, nunca podemos adquirir certeza puesto que el conocimiento del todo depende del conocimiento de las partes, y el conocimiento de las partes depende del conocimiento del todo; de este modo, todo nuestro conocimiento es interdependiente y, en última instancia, circular.[31]

Sin la existencia de la verdad, ¿qué es lo que le queda al filósofo por hacer? Una cosa puede ser el poder. Justamente, Michael Foucault y otros posmodernistas sugieren que la búsqueda de poder es la fuerza primordial que nos mueve a los filósofos.[32]

Tres consecuencias importantes siguieron a la tregua establecida entre los analíticos y los continentales / pluralistas. La primera fue el retorno a la fragmentación de los últimos. Éstos se habían unido en su oposición a los analíticos, así que, una vez que éstos se rindieron y les hicieron espacio en la Sociedad Filosófica Estadounidense, regresaron a su situación original de fragmentación. Sin embargo, parece que el proceso de segmentación llegó a ser más grande que el estado inicial: pues ahora las puertas de la Sociedad se encontraban abiertas para acoger la infinita proliferación de los diferentes grupos y sus diversos intereses. La multiplicación de sociedades especializadas brinda una evidencia adicional de este extraordinario fenómeno. Además de los grupos más grandes, como los marxistas, tomistas y fenomenólogos, existen asociaciones para el estudio de filósofos particulares y grupos con intereses particulares, inclusive para filósofos muy poco conocidos. Hay sociedades de homosexuales y lesbianas, de ética para animales, de filósofos cristianos, y sobre temas como tecnología, genocidio y el holocausto, máquinas y mentes, filosofía antigua, filosofía medieval y renacentista, educación jesuita, Marcel, Jaspers, Santayana, Zubiri, Nietzsche, Escoto, Maritain, historia de la filosofía, Eurígena y neoplatonismo, entre otras. Parece no haber fin en este proceso de parcelación, y que cada filósofo quisiera establecer su propia sociedad a la medida de sus propios intereses filosóficos, de modo tal que él pueda tener poder y ejercerlo. Andy Warhol pronosticó un futuro en el cual cada uno disfrutaría de quince minutos de fama. Pues bien, el futuro de la filosofía parece ser uno en el que cada filósofo presidirá

---

[30] Quine (1969; 1953).
[31] Heidegger (1962). Respondo a Heidegger en Gracia (1995), pp. 189-214.
[32] Foucault (1980; 1990).

una sociedad filosófica en algún momento de su carrera.

Junto con la primera consecuencia, se presenta una segunda: una gran tolerancia por puntos de vista diversos y una predilección por el estudio de la historia de la filosofía. Uno de los puntos álgidos entre analíticos y continentales / pluralistas es, precisamente, que muchos de los primeros miran la historia de la filosofía con malos ojos; después de todo, muchos de ellos se consideran a sí mismos científicos, y los científicos siempre han sido indiferentes a la historia de la ciencia.[33] Los continentales / pluralistas, por otro lado, parecen considerar a la historia de la filosofía parte esencial de su modo de filosofar.[34]

El renovado interés por la historia de la filosofía entre los círculos filosóficos continentales / pluralistas tiene sentido en el contexto de la filosofía contemporánea, y no sólo el interés, sino la creencia de que la filosofía debe hacerse históricamente, esto es, como un comentario a lo que los otros filósofos han escrito en el pasado.[35] La razón es doble. Por un lado, la actitud escéptica general con respecto a las verdades filosóficas universales, es decir, la creencia de que el conocimiento de la verdad filosófica es inalcanzable desvía a los filósofos de la tarea de buscarla y los lleva por la senda de los estudios históricos. Si la verdad filosófica no es posible, no nos queda nada por hacer excepto, además de criticar a aquellas personas equivocadas que aún creen que la verdad puede conocerse, dedicarnos al estudio de la historia de la filosofía; así, esta historia llega a ser indistinguible de la filosofía misma. Por otro lado, muchos filósofos continentales / pluralistas han sido influidos por el historicismo y el perspectivismo, los cuales postulan que cualquier verdad que se obtenga siempre debe considerarse histórica y resultado de una perspectiva única, de manera que nuestro punto de vista estará siempre matizado por nuestra historia. En consecuencia, cualquier intento por comprendernos a nosotros mismos debe remontarse a la historia y descubrir los presupuestos históricos bajo los cuales funcionamos.[36]

Un tercer resultado de la tregua entre analíticos y continentales / pluralistas fue, paradójicamente, una nueva ofensiva por parte de los analíticos. En parte, como consecuencia de la recobrada fragmentación de los continentales / pluralistas, y con la disposición de muchos de ellos hacia la historia de la filosofía, los analíticos organizaron una contraofensiva, aunque de un modo más sutil. Existen muchos signos de ello. Por ejemplo, como respuesta a la apertura en el programa oficial de la Sociedad Filosófica Esta-

[33] Bernstein (1987).
[34] Gracia (1998), capítulos 1 y 2.
[35] Véase Hare (1988).
[36] Taylor (1984). Argumento en contra del historicismo en Gracia (1992), pp. 11-14.

dounidense a los filósofos continentales / pluralistas, el *Journal of Philosophy* dejó de publicar los resúmenes de los simposios. Otro ejemplo fue la aparición de un rumor malicioso de que la asistencia a las sesiones oficiales del programa oficial decreció después de la abertura. Un ejemplo más insidioso aún es la circulación de una lista extraoficial de programas de posgrado ordenados de acuerdo con su supuesto prestigio, titulado "The philosophical gourmet report". Esta lista se encuentra en internet y tiene una alta credibilidad entre los analíticos, aun cuando se basa en chismes y está llena de incorrecciones y prejuicios;[37] a pesar de todo esto, sin embargo, desempeña una función ideológica efectiva: mantiene el poder en manos de unos cuantos miembros de la profesión. Finalmente, en los últimos años, los continentales / pluralistas han sido incapaces de tomar la presidencia de la División Este de la Sociedad Filosófica Estadounidense, y aun sus candidatos favoritos a su comité ejecutivo no han sido elegidos. Ésta es una consecuencia, en parte, de sus divisiones internas, pero sin duda también de un recrudecimiento en la actitud por parte de los grupos analíticos dominantes.

En resumidas cuentas, la comunidad filosófica estadounidense no es lo que parece: no está unida y no tiene cohesión; los filósofos no siempre están consagrados a la búsqueda de la verdad; y difícilmente puede considerarse a los miembros de esta comunidad como eruditos corteses, que se dedican con esmero al trabajo intelectual, guiados por nobles principios. Es más, esta comunidad está compuesta de familias que protegen celosamente a sus miembros, y mantienen una actitud hostil hacia todo aquel que no sea miembro de ellas.

Un resultado adicional de esta situación, pertinente para nuestro estudio, es el uso difundido de la tipificación. En el medio actual, los filósofos suelen ser tipificados desde el comienzo de sus carreras en términos de familias y tradiciones filosóficas. Nadie es sólo filósofo; uno siempre es analítico o continental, aristotélico o peirciano, escolástico o kantiano, y así sucesivamente. Más aún, una vez que uno ha sido clasificado, no hay nada que la persona pueda hacer para cambiar el estereotipo bajo el cual se le ha encasillado. Esto significa que, una vez que uno es analítico, siempre será analítico; si uno ha sido medievalista, permanecerá siendo medievalista. El fenómeno es curioso. Considérese mi caso, por ejemplo. Empecé mi carrera como medievalista, pero la mayoría de mi obra en los últimos quince años está dedicada a la metafísica, la historiografía y la hermenéutica; no obstante, prácticamente todos los que me consideran en mi capacidad profesional lo hacen como medievalista y nada más. La tipificación, por supuesto, acarrea serias consecuencias; una de ellas es que sirve para relegar y marginar.

---

[37] Para algunas críticas, véase Hintikka (1997), pp. 169-170.

Él es X, y X no es bueno, o no es importante, o no es pertinente, o lo que sea, por lo tanto, no tengo que preocuparme por él. La clasificación topológica encaja perfectamente en las luchas entre familias de la filosofía contemporánea estadounidense, y contribuye a enfatizar algunas de las características que he descrito.

De esta estructura familiar resulta también que se favorezca el desarrollo de dinastías y de cierta aristocracia filosófica. Como ocurre en los sistemas aristocráticos, inmediatamente surgen las cuestiones de pureza de sangre —en los filósofos, la ortodoxia intelectual y el pedigrí— y los pleitos sobre los grados de pureza y de linaje adquieren una importancia fundamental. "¿Cuán fidedigno es X respecto de Y?" "¿Cuán Y es X?" "¿Es éste un estudiante de Y o de Z?" Todo filósofo sabe lo mucho que le preocupan a sus colegas las cuestiones de este tipo, y los chismes que estas cuestiones conllevan. Indudablemente, la aristocracia implica exclusión y censura. Aquellos que no tienen la misma sangre, o cuya mezcla es incorrecta, son rechazados y condenados. "¡Él no es un verdadero Y! No pertenece a los nuestros." La técnica del rechazo, muy usual en la filosofía estadounidense de hoy, se usa efectivamente en este contexto, y a su vez genera resentimiento, odio y rivalidades. [38]

Esta caracterización de la comunidad filosófica estadounidense es muy negativa y, por supuesto, no debe aplicarse a todos los filósofos del país. Aclaremos. Antes que nada, no todos los filósofos estadounidenses están teñidos ideológicamente, y la mayoría de ellos no se consideran así, a pesar de que muchos actúan como si lo estuvieran. Las características del todo no se aplican a todas las partes, y debemos tener presente que muchos filósofos estadounidenses satisfacen en un alto grado las expectativas que generalmente se asocian con la vida filosófica. En efecto, ésta es una segunda aclaración importante, pues la obra de muchos filósofos estadounidenses actuales es de una calidad muy elevada, y las mejores se equiparan a cualquiera producida en el pasado. La filosofía está experimentando un renacimiento de proporciones extraordinarias: hoy existen más filósofos y más publicaciones filosóficas que en cualquier otra época de la historia de la disciplina, y el centro de este renacimiento se encuentra en los Estados Unidos. Sólo se me ocurren otros dos periodos en la historia con una efervescencia filosófica similar: Atenas en el siglo IV a.C. y París después de 1250 d.C. En tercer lugar, no sólo la obra de los filósofos que son meramente ideólogos inconscientes, sino también aquellos que lo son abiertamente, puede ser tan buena —y a veces mejor— que la de aquellos que están libres de todo matiz ideológico. Y debemos reconocer que la obra de algunos de los filósofos más partidarios en los Estados Unidos de hoy alcanza los niveles más altos de

---

[38] Sobre la técnica del rechazo, véase Gracia (1998), pp. 55 y 65.

calidad. De hecho, mi tesis no tiene que ver con la calidad de la obra filosófica que se produce en el país actualmente, sino con los factores sociológicos
en la comunidad filosófica que atañe a los hispanos.

Finalmente, en pro de la justicia debemos tener presente que algunas de
las xenofobias y actitudes que caracterizan a la filosofía estadounidense no
difieren mucho de las del grueso de la población. Recuerdo cuán perplejo
me quedaba cuando, al llegar a los Estados Unidos, la gente insistía en pre-
guntarme qué era yo. Les respondía, generalmente, que era cubano; pero
esto no satisfacía a la mayoría de ellas, pues querían saber de dónde precisamente venían mis antepasados. En eso, supuestamente, consistía mi definición. Después de un tiempo me agotó su insistencia, y simplemente opté
por decir que mis antepasados venían de cierto lugar, dejando de lado el
hecho de que esto era verdad sólo en parte. Esto los callaba, pues así me
podían catalogar rápidamente. "¡Ah, ya veo! Entonces tú no eres cubano,
tú eres X." Este fenómeno resultaba completamente extraño para mí, porque en Cuba yo me concebía como cubano y no perteneciendo a la nación,
el país, la tierra o el continente de mis antepasados. Pero en los Estados
Unidos, llegué a ser alguien que ni me imaginaba que era, y poco o nada
podía hacer por evitarlo. En los Estados Unidos existe una obsesión por los
orígenes y el linaje, y los filósofos no constituyen una excepción.

Exploremos ahora la relación entre lo que se ha dicho acerca de la comunidad filosófica estadounidense y el lugar de los hispanos en ella. En efecto,
veremos cómo es que lo que se ha dicho puede ayudarnos a responder las
preguntas planteadas al principio de este capítulo.

Los hispanos y la comunidad filosófica estadounidense

Las preguntas que queremos responder están relacionadas con el número
limitado de hispanos en filosofía, el pequeño número de filósofos hispánicos establecidos y la indiferencia generalizada de los filósofos estadounidenses no hispánicos y de los hispano-estadounidenses respecto de los asuntos relacionados con los hispanos y el pensamiento hispánico. En mi opinión,
una de las razones de trasfondo de estos fenómenos es que los hispanos en
general se perciben como foráneos; no se nos considera "estadounidenses"
propiamente dicho.[39] Mientras que, a pesar de sus diferencias con los euroestadounidenses, a los afroestadounidenses se les identifica con los Estados

[39] Sobre la percepción en general de los hispanos como extranjeros, véase Oboler
(1995, pp. 18-19) y Berkhofer (1978).

Unidos, y mientras que a ambos grupos y a estadounidenses de otros orígenes se les concibe como propios de ese lugar, los hispanos son considerados
inmigrantes extranjeros.[40] Se piensa sobre nosotros como étnicos. Por el
contrario, la situación de los afroestadounidenses es diferente: éstos constituyen una minoría, pero sus costumbres se consideran propias del país, y no
se les ve como una cultura foránea. Como resultado, los hispanos no somos
reconocidos totalmente como estadounidenses; de hecho, no se nos identifica como estadounidenses en ningún sentido pertinente, y esto afecta el
modo en que somos percibidos por la comunidad filosófica.

Esta situación se encuentra exacerbada por el estado actual de la filosofía en el país. La división y las rivalidades entre las diferentes familias filosóficas y la fragmentación de la comunidad hacen que sea muy difícil la admi-
sión de individuos y grupos que no muestran un vínculo con algunas de las
familias establecidas, y que no se consideran parte de la tradición filosófica
estadounidense. Esta situación, naturalmente, resulta perjudicial para los
hispanos, y agrava nuestra enajenación puesto que nosotros no tenemos un
pedigrí reconocido. Inclusive, el énfasis en la historia de la filosofía europea
no ibérica y la estadounidense excluye el pensamiento hispánico. Y el renovado dominio de los analíticos promete dejar de lado cualquier relación con
este pensamiento. Sin duda, los filósofos hispánicos están marginados en la
profesión, y la filosofía y los asuntos hispánicos se consideran ajenos a los
intereses de los filósofos estadounidenses. En efecto, hasta un filósofo tan
importante para la historia del pensamiento estadounidense como Jorge
Santayana es marginado con frecuencia, y esa marginación se debe en parte
al sentimiento de que no pertenece a una verdadera tradición angloestadounidense.

Se podría pensar que la fragmentación de la comunidad filosófica estadounidense hubiese abierto un espacio para los hispanos y los temas filosóficos hispánicos. Y así es. Ciertamente, a los hispanos se nos ha concedido
en la actualidad un lugar en la filosofía estadounidense, pero nuestro lugar
es marginal, uno más entre los numerosos grupos que compiten por llamar
la atención de la comunidad total. Pero nosotros no podemos adquirir esa
atención, porque se nos considera foráneos. Sólo si abandonásemos nuestra
herencia cultural y nos "agringáramos" podríamos llegar a adquirir un lugar
significativo en esta comunidad, pero obviamente entonces ese lugar no
sería como hispánicos, sino meramente como estadounidenses.

Me es imposible recordar el número de ocasiones en que mis amigos
euroestadounidenses, e incluso los afroestadounidenses, se han dirigido a
mí como si no fuera estadounidense, un verdadero estadounidense o un

---

[40] Kozol (1995), p. 41, *et passim*.

completo estadounidense. Efectivamente, no pasa ni una semana sin que escuche algún comentario que confirme esta idea. El juicio se justifica ante los ojos de los que lo emiten a causa de alguna idiosincrasia que me identifica, para ellos, como extranjero. Para muchos de nosotros éstas consisten en el acento, la apariencia o el modo de conducirnos. Pero, ¿por qué tener un acento hispánico implica que uno no sea estadounidense, mientras que tener uno sureño, británico o afroestadounidense no lo implica? ¿Acaso no es verdad que muchos de quienes tienen un acento hispánico han residido en el territorio nacional de los Estados Unidos tanto tiempo o más que otros que no lo tienen? ¿Qué se puede decir de los descendientes de los mexicano-estadounidenses que viven en California, Texas y Nuevo México desde antes que estos territorios se anexaran a los Estados Unidos? ¿Y qué de la apariencia? ¿Por qué la apariencia europea o africana se considera estadounidense, pero la supuesta apariencia hispánica no? Por último, ¿por qué habría de excluirse a alguien de la "familia estadounidense" sólo porque le gusta peinarse de tal o cual modo, o sonreír en determinadas circunstancias o mover las manos más frecuentemente de lo que los euroestadounidenses lo hacen?

Nada de esto tiene sentido, pero la situación es más absurda aún cuando se trata de hispanos que nacieron en los Estados Unidos, que no tienen un acento o una forma de conducirse supuestamente foránea y cuya apariencia es europea o africana, como cualquier euroestadounidense o afroestadounidense. No obstante, el mismo criterio se les aplica a ellos. Los hispanos, tengamos el acento, la apariencia o el tipo de conducta que tengamos, somos considerados extranjeros, como pertenecientes a otro lugar y, por lo tanto, no como verdaderos ciudadanos de este país.

La percepción de que somos extranjeros es el mayor obstáculo que se presenta ante los hispanos en la comunidad filosófica estadounidense. Esta comunidad es cerrada, xenófoba y europeísta. Si a uno se le percibe como no perteneciente a una de sus familias filosóficas establecidas, a su tradición filosófica europea o, siquiera, a alguna de las partes de esta comunidad, se le excluye; se le concibe o como perteneciente a otro lugar o como que su obra no es filosófica. Existen dos modos de marginar y desacreditar a los filósofos: ubicándolos en una tradición no europea o no estadounidense, o clasificando su quehacer como no filosófico. Así, los hispanos en general somos excluidos, salvo que podamos probar que o verdaderamente pertenecemos a uno de los grupos reconocidos, pensamos en términos europeos o somos parte de la comunidad estadounidense. Y sólo podemos probar eso olvidándonos en gran medida de lo que constituye nuestra identidad como hispanos, llegando a ser clones de los filósofos estadounidenses, y adhiriéndonos a alguna de las familias filosóficas establecidas en el país. Debemos olvidar quiénes somos, debemos olvidar de dónde venimos y debemos olvidar nuestra cultura y nuestros valores. No muevas mucho tus manos; no hables entusiastamente; más bien habla despacio y con frecuentes pausas; adopta la técnica del tartamudeo oxoniense; muéstrate inseguro; sé cínico y ambivalente; si eres varón, cómprate un saco de lana de tipo inglés; y si eres mujer trata de lucir como una indigente, y, ¡Dios te proteja!, nunca te pintes los labios o el pelo, y oculta lo más posible cualquiera de tus dotes físicas que pueda presentarte como mujer. En suma, sé lo que los otros quieren que seas, pues si no, no habrá lugar para ti en nuestro mundo filosófico.

Los hispanos que son rápidos y expresivos al hablar son percibidos como volubles o arrogantes, y a los que tienen un gran sentido del humor, y ríen fácilmente, no se les considera serios. Los que hablan con algún acento son juzgados como toscos e iletrados. Yo puedo dar fe de ello por mi experiencia personal. Entre los filósofos angloestadounidenses, es una gran falta hablar rápidamente, reaccionar con agilidad y mostrar elocuencia en los intercambios filosóficos. A las personas que lo hacen se les considera superficiales porque, supuestamente, no llegan a ver la complejidad de los asuntos en cuestión; la posibilidad de que quizá sean más inteligentes que sus interlocutores y de que puedan percibir más rápidamente y más allá que ellos, no se toma en cuenta. Éste es un problema para la mayoría de los hispanos, aunque también afecta a otros grupos étnicos.

Recuerdo que una vez el Departamento de Filosofía de la universidad donde enseño tenía una plaza abierta para un joven filósofo, y uno de los candidatos era de origen griego. Típicamente mediterráneo, era muy veloz al responder, por lo que algunos profesores concluyeron, inmediatamente, que era demasiado voluble. Otra candidata, de origen coreano, era más dubitativa e indefinida al responder, posiblemente por su trasfondo cultural, y eso fue tomado como un signo de madurez filosófica y profundidad. En la discusión sobre los méritos de estos candidatos, un miembro del cuerpo facultativo se refirió a las pausas de la segunda candidata como un indicador de su capacidad reflexiva; dijo que las pausas, "los espacios puestos entre frases y palabras", lo habían impresionado. Por supuesto, la persona en cuestión es muy conocida por sus flemáticas pausas, "reflexivas".

El humor es un serio problema, particularmente para los hispanos de ascendencia caribeña. Estos últimos, especialmente, tienen un gran sentido del humor que se deja traslucir en sus conversaciones. Hay un constante toma y daca, una forma de burla y una desinhibida muestra de humor y risas; así, el discurso está impregnado de ironía en todos los niveles, desde las conversaciones más ordinarias hasta las más sofisticadas disertaciones culturales. Los cubanos utilizan diversos términos para referirse a este fenómeno: algunos le llaman relajito, mientras que otros le dicen choteo. Esta actitud se extiende incluso, en ciertas ocasiones, a situaciones trágicas; para nosotros esta conducta es una especie de liberación, un modo de tratar las dificultades que están fuera de nuestro control, y de poner las cosas en perspectiva. En resumen, es un mecanismo de supervivencia y una fuente de esperanza, pues, como dice el dicho, "Mejor reír que llorar". Entre los cubanos, y entre muchos iberoamericanos, ésta es una cualidad muy apreciada, pero el anglosajón la toma como un defecto grave, especialmente los filósofos. Reír se considera una falta de respeto y seriedad, pues se supone que los filósofos no deberían reírse, ya que los asuntos de que se ocupan son demasiado serios para mezclarse con el buen humor. En algunas circunstancias se les permite una sonrisa sardónica, a lo Voltaire, pero nunca una carcajada. Reír pertenece a la provincia de la inmadurez, de la falta de capacidad mental, de los niños o de los idiotas.[41]

La facilidad que tienen los cubanos para hacer bromas de las situaciones más serias, la habilidad para ir desde las profundidades de la desesperación hasta las cimas de la hilaridad de un momento a otro y sin mucho trámite, es particularmente incomprensible para una cultura que requiere un proceso complicado de descompresión para pasar de una lágrima a una sonrisa. Por supuesto, éste no es un problema exclusivo del estadounidense anglosajón; otras culturas tropiezan con dificultades similares respecto del humor cubano. Hace poco estuve en Alemania hablando sobre este tema con otro cubano que vive allí, y me dijo que al germano le toma un periodo de varias horas realizar la transición que a un cubano le toma unos pocos segundos.

He experimentado en carne propia esta crítica hacia nuestro humor y nuestra risa. A un miembro facultativo de mi departamento se le hizo costumbre, durante unos años, telefonearme después de las reuniones de los miembros del departamento para indicarme que mi humor, o mi risa, habían estado fuera de lugar. Esto continuó así hasta que ese colega hizo una crítica similar sobre un tercero, enfrente de mí, y yo aproveché para subrayarle que su juicio era producto de un prejuicio cultural. Esto surtió el efecto deseado y nunca más me llamó por teléfono para quejarse de mi humor o de mi risa, pero estoy convencido de que no evitó que continuase pensando que la conducta de la gente que despliega su humor en las conversaciones filosóficas no es apropiada. Como me dijo un estudiante una vez, pareciera que el rostro característico del filósofo es el de la severidad.

No todas las personas que no son hispanos son tan culturalmente provincianos como mi colega. Frecuentemente encuentro gente comprensiva y receptiva en otras culturas. Un amigo alemán me ha dicho con frecuencia que, para él, ver conversar a los cubanos en pleno choteo, es tonificante; pero, por supuesto, este amigo no es estadounidense, y su campo es la lite-

---

[41] Chesterfield (1992), pp. 72-73.

ratura, no la filosofía. Los filósofos estadounidenses se toman muy, pero muy en serio.

Sobre los acentos, no necesito decir mucho: poseer un acento inglés es un tesoro de gran valor, especialmente en filosofía, al punto que muchos filósofos estadounidenses lo adoptan luego de visitar Inglaterra. Hasta las personas más torpes, cuando poseen un acento inglés, son consideradas en otro nivel. Los Estados Unidos tienen una atracción apasionada por todo lo inglés, y en el caso de los filósofos ésta es aún más pronunciada. En gran parte, se debe a que Inglaterra ocupó el liderazgo en el mundo filosófico angloestadounidense durante las tres cuartas partes del siglo XX. Por otra parte se debe a que los ingleses disponen de un amplio conocimiento de su idioma, cosa que usualmente no ocurre con los estadounidenses. Y en parte también es resultado del innegable hecho de que los filósofos ingleses reciben una formación mucho mejor que la de sus colegas estadounidenses. Pero es obvio que, lógicamente, el acento inglés no trae consigo ninguna de estas cualidades, y el no ser inglés, o no tener un acento inglés, no implica que uno desconozca el idioma o que no esté bien educado.

Esta actitud genera un problema para aquellos que no poseen ni el acento estadounidense ni el inglés, puesto que son considerados toscos o estúpidos. Sin embargo, existen excepciones. El acento alemán y el francés no suelen menospreciarse, y mucho menos dentro de la comunidad académica. Un acento francés se considera fino y elegante, mientras que el alemán se asocia al conocimiento y a la profundidad. Mas, con otros acentos, la situación es muy diferente, tal como lo saben los inmigrantes italianos, polacos e irlandeses. En el caso de los hispanos la situación es mucho peor, puesto que nuestro acento no se percibe siquiera como europeo; se asocia inmediatamente con los "indígenas" y con "gente primitiva". Por esta razón, existe una amplia predisposición de parte de los filósofos estadounidenses a no tomar seriamente lo dicho en un acento hispánico.

Conozco algunos jóvenes filósofos hispánicos que, desafortunadamente para ellos, se han interesado en nuestra filosofía, y digo desafortunadamente, porque ello les ha causado no sólo mortificaciones, sino que, a veces, ha estado al borde de arruinar sus carreras. Incluso mi limitado interés en la filosofía hispánica me ha causado dificultades —no en mi Departamento, pero en otro tipo de foros— y ha afectado perjudicialmente el modo en que se considera mi obra y mi persona en la profesión. A uno se le permite hacer una investigación histórica sobre algún oscuro personaje del iluminismo alemán, o aun sobre un único e históricamente desconocido e irrelevante manuscrito medieval francés del siglo XII, pero no se tolera que alguien se dedique al estudio de las obras de un filósofo iberoamericano, cuyo pensamiento pudo haber sido revolucionario y, a la vez, haber influido en el curso de los acontecimientos ocurridos en su país o aun en toda la América Ibérica. Y esta actitud no sólo reina entre los angloestadounidenses, sino que también es común entre nosotros mismos. Me cuenta un amigo que un tercero le comentó una vez: "¿Cuál es el problema de Gracia? ¿Por qué pierde su tiempo con la filosofía iberoamericana cuando podría estar haciendo cosas maravillosas sobre la medieval o sobre la metafísica? ¡Pienso que tiene un problema psicológico serio!"

Si a esto se le añade la tipificación que impregna a la filosofía estadounidense de hoy, se puede comprender cuán peligroso y antagónico resulta, para los hispanos, dedicarse a los asuntos hispánicos. Puesto que, una vez que uno es tipificado como hispanista, seguramente será ignorado. Esto explica, inclusive, la actitud hostil en contra del pensamiento hispánico y los asuntos que guardan relación con los hispanos mismos. El interés en nuestros asuntos por algunos hispanos se percibe como amenazador para el estatus alcanzado por aquellos hispanos que se han distanciado de cualquier cosa que tenga que ver con su identidad *qua* hispanos. Porque somos hispanos, cualquier énfasis general sobre nuestros asuntos promueve nuestra tipificación como hispanistas, y nos margina, debilitando la posición que hayamos adquirido o los logros que hayamos alcanzado. El doble criterio implicado por este estado de cosas debería ser obvio para cualquiera que tenga ojos para ver, pero me pregunto: ¿por qué tiene que ser así?

Nuevamente, mi sugerencia es que esto ocurre en parte porque se percibe a los hispanos como forasteros intrusos en los Estados Unidos, una etnia inmigrante de una tierra extranjera. Los hispanos que muestran un interés por los asuntos hispánicos o por el pensamiento hispánico son forasteros, porque no encajan en los grupos filosóficos que dominan la filosofía estadounidense en la actualidad: no pertenecen a ninguna familia filosófica establecida, y por eso deben pertenecer a algún lugar de fuera. La fragmentación, la organización genética y familiar, y la rivalidad entre estas familias en la filosofía estadounidense, contribuyen a la exclusión de los hispanos. El único modo en que podemos ingresar al universo filosófico estadounidense es llegando a ser lo que los filósofos estadounidenses consideran aceptable; los hispanos debemos pagar un derecho de suelo. Para los filósofos analíticos, esto implica una anglofilia, mientras que para los continentales / pluralistas, conlleva a una actitud europeizante (pero que excluye a Iberia). Ambos caminos entrañan modificaciones sustanciales del legado cultural y conceptual de los hispanos pues, después de 1492, nuestro universo conceptual se enajena cada vez más de la corriente principal del pensamiento europeo. Es más, estos caminos no dejan espacio para la herencia intelectual hispánica, y en especial para nuestra filosofía. Los hispanos que no renuncien a su identidad, entonces, encontrarán que es muy molesto pertenecer a la comunidad filosófica estadounidense. A su vez, esto explica por qué hay muy pocos de nosotros dedicados a la filosofía. Aquellos de nosotros que nos incorporamos a ella, debemos dejar fuera cualquier interés que pueda haber estado relacionado temáticamente con nuestra herencia o condición. También se explica así la falta de interés en los asuntos hispánicos entre los filósofos hispanos mismos y entre los no hispanos en los Estados Unidos.

Conclusión

Queda claro que los hispanos no somos parte de la comunidad filosófica estadounidense, en la misma proporción en que formamos parte de la población de los Estados Unidos. También es obvio que nuestros asuntos y preocupaciones no son parte de la agenda filosófica del país. He propuesto, como una de las razones de estos fenómenos, el que somos percibidos como forasteros, y por ende marginales en relación con las preocupaciones que se consideran propiamente estadounidenses. ¿Se puede hacer algo al respecto?

Muchos hispanos han tratado de resolver el problema de una manera que implica el despojarse de todo lo hispánico, mimetizándose con el ambiente filosófico imperante en los Estados Unidos, e integrándose a alguna de las familias de la comunidad filosófica estadounidense. Pero esta solución parece demasiado costosa para aquellos de nosotros que deseamos ser plenamente auténticos. Para nosotros, la única solución consiste en continuar siendo quienes somos y hacer lo que honestamente pensamos que debemos hacer como filósofos, con la esperanza de que algún día lleguemos a ser aceptados en la mencionada comunidad.

A pesar de lo dicho, y de los evidentes obstáculos en el desarrollo de esta meta, me siento optimista. Hoy nos encontramos fuera de la corriente principal de la filosofía estadounidense, pero mañana puede que todo sea diferente. Si el número de hispanos en la población en general continúa creciendo, y aquellos que somos filósofos seguimos por nuestro camino, al margen de la indiferencia e incluso de la hostilidad de la comunidad filosófica estadounidense, creo que eventualmente esa comunidad nos prestará la debida atención. Mientras tanto, debemos hacer todo lo que esté a nuestro alcance para mantener estas cuestiones en vigencia, para hacer que los hispanos y los no hispanos sean conscientes de ellas, y para conservar un alto nivel de reflexión cuando las tratamos.

Ahora bien, gran parte de lo que he dicho sobre los hispanos en filosofía se aplica de modo semejante a los hispanos en otras disciplinas académicas, aunque varía en el grado de aplicación. Se aplica en la mayoría de las disciplinas porque la percepción de forastero asociada a los hispanos es un fenómeno cultural que se infiltra en todas las dimensiones sociales, pues tiene que ver con algunas características, buenas o malas, asociadas a los hispanos. Es más, es un hecho evidente para cualquier universitario en los Estados Unidos que haya reflexionado sobre el sistema académico del país, que algunos de los rasgos que he asociado con la cultura de la comunidad filosófica estadounidense son rasgos del sistema general más que de la profesión filosófica. Por supuesto, cada comunidad disciplinaria ha desarrollado sus propias idiosincrasias a lo largo del tiempo, y en algunas disciplinas esas idiosincrasias son, quizá, menos influyentes que en otras. Es difícil creer, por ejemplo, que las peculiaridades del acento o de la conducta tengan un papel preponderante en las ciencias naturales. Las humanidades, las artes y las ciencias sociales parecen ser más susceptibles de ser afectadas por estas contingencias. De allí mi observación de que existe una variación en grados. Aun así, éstos tienen alguna influencia y determinan el nivel de seriedad con que se consideran las ideas. Al fin y al cabo, la autoridad tiene un papel central en todas las disciplinas, y la autoridad se funda en la percepción.

Aun fuera del ámbito académico, sin embargo, lo que he dicho acerca de los hispanos en filosofía parece aplicarse en general. La situación de los hispanos en filosofía es tan sólo un ejemplo de la situación general en la que nos encontramos en los Estados Unidos. En cierto sentido, somos parte del país, pero en otro, somos percibidos como extranjeros en él, y aun cuando somos tolerados, nunca somos completamente aceptados.[42]

Esto me lleva nuevamente a la tesis general sostenida en este libro. Los hispanos de todo el mundo tenemos una identidad que nos une y nos separa de otros grupos étnicos. Nos une a los hispano-estadounidenses, los iberoamericanos y los iberos, y nos separa del grueso de los europeos no ibéricos y de los estadounidenses porque esa mayoría, con excepción del componente africano, es fundamentalmente europea y no ibérica. Pero los estereotipos en términos de los cuales nos conciben los estadounidenses no hispánicos son falsos en la medida en que, por lo general, son generalizaciones ilícitas basadas en observaciones muy limitadas. Nuestra identificación con base en algunos rasgos comunes es una falsificación, porque no constituimos una unidad en tanto que no compartimos un conjunto de propiedades en todo tiempo y lugar. Conformamos una unidad gracias a que estamos vinculados por una complicada y multifacética red de relaciones históricas.

[42] Analizo el papel de la "acción afirmativa" referente a este contexto en Gracia (2000a).

Conclusión

MUCHO MÁS DE LO QUE HA SIDO DICHO AQUÍ podría decirse acerca de la identidad hispánica. En efecto, creo que las tesis que he propuesto plantean más interrogantes de las que pretenden responder, pero es así como debe ser. El objetivo de este libro no consiste en acabar con la discusión sobre este tema, sino más bien promoverla, haciendo que otros tomen conciencia de la necesidad de tratarlo y de dialogar en torno a sus múltiples dimensiones. No pretendo poseer la Verdad, ni siquiera algunas verdades irrefutables. Mi intención ha sido plantear algunas preguntas y dar algunas respuestas a las que creo haber llegado luego de reflexionar mucho sobre ellas, pero que están lejos de ser irrefutables o estar completas. La labor real queda por hacer, y deberás hacerlo tú, lector. Yo te he presentado estas cuestiones desde mi punto de vista filosófico particular. Te toca a ti ahora aportar algo propio y comenzar con el proceso reflexivo que te conducirá a encontrar tus respuestas, pues, en definitiva, como sucede con todas las cuestiones importantes, ninguna respuesta es realmente buena para otro. Cada uno de nosotros debe encontrarlas por sí mismo, así como encontramos nuestro propio camino, y vivimos nuestra propia vida. Con todo, he llegado a algunas conclusiones y pienso que corresponde, antes de terminar, presentar un resumen de ellas en términos muy generales.

La tesis más importante que he defendido es que existe una identidad para nosotros, los hispanos; somos un pueblo, y podemos enorgullecernos de ello, aun cuando esta identidad esté fundada en una compleja historia que incluye mucho sufrimiento. Efectivamente, nuestra historia es como cualquier historia, una mezcla de cosas buenas y malas. Mas no debemos rechazarla a causa de lo malo que contenga. Si lo hacemos, perderíamos el fundamento de lo que necesitamos para poder cambiarla, y el cambio es el único modo de mejorar el futuro, e incluso transformar el pasado, vinculándolo a un mejor resultado. No me quedan dudas de que somos un pueblo, y de que este hecho no puede negarse en el pasado, aun si pudiese anularse en un futuro. El futuro siempre está abierto, y puede ser diferente; no estamos atrapados en él.

Pero también estoy convencido de que nuestra identidad no se funda en propiedades comunes. Pensar que esto es así es el error de todos los que han abogado hasta ahora por una identidad común de los hispanos. Estas propuestas son susceptibles de ataque en cuanto que han fallado siempre en la búsqueda de algo que sea compartido por todos nosotros en todo momento. Como resultado, recientemente se ha producido un rechazo de posiciones más globales sobre la identidad, y se ha señalado que esas posiciones abarcadoras excluyen, necesariamente, a varios grupos. Parecería más fácil defender posiciones que sostienen una identidad común entre hispanos ibéricos e hispanoamericanos, y que excluyen a los portugueses ibéricos y a los brasileños, y viceversa; o una identidad común a los iberoamericanos que excluye a los iberos, y viceversa. Pero también ha sido difícil defender estas identidades, puesto que la noción de una Iberia, una España o una América Ibérica resultan tan problemáticas como las categorías más globales que, como se ha visto, son inexactas. Así, las posiciones se han ido tornando cada vez más particulares. En lugar de hablar de los iberos o iberoamericanos, el esfuerzo se ha concentrado en la defensa de las identidades nacionales: colombianos, bolivianos, portugueses y brasileños. Pero aun este esfuerzo se ha visto plagado de dificultades, pues estas categorías políticas frecuentemente incluyen pueblos que son culturalmente diferentes y que han mantenido rivalidades y resentimientos en contra de otros grupos, con los cuales han sido aglutinados artificialmente bajo categorías nacionalistas. Nuevamente, esto ha llevado a más intentos de especificación, los cuales no han tenido más éxito que los anteriores.

La dificultad es que aquellos que han ido en busca de la identidad lo han hecho por una vía equivocada, tratando de identificar propiedades comunes. Y esto lo han hecho porque han concebido la identidad en términos esencialistas, creyendo que ella implica lo mismo que la esencia y que la esencia consiste en propiedades. Pero no toda identidad tiene que entenderse en términos de una esencia o de propiedades. En particular, ni la identidad étnica ni la personal se deben concebir en esos términos.[1] La historia está en contra de toda perspectiva que crea lo contrario porque la historia implica cambio, y tanto las etnias como las personas son entes his-

---

[1] Los grupos son colecciones de individuos, y, por lo tanto, individuos también, y la individualidad no puede comprenderse en términos esencialistas. Para una defensa de este punto de vista, véase Gracia (1988).

tóricos, ni estáticos ni estacionarios, ni mucho menos inmutables. Al contrario, la realidad histórica se funda en el cambio. Por esta razón, la búsqueda de la identidad y la identificación de los hispanos debe empezar basándose en el siguiente hecho: que no toda identidad se basa en algo común; la identidad se puede fundar —y de hecho frecuentemente lo hace— en relaciones contingentes que crean familias históricas. Si uno comienza con esta premisa, entonces resulta evidente que algunas categorías regionales, nacionales y supranacionales no sólo son posibles, sino justificadas. Más aún, llega a ser obvio que aquellas categorías de identificación que se justifican sirven para ilustrarnos sobre aquello que abarcan en un modo que no se habría percibido si no se las usara.

Mi tesis es que los hispanos constituimos una de esas familias históricas y que, por lo tanto, esto nos identifica, lo cual no sólo está justificado sino que, además, resulta útil. También he propuesto que, más que ninguna otra etiqueta, el término 'hispano' nos sirve de nombre. ¿Por qué? A causa de que es el único que aun remotamente parece justificable, y es el único que puede denotar los miembros de una familia histórica constituida por los iberos, los iberoamericanos y los hispano-estadounidenses. Existen, empero, desventajas con el nombre, y para algunos su uso crea un sinsabor considerable, y hasta dolor, inclusive. Pero confío en que lo que he dicho en el transcurso de este libro haya contribuido a disminuir estos sentimientos. En todo caso, más importante que el nombre es la realidad que he tratado de describir. Y a ésa es a la que principalmente remito al lector.

En conclusión, somos un pueblo, y por ende deberíamos tener un nombre, hispanos. No obstante, esto no evita el uso de otras categorizaciones. ¿Por qué habría de hacerlo? Que seamos mamíferos no excluye que seamos humanos también. De la misma forma, que seamos hispanos no debería impedir que algunos de nosotros seamos mexicanos, argentinos, tarahumaras, chicanos, iberos, o mexicanos y tarahumaras, o portugueses y africanos, o lo que sea. Así como ser mamíferos no nos priva de sentirnos más emparentados con otros humanos más que con otros mamíferos no humanos, igualmente, el que seamos hispanos no debería impedir que algunos de nosotros sintamos un mayor parentesco con los mexicanos, argentinos o tarahumaras.

Tampoco debería nuestra identidad hispánica, y el uso de un nombre común que la explicite, implicar homogeneidad. La homogeneidad es una invención humana. La leche no es homogénea; los seres humanos la hacemos homogénea cuando la sometemos a una serie de procedimientos artificiales. De igual manera, no existe gente homogénea, sino que las sociedades son fundamentalmente heterogéneas, y en esto son como los seres humanos mismos, compuestos de muchas partes diferentes unidas en diversas formas. Los filósofos han insistido sobre este punto por más de dos mil años, pero muchos tendemos a olvidarlo. Los hispanos, entonces, no somos homogéneos, pero tampoco lo son los guatemaltecos, los venezolanos o cualquier otro subgrupo hispánico. La homogeneidad de un grupo social es un mito.

Si no existen propiedades comunes entre los hispanos, ni tampoco una homogeneidad entre ellos, no podrá haber, entonces, una búsqueda exitosa de una esencia hispánica, puesto que no hay tal esencia que pueda hallarse. Todos los intentos en esta dirección no sólo están errados, sino que, además, son peligrosos, y por ello deben eliminarse. Todo tipo de etnicismo o racismo es pernicioso y equivocado porque se basa en la noción de una esencia que se supone pertenece al grupo étnico o racial. Ya hemos sufrido bastante por causa del etnicismo y del racismo. ¿No ha sido suficiente con Hitler y el Ku Klux Klan? No coloquemos algo parecido en su lugar. Cualquier tipo de etnicismo, y más aun de racismo, tiende a privilegiar a un grupo sobre los otros y por ende a crear o contribuir a la discriminación, la segregación y la injusticia. Quienes lean este libro cuidadosamente no encontrarán ningún material en él que se preste para apoyar etnicismos o racismos exclusivistas sobre los hispanos o cualquier otro grupo social. Y si alguno se decepciona porque eso es lo que esperaba encontrar, que vaya y busque en otro lugar.

Finalmente, espero que este libro no genere resentimientos. Mi objetivo no es dividir, recriminar o ser invitado a una cena para subsanar los errores del pasado. El libro es una declaración de esperanza y un argumento en contra de cualquier tipo de polarización entre hispanos y anglos, hispanos y otros grupos étnicos y sociales, o aun entre los hispanos mismos. Reconozcamos nuestra unidad en la diferencia y hagamos de ello el fundamento no sólo de la tolerancia, sino de la aceptación y el reconocimiento del valor de cada uno.

Bibliografía

ABALOS, DAVID, T. (1986). *Latinos in the United States: The Sacred and the Political*, University of Notre Dame Press.

ABELLÁN, JOSÉ LUIS (1979-91). *Historia crítica del pensamiento español*, 7 vols., Espasa-Calpe.

—— (1972). *La idea de América: origen y evolución*, ISTMO.

—— (1967). *Filosofía española en América (1936-1966)*, Ediciones Guadarrama.

ACOSTA-BELÉN, EDNA (1988). «From Settlers to Newcomers: The Hispanic Legacy in the United States», en E. Acosta Belén y B. R. Sjostrom, eds., *The Hispanic Experience in the United States: Contemporary Issues and Perspectives*, Praeger, 81-106.

—— ed. (1986). *The Puerto Rican Woman: Perspectives on Culture, History, and Society*, Praeger.

ACOSTA-BELÉN, EDNA, y SJOSTROM, BARBARA, eds. (1988). *The Hispanic Experience in the United States: Contemporary Issues and Perspectives*, Praeger.

ACUÑA, RODOLFO (1971). *A Mexican American Chronicle*, American Book Company.

ADORNO, ROLENA (1993). «Reconsidering Colonial Discourse for Sixteenth- and Seventeenth-Century Spanish America», *Latin American Research Review* 28: 135-145.

ALBERDI, JUAN BAUTISTA (1963). *Bases y puntos de partida para la organización de la confederación argentina*, Librería y Editorial Castellvi.

—— (1895-1901). «Ideas para presidir la confección del curso de filosofía contemporánea», en *Escritos póstumos de Juan Bautista Alberdi*, vol. 15, Imprenta Europea, Moreno y Defensa.

ALBÓ, XAVIER (1995). «Our Identity Starting from Pluralism in the Base», in J. Beverly, M. Aronna, and J. Oviedo, eds. *The Postmodernism Debate in Latin America*, Duke University Press, pp. 18-33.

ALCOVER, ANTONI, y MOLL, FRANCESC DE B. (1968). *Diccionari Català-Valencià-Balear*, 10 vols., Editorial Moll.

ALCOFF, LINDA MARTÍN (1995). «Mestizo Identity», en Naomi Zack, ed. *American*

Mixed Race: The Culture of Microdiversity, Rowan & Littlefield, pp. 257-278.

América Latina: Historia y destino (Homenaje a Leopoldo Zea) (1992-1993). 3 vols., Universidad Nacional Autónoma de México.

ANDERSON, BENEDICT (1983). *Imagined Communities: Reflections on the Origin and Spread of Nationalism,* Verso.

ANZALDÚA, GLORIA (1987). *Borderlands/La Frontera,* Spinsters/Aunt Lute.

APPIAH, ANTHONY K. (1990). «But Would That Still Be Me? Notes on Gender, "Race", Ethnicity, as Sources of "Identity"», Journal of Philosophy 87: 493-499.

APPIAH, ANTHONY K. y GUTTMAN, AMY (1996). *Color Conscious: The Political Morality of Race,* Princeton University Press.

ARCINIEGAS, GERMAN (1967). *Latin America: A Cultural History,* trans. Joan McLean, Alfred A. Knopf.

«Area and Population of the World» (1997). En *The World Almanac and Book of Facts,* World Almanac Books, p. 838.

ARGUEDAS, ALCIDES (1959). *Pueblo enfermo: Contribución a la psicología de los pueblos hispano-americanos,* en Luis Alberto Sánchez, ed., *Obras completas,* Aguilar, vol. 1, pp. 395-617.

ARISTÓTELES (1941). *The Basic Works of Aristotle,* ed. R. McKeon, Random House.

AGUSTÍN, SAN (1971). *Contra académicos,* ed. V. Capanaga, *et al.,* en *Obras completas de San Agustín,* vol. 3, Biblioteca de Autores Cristianos.

BAMBROUGH, R. (1960-61). «Universals and Family Resemblances», Proceedings of the Aristotelian Society 61: 207-222.

BELLIOTTI, RAYMOND A. (1995). *Seeking Identity: Individualism versus Community in an Ethnic Context,* University Press of Kansas.

BENEDETTI, MARIO (1972). «Temas y problemas», en C. Fernández Moreno, ed., América Latina en su literatura, Siglo XXI, pp. 354-371.

BENEDICT, RUTH (1934). *Patterns of Culture,* Houghton Mifflin Co.

BERKHOFER, ROBERT (1978). *The White Man's Indian: Images of the American Indian from Columbus to the Present,* Knopf.

BERNAL, MARTHA E., y KNIGHT, GEORGE P., eds. (1993). *Ethnic Identity: Formation and Transmission among Hispanics and Other Minorities,* SUNY Press.

BERNSTEIN, RICHARD (1987). «Philosophical Rift: A Tale of Two Approaches», New York Times (diciembre 29), pp. A1 y A15.

BEUCHOT, MAURICIO (1998). *The History of Philosophy in Colonial Mexico,* Catholic University of America Press.

——— (1991). «Aportaciones de pensadores novohispanos a la filosofía universal», en Estudios de historia y de filosofía en el México colonial, Universidad Nacional Autónoma de México, pp. 43-51.

——— (1989). «Escepticismo en la edad media: El caso de Nicolás de Autrecourt», *Revista Latinoamericana de Filosofía* 15, 3: 307-319.

——— (1985). *La lógica mexicana del Siglo de Oro,* Universidad Nacional Autónoma de México.

BEUCHOT, MAURICIO and REDMOND, WALTER (1987). *Pensamiento y realidad en Alonso de la Vera Cruz,* Universidad Nacional Autónoma de México.

BEVERLY, J., ARONNA, M., y OVIEDO, J., eds. (1995). *The Postmodernism Debate in Latin America,* Duke University Press.

BLACK, MAX (1963). *Philosophical Analysis: A Collection of Essays,* Prentice Hall.

Black, Hispanic, and White Doctoral Students: Before, During, and After Enrolling in Graduate School (1990). Educational Testing Service.

BOLÍVAR, SIMÓN (1991). *Para nosotros la patria es América*, Biblioteca Ayacucho.

——— (1964). *Cartas del Libertador*, 6 vols., Fundación Vicente Lecuna.

BONAVENTURE (1982-1902). *Collationes in Hexaemeron 19*, en *Opera omnia*, vol. 5, Collegium S. Bonaventurae.

BODUNRIN, PETER O. (1991). «The Question of African Philosophy», en Tsenay Serequeberhan, ed. *African Philosophy: The Essential Readings*, Paragon House, pp. 63-86.

BRENNAN, ANDREW (1988). *Conditions of Identity: A Study of Identity and Survival*. Clarendon Press.

BREWER, R. E. y BREWER, M. B. (1971). «Expressed Evaluation Toward a Social Object as a Function of Label», *Journal of Sociological Psychology* 84: 257-260.

BUNGE, CARLOS OCTAVIO (1903). *Nuestra América*, Henrich.

BUNGE, MARIO (1995). «Testimonio de Mario Bunge», en Ana Baron, Mario del Carril, y Albino Gómez, eds. *¿Por qué se fueron? Testimonios de argentinos en el exterior*, Emecé, pp. 49-80.

BUTLER, R. E. (1986). *On Creating a Hispanic America: A Nation within a Nation?*, Council for Inter-American Security.

CAFFERTY, PASTORA SAN JUAN, y MCCREADY, WILLIAM C., eds. (1985). *Hispanics in the United States: A New Social Agenda*, Transaction Books.

CALDERÓN, F. (1995). «Latin American Identity and Mixed Temporalities; or, How to Be Postmodern and Indian at the Same Time», en J. Beverly, J. Oviedo, y M. Aronna, eds. *The Postmodernism Debate in Latin America*, Duke University Press, pp. 55-64.

CARNAP, RUDOLPH (1959). «The Elimination of Metaphysics Through Logical Analysis of Language», trans. Arthur Pap, in A. J. Ayer, ed. *Logical Positivism*, Free Press, pp. 60-81.

CASTRO-GÓMEZ, SANTIAGO (1996). *Crítica de la razón latinoamericana*, Puvill Libros.

CELA, CAMILO JOSÉ (1970). «Spain: Its People, Language, and Culture», en E. Jones and F. Dean, eds. The Americas and Self-Identification, Texas A & M University Press, pp. 118-124.

CHAMBERLIN, E. R (1969). *The Bad Popes*, Dorset Press.

CHESTERFIELD, LORD (1992). *Letters*, Oxford University Press.

CHISHOLM, RODERICK (1970). «Identity through Time», en H. E. Kiefer y M. K. Munitz, eds., *Language, Belief, and Metaphysics*, SUNY Press, pp. 163-182.

CHURCHILL, WARD (1993). *Struggle for the Land: Indigenous Resistance to Genocide, Ecocide, and Expropriation in Contemporary North America*, Common Courage Press.

COE, MICHAEL D. (1993). *The Maya*, Thames and Hudson.

COPLESTON, FREDERICK (1950). *A History of Philosophy*, Image Books.

CORLETT, J. ANGELO. (2003). *Race, Racisms and Reparations*, Cornell University Press.

——— (1996). «Parallels of Ethnicity and Gender», en Naomi Zack, ed. *Race/Sex: Their Sameness, Difference and Interplay*, Routledge, pp. 83-93.

CORTÁZAR, JULIO (1965). *Rayuela*, Editorial Sudamericana.

CRAIG, EDWARD (1998). *Routledge Encyclopedia of Philosophy*, 10 vols., Routledge.

CRAWFORD, WILLIAM R. (1961). *A Century of Latin American Thought*, Harvard University Press.

Cuadernos Americanos (1950).

Cursus Conimbricensis (1600 ff.). Universidade de Coimbra, Collegium Conimbricense Societatis Jesu.

DANE, LEILA, F. (1997). «Ethnic Identity and Conflict Transformation», Peace Review 9, 4: 503-507.

DAVIS, HAROLD E. (1972). *Latin American Thought: A Historical Introduction,* Louisiana State University Press.

——— (1961). *Latin American Social Thought,* Washington University Press.

DAVIS, C., *et al.* (1988). «U.S. Hispanics: Changing the Face of America», en E. Acosta-Belén y B. R. Sojstrom, eds. *The Hispanic Experience in the United States: Contemporary Issues and Perspectives,* Praeger, pp. 3-78.

DEFOURNEAUX, M. (1973). *Inquisición y censura de libros en la España del siglo XVIII,* Taurus.

DERRIDA, JACQUES (1977). «Signature Event Context», *Glyph* 1: 172-197.

DÍAZ DEL CASTILLO, BERNAL (1956). *The Discovery and Conquest of Mexico,* trad. A. P. Mandslay, Farrar, Strauss and Cudahy.

Diccionario manual ilustrado de la lengua española (1981). Espasa-Calpe.

DOMÍNGUEZ CABALLERO, DIEGO (1968). «Motivo y sentido de una investigación de lo panameño», en Leopoldo Zea, ed., *Antología de la filosofía americana contemporánea,* B. Costa Amic, pp. 157-169.

DONOSO, ANTÓN (1992). «Latin American Applied Philosophy», *Latin American Research Review* 27, 2: 237-257.

——— (1976). «The Society for Iberian and Latin American Thought: An Interdisciplinary Project», *Los Ensayistas: Boletín Informativo* 1-2: 38-42.

DUSSEL, ENRIQUE (1995). *The Invention of America: Eclipse of «the Other» and the Myth of Modernity,* trad. Michael D. Barber, Continuum.

EDWARDS, PAUL (1967). *The Encyclopedia of Philosophy,* 8 vols., Collier Macmillan.

ELLIOT, J. H. (1970). *The Old World and the New, 1492-1650,* Cambridge University Press.

ENGLISH, PARKER, y KALUMBA, KIBUJJO M. (1996). *African Philosophy: A Classical Approach,* Prentice Hall.

FAIRCHILD, H. H. y COZENS, J. A. (1981). «Chicano, Hispanic or Mexican American: What's in a Name?» *Hispanic Journal of Behavioral Sciences* 3: 191-198.

FERNÁNDEZ, CARLOS A. (1992). «La Raza and the Melting Pot: A Comparative Look at Multiethnicity», en Maria P. P. Root, ed. *Racially Mixed People in America,* SAGE, pp. 126-143.

FERNÁNDEZ RETAMAR, ROBERTO (1974). *Calibán: Apuntes sobre la cultura en nuestra América,* Editorial Diógenes.

La filosofía en América: Trabajos presentados en el IX Congreso Interamericano de Filosofía, (1979), 2 vols., Sociedad Venezolana de Filosofía.

Filosofía y Letras (1950).

FOUCAULT, MICHEL (1990). «Nietzsche, Freud, Marx», en G. L. Orminston y A. D. Schrift, eds., *Transforming the Hermeneutic Circle: From Nietzsche to Nancy,* SUNY Press, pp. 59-68.

——— (1980). «Prison Talk», en Colin Gordon, ed. Power/Knowledge, Pantheon Books, pp. 37-54.

Fox, Geoffrey (1996). *Hispanic Culture, Politics, and the Constructing of Identity Nation,* Carol Publishing Group.

Francovich, Guillermo (1968). «Pachamama», en Leopoldo Zea, ed. *Antología de la filosofía americana contemporánea,* B. Costa Amic, pp. 79-87

———— (1956). *El pensamiento boliviano en el siglo xx,* Fondo de Cultura Económica.

Freyre, Gilberto (1986). *The Mansions and the Shanties,* trad. Harriet de Onís, University of California Press, originalmente publicado en 1936

———— (1946). *The Masters and the Slaves,* trad. S. Putnam, Knopf.

Frondizi, Risieri (1949). «Is There an Ibero-American Philosophy?», *Philosophy and Phenomenological Research* 9: 345-355, originalmente publicado en 1948.

Fuentes, Carlos (1985). *Latin America at War with the Past,* CBC Enterprises.

Furlong, Guillermo (1952). *Nacimiento y desarrollo de la filosofía en el Río de La Plata, 1536-1810,* Guillermo Kraft.

Fusco, Coco (1992). «The Latino "Boom" in American Film», en *Centro de Estudios Puertorriqueños Bulletin,* El Centro, pp. 49-56.

Fuster, J. (1972). *Rebeldes y heterodoxos,* Ariel.

Gallegos Rocafull, José M. (1974). *El pensamiento mexicano en los siglos xvi y xvii,* Universidad Nacional Autónoma de México.

Gaos, José (1952). *Sobre Ortega y Gasset,* Imprenta Universitaria de México.

———— (1952a). *En torno a la filosofía mexicana,* Porrúa y Obregón.

———— (1945). *Historia del pensamiento de lengua española en la edad contemporánea (1744-1944),* Séneca.

García Calderón, Francisco (1979). *Las democracias latinas de América: La creación de un continente,* Biblioteca Ayacucho, publicado originalmente en francés en 1912.

García Márquez, Gabriel (1989). El general en su laberinto, Editorial Diana.

Garza, Rodolfo O. de la, *et al.* (1998). «Family Ties and Ethnic Lobbies: Latino Relations with Latin America», *Policy Brief,* Tomás Rivera Policy Institute.

Giacon, Carlo (1946). *La seconda scolastica,* 2 vols., Fratelli Bocca.

Gil Fernández, Luis (1984). *Estudios de humanismo y tradición clásica,* Editorial Complutense.

Gilson, Etienne (1955). *History of Christian Philosophy in the Middle Ages,* Random House.

Giménez, Martha (1989). «Latino?/"Hispanic": Who Needs a Name? The Case Against a Standardized Terminology», *International Journal of Health Services* 19, 3: 557-571.

Glazer, Nathan (1996). «The Hard Questions: Race for the Cure», *The New Republic* (octubre 7): 29.

Glazer, Nathan, y Moynihan, Daniel P. (1963). *Beyond the Melting Pot,* Harvard University Press.

———— eds. (1975). *Ethnicity: Theory and Experience,* Harvard University Press.

Gobineau, Arthur de (1967). *The Inequality of Human Races,* trad. O. Levy, Howard Fertig, originalmente publicado en 1853.

Gómez-Martínez, José Luis (1995). *Pensamiento de la liberación: Proyección de Ortega en Iberoamérica,* Ediciones EGE.

Gómez Robledo, Antonio (1958). *Ideas y experiencia de América,* Fondo de Cultura Económica.

GONZÁLEZ, JUSTO L. (1992). «Hispanics in the United States», *Listening: Journal of Religion and Culture 27*, 1:7-16.

GRACIA, JORGE J. E. (2005). *Surviving Race, Ethnicity, and Nationality: A Challenge for the Twenty-First Century*. Rowman & Littlefield.

——— (2000a). «Affirmative Action for Hispanics/Latinos? Yes and No», en Jorge J. E. Gracia y Pablo De Greiff, eds., *Ethnic Identity, Race, and Group Rights: Hispanics/ Latinos in the US*, Routledge, pp. 201-221.

——— (2000b). «Sociological Accounts in the History of Philosophy», en Martin Kusch, ed. *The Sociology of Philosophical Knowledge*, Kluwer, pp. 193-211.

——— (1999a). «Philosophy in American Public Life: De facto and De jure», *Proceedings of the XXth World Congress of Philosophy 72*, 5:149-158.

——— (1999b). «The Nature of Ethnicity with Special Reference to Hispanic/Latino Identity», *Public Affairs Quarterly 13*, 1:25-42.

——— (1998a). *Filosofía hispánica: Concepto, origen y foco historiográfico*, Universidad de Navarra.

——— (1998b). *La Filosofía y su historia: Cuestiones de historiografía filosófica*. Trad de Juan José Sánchez Alvarez-Castellanos, de (1992) *Philosophy and Its History: Issues in Philosophical Historiography*, SUNY; Universidad Nacional Autónoma de México.

——— (1996). *Texts: Ontological Status, Identity, Author, Audience*, SUNY Press.

——— (1995). *A Theory of Textuality: The Logic and Epistemology*, SUNY Press.

——— (1993). «Hispanic Philosophy: Its Beginning and Golden Age», *Review of Metaphysics 46*, 3: 475-502. Rep. (1997) en K. White, ed. *Hispanic Philosophy in the Age of Discovery*, Catholic University Press of America, pp. 3-27.

——— (1992a). «Zea y la liberación latinoamericana», en varios autores, *América Latina: Historia y destino (Homenaje a Leopoldo Zea)*, Universidad Nacional Autónoma de México, vol. 2, pp. 95-105.

——— (1988). *Individuality: An Essay on the Foundations of Metaphysics*, SUNY Press.

——— (1987). *Introducción al problema de la individuación en la alta edad media*. Trad. de Benjamín Valdivia, rev. de Mauricio Beuchot, de (1984) *Introduction to the Problem of Individuation in the Early Middle Ages*, Philosophia Verlag; Universidad Nacional Autónoma de México.

——— (1988-89). «Latin American Philosophy Today», *Philosophical Forum 20*: 4-32.

——— ed. (1988). *Repertorio de filósofos latinoamericanos*, Council of International Studies and Programs of State University of New York at Buffalo.

——— ed. (1986). *Latin American Philosophy in the Twentieth Century*, Prometheus Books.

——— (1975). «Importance of the History of Ideas in Latin America: Zea's Positivism in Mexico», *Journal of the History of Ideas 36*: 177-184.

GRACIA, JORGE J. E. y JAKSIÇ, IVÁN, eds. (1988). *Filosofía e identidad cultural en América Latina*, Monte Ávila.

GRACIA, JORGE J. E., y JAKSIÇ, IVÁN. (1984). «The Problem of Philosophical Identity in Latin America: History and Approaches», *Inter-American Review of Bibliography* 34: 53-71.

GRACIA, JORGE J. E., et al., eds. (1985). *El análisis filosófico en América Latina*. Trad. en inglés (1984), *Philosophical Analysis in Latin America*, Reidel; Fondo de Cultura Económica.

GRAHAM, RICHARD, ed. (1990). *The Idea of Race in Latin America, 1870-1940*, University of Texas Press.

GRICE-HUTCHINSON, M. (1952). *The School of Salamanca: Readings in Spanish Monetary Theory, 1544-1605,* Clarendon Press.

GUERREIRO RAMOS, A. (1957). *Introdução crítica à sociologia brasileira,* Editorial Andes.

GUY, ALAIN. (1989). *Panorama de la philosophie Ibero-Américaine du XVIe siècle a nos jours,* Edicions Patiño.

————— (1985). *Histoire de la philosophie espagnole,* Université de Toulouse-La Mirail.

HADDOX, JOHN H. (1970). «Latin America: One and/or Many: A Philosophical Exploration», en E. Jones and F. Dean, eds. *The Americans and Self-Identification,* Texas A & M University Press, pp. 62-75.

HALL, E. T. (1983). *The Dance of Life,* Anchor Books.

Handbook of Latin American Studies, (1935-present). University of Florida Press.

HANKE, LEWIS (1974). *All Mankind is One: A Study of the Disputation Between Bartolomé de Las Casas and Juan Ginés de Sepúlveda in 1550 on the Intellectual and Religious Capacity of the American Indians,* Northern Illinois University Press.

HANNISCH ESPÍNDOLA, WALTER (1963). *En torno a la filosofía en Chile, 1594-1810,* Universidad Católica de Chile.

HARE, PETER H., ed. (1988). *Doing Philosophy Historically,* Prometheus Books.

HARRIS, LEONARD, ed. (1988). *Racism: Key Concepts in Critical Theory,* Humanities Press.

HAYES-BAUTISTA, DAVID E. (1983). «On Comparing Studies of Different Raza Populations», *American Journal of Public Health* 73: 274-276.

————— (1980). «Identifying "Hispanic" Populations: The Influence of Research Methodology upon Public Policy», *American Journal of Public Health* 70: 353-356.

HAYES-BAUTISTA, DAVID E., y CHAPA, JORGE (1987). «Latino Terminology: Conceptual Bases for Standardized Terminology», *American Journal of Public Health* 77: 61-68.

HEIDEGGER, MARTIN (1962). *Being and Time,* trad. J. Macquarie y E. Robinson, Harper Books.

HELG, ALINE (1990). «Race in Argentina and Cuba, 1880-1930: Theory, Policies, and Popular Reaction», en Richard Graham, ed. *The Idea of Race en Latin America, 1870-1940,* University of Texas Press, pp. 36-69.

HEREDIA, ANTONIO (1994). «Hispanismo filosófico: Problemas de su constitución», en José L. Abellán, ed., *Identidades culturales en el cambio de siglo,* Trotta, pp. 133-142.

————— (1987). «Espacio, tiempo y lenguaje de la filosofía hispánica», en Eudaldo Forment, ed., *Filosofía de Hispanoamérica: Aproximación al panorama actual,* PPU, pp. 43-59.

HERNÁNDEZ LUNA, JUAN (1956). *Samuel Ramos (su filosofar sobre México),* Universidad Nacional Autónoma de México.

HERNÁNDEZ, RAMONA y TORRES-SAILLANT, SILVIO (1992). «Marginality and Schooling: Editor's Foreword», *Punto 7 Review: A Journal of Marginal Discourse* 2: 1-7.

HINTIKKA, JAAKO (1997). «Letter to the Editor», *Proceedings and Addresses of The American Philosophical Association* 70, 5: 169-170.

Historia de la Iglesia Católica (1953). Biblioteca de Autores Cristianos.

HOFSTEDE, G. (1980). *Culture's Consequences: International Differences in Work-Related Values,* SAGE.

HOROWITZ, DONALD L. (1975). «Ethnic Identity», en N. Glazer y D. P. Moynihan, eds. *Ethnicity: Theory and Experience,* Harvard University Press, pp. 111-140.

HOUNTONDJI, PAULIN J. (1991). «African Philosophy: Myth and Reality», en Tsenay Serequeberhan, ed. African Philosophy: The Essential Readings, Paragon House, pp. 111-131.

HUME, DAVID (1905). «Of Natural Characters», en *Hume's Essays,* Routledge, pp. 144-158.

Ideas en torno de Latinoamérica (1986). 2 vols., Universidad Nacional Autónoma de México.

International Directory of Philosophers and Philosophy (1996). Philosophy Documentation Center, University of Bowling Green.

IRIARTE, J. (1948). «La proyección sobre Europa de una gran metafísica, o Suárez en la filosofía en los días del Barroco», *Razón y Fe,* número extraordinario: 229-263.

ISAACS, HAROLD R. (1975). «Basic Group Identity», en Nathan Glazer y Daniel P. Moynihan, eds. *Ethnicity: Theory and Experience,* Harvard University Press, pp. 29-52.

JAKSIĆ, IVÁN. (1996). «The Machine and the Spirit: Anti-Technological Humanism in Twentieth-Century Latin America», *Revista de Estudios Hispánicos* 30:179-201.

JAFFE, A. J., *et al.* (1980). *The Changing Demography of Spanish America,* Academic Press.

JOHN DUNS SCOTUS (1963). *Philosophical Writings,* ed. Allan Wolter, Nelson

JUAN DE SANTO TOMÁS (1930). *Cursus philosophicus,* 3 vols., ed. B. Reiser, Marietti.

JONES, W. T. (1952-69). *A History of Western Philosophy,* Harcourt.

JORRÍN, MIGUEL, y MARTZ, JOHN D. (1970). *Latin American Political Thought and Ideology,* University of North Carolina Press.

KLOR DE ALBA, JORGE (1988). «Telling Hispanics Apart: Latino Socio-cultural Diversity», en E. Acosta-Belén y B. R. Sojstrom, eds. *The Hispanic Experience in the United States: Contemporary Issues and Perspectives,* Praeger, pp. 107-136.

KNIGHT, ALAN (1990). «Racism, Revolution, and Indigenismo: Mexico, 1910-1940», in Richard Graham, ed. *The Idea of Race in Latin America,* 1870-1940, University of Texas Press, pp. 71-113.

KOZOL, JONATHAN (1995). *Amazing Grace: The Lives of Children and the Conscience of a Nation,* Harper Perennial.

KRETZMAN, NORMAN, *et al.,* eds. (1982). *The Cambridge History of Later Medieval Philosophy,* Cambridge University Press.

KRIPKE, SAUL (1981). *Naming and Necessity,* Harvard University Press.

KRISTELLER, PAUL OSKAR (1979). *Renaissance Thought and Its Sources,* Columbia University Press.

———— (1961). *Renaissance Thought: The Classic, Scholastic, and Humanistic Strains,* Harper and Brothers.

KUSCH, MARTIN, ed. (2000). *The Sociology of Philosophical Knowledge,* Routledge.

KUSCH, RODOLFO (1975). *América profunda,* Editorial Bonum.

LADD, JOHN (1997). «Philosophical Reflections on Race and Racism», *American Behavioral Scientist* 41, 2: 212-222.

LARROYO, FRANCISCO (1958). *La filosofía americana: su razón y su sin razón de ser,* Universidad Nacional Autónoma de México.

LATIN AMERICAN SUBALTERN STUDIES GROUP (1995). *Founding Statement,* en J. Beverly,

M. Aronna, y J. Oviedo, eds., *The Postmodernism Debate in Latin America*, Duke University Press, pp. 135-146.

LAS CASAS, BARTOLOMÉ DE (1992). *In Defense of the Indians*, trad. y ed. Stafford Poole, C. M., Northern Illinois University Press.

LIONETT, FRANÇOISE (1989). *Autobiographical Voices: Race, Gender, Self-Portraiture*, Cornell University Press.

LOCKE, ALAIN LEROY (1992). *Race Contacts and Interracial Relations: Lectures on the Theory and Practice of Race*, ed. Jeffrey C. Stewart, Howard University Press.

LOWRY, I. S. (1984). «The Science and Politics of Ethnic Enumeration», in W. A. Van Horne, ed. Ethnicity and Public Policy, University of Wisconsin Press.

MANDT, A. J. (1990). «The Inevitability of Pluralism: Philosophical Practice and Philosophical Excellence», en Avner Cohen y Marcelo Dascal, eds. *The Institution of Philosophy: A Discipline in Crisis*, Open Court, pp. 77-101.

MAÑACH, JORGE (1975). *Frontiers in the Americas: A Global Perspective*, trad. Philip H. Phenix, Teachers College-Columbia University.

MARÍN, G. (1984). «Stereotyping Hispanics: The Differential Effect of Research Method, Label and Degree of Contact», *International Journal of International Relations* 8: 17-27.

MARÍN, G., y TRIANDIS, H. C. (1985). «Allocentrism as an Important Characteristic of the Behavior of Latin Americans and Hispanics», en R. Díaz-Guerrero, ed. *Cross-cultural and National Studies in Social Psychology*, Elsevier Science Publishers, pp. 85-104.

MARÍN, G., y VANOSS MARÍN, B. (1991). *Research with Hispanic Populations*, SAGE.

MARTÍ, JOSÉ (1977). *Our America: Writings on Latin America and the Struggle for Cuban Independence*, ed. Philip S. Foner, trad. Elinor Randall, et al., Monthly Review Press.

——— (1963). «Nuestra América», en *Obras completas*, Editorial Nacional de Cuba, vol. 6, pp. 15-23.

——— (1946). «La verdad sobre los Estados Unidos», en *Obras completas*, Editorial Lex, vol. 1, pp. 2035-2038.

MARTÍ, OSCAR (1984). «Is There a Latin American Philosophy?», *Metaphilosophy* 14: 46-52.

MARTÍNEZ-ECHAZÁBAL, LOURDES (1998). «Mestizaje and the Discourse of National/ Cultural Identity in Latin America, 1845-1959», *Latin American Perspectives* 25: 21-42.

MARTÍNEZ ESTRADA, EZEQUIEL (1953). *Radiografía de la pampa*, Losada.

MAYZ VALLENILLA, ERNESTO (1976). *Latinoamérica en la encrucijada de la técnica*, Universidad Simón Bolívar.

——— (1969). El problema de América, Universidad Central de Venezuela.

MCWILLIAMS, CAREY (1990). *North from Mexico: The Spanish-Speaking People of the United States*, Greenwood Press.

MEDINA, VICENTE (1992). «The Possibility of an Indigenous Philosophy: A Latin American Perspective», American Philosophical Quarterly 29, 4: 373-380.

MÉNDEZ PLANCARTE, GABRIEL (1946). *Humanismo mexicano del siglo XVI*, Universidad Nacional Autónoma de México.

MENDIETA, EDUARDO (1997). «Identity and Liberation», *Peace Review* 9, 4: 494-502.

«Mexico», (1993), en *The New Encyclopaedia Britannica*, Encyclopaedia Britannica, vol. 8, pp. 79-81.

MICHALSKI, K. (1969) *La philosophie au XIVe siècle: Six ètudes*, Minerva.

MIGNOLO, WALTER (1995). «On Describing Ourselves Describing Ourselves: Comparatism, Differences, and Pluritopic Hermeneutics», en *The Darker Side of the Renaissance: Literacy, Territoriality and Colonization*, University of Michigan Press, pp. 1-25.

———— (1995a). «Occidentalización, Imperialismo, Globalización: Herencias coloniales y teorías postcoloniales», *Revista Iberoamericana* 170-171: 27-40.

———— (1993). «Colonial and Postcolonial Discourse: Cultural Critique or Academic Colonialism?» *Latin American Research Review* 28: 120-134.

MILL, JOHN STUART (1872). *A System of Logic*, Longmans.

MILLER, ROBIN, L. (1992). «The Human Ecology of Multiracial Identity», en Marla P. P. Root, ed. *Racially Mixed People in America*, SAGE, pp. 24-36.

MINH-HA, TRINH T. (1991). *When the Moon Waxes Red*, Routledge.

«A Minority Worth Cultivating» (1998). *The Economist* (abril 25), p. 21.

MIRÓ QUESADA, FRANCISCO (19). «La filosofía de lo americano: treinta años después», en varios autores, *Ideas en torno a Latinoamérica*, vol. 2, pp. 1024-1034.

———— (1976). *El problema de la filosofía latinoamericana*, Fondo de Cultura Económica.

MONTALBÁN, FRANCISCO J., *et al.* (1963). *Historia de la Iglesia Católica en sus cuatro edades: Antigua, media, nueva, moderna*, Biblioteca de Autores Cristianos.

MOORE, JOAN, y PACHÓN, HARRY (1985). *Hispanics in the United States*, Prentice-Hall.

———— (1976). Mexican-Americans, Prentice Hall.

MORALES PADRÓN, F. (1955). *Fisonomía de la conquista indiana*, Escuela de Estudios Hispanoamericanos de Sevilla.

MOREJÓN, NANCY (1982). *Nación y mestizaje en Nicolás Guillén*, Unión Nacional de Escritores y Artistas de Cuba.

MÖRNER, MAGNUS (1967). *Race Mixture in the History of Latin America*, Little, Brown.

MORSE, RICHARD (1964). «The Heritage of Latin America», en L. Hartz, ed. *The Founding of New Societies*, Harcourt, Brace and World, pp. 123-177.

MURGUIA, EDWARD (1991). «On Latino/Hispanic Ethnic Identity», *Latino Studies Journal* 2: 8-18.

NASCIMENTO, AMÓS (1997). «Identities in Conflict? Latin (African) American», *Peace Review* 9, 4: 489-495.

NATIONAL RESEARCH COUNCIL (1987). *Summary Report: Doctorate Recipients from the United States Universities, Appendix C*, National Academy Press, pp. 66-71.

NELSON, C., y TIENDA, MARTA (1985). «The Structuring of Hispanic Identity: Historical and Contemporary Perspectives», *Ethnic and Racial Studies* 8, 1: 49-74.

NICOL, EDUARDO (1988). «Meditación del propio ser: La hispanidad», en Jorge J. E. Gracia y Iván Jaksiç, *Filosofía e identidad cultural en América Latina*, pp. 231-263.

———— (1961). *El problema de la filosofía hispánica*, Tecnos.

NOREÑA, CARLOS (1955). *Studies in Spanish Renaissance Thought*, M. Nijhoff.

OBOLER, SUZANNE (1995). *Ethnic Labels, Latino Lives: Identity and the Politics of (Re)Presentation in the United States*, University of Minnesota Press.

O'GORMAN, EDMUNDO (1961). *The Invention of America: An Inquiry into the Historical Nature of the New World and the Meaning of Its History*, Indiana University Press, originalmente publicado en 1958.

O'GORMAN, EDMUNDO (1951). *La idea del descubrimiento de América,* Universidad Nacional Autónoma de México.

OLIVAS WESTON, ROSARIO, ed. (1993). *Cultura, identidad y cocina en el Perú,* Universidad San Martín de Porres.

ONYEWUENYI, INNOCENT (1991). «Is There an African Philosophy?», en Tsenay Serequeberhan, ed. *African Philosophy: The Essential Readings,* Paragon House, pp. 26-46.

ORREGO, ANTENOR (1986). «La configuración histórica de la circunstancia americana», en varios autores, *Ideas en torno de Latinoamérica,* Universidad Nacional Autónoma de México, vol. 2, pp. 1380-1407.

ORTEGA Y GASSET, JOSÉ (1964). *Obras completas,* 11 vols., Revista de Occidente.

―― (1964a). *El hombre y la gente,* en *Obras completas,* Revista de Occidente, vol. 7, pp. 69-271.

(1957). *Meditación de la técnica,* Revista de Occidente.

ORTIZ, FERNANDO (1991). *Estudios etnosociológicos,* Ciencias Sociales.

―― (1983). *Contrapunto cubano del tabaco y el azúcar,* Ciencias Sociales.

―― (1952). «La transculturación blanca de los tambores negros», *Archivos Venezolanos de Folklore* 1, 2: 235-256.

―― (1940). «Los factores humanos de la cubanidad», *Revista Bimestre Cubana* 11, 2: 161-186.

―― (1911). *La reconqusta de América,* Ollendorf.

OTTOCAR, ROSARIOS (1966). *América Latina: Veinte repúblicas, una nación,* Emecé Editores.

OUTLAW, LUCIUS (1996) *On Race and Philosophy,* Routledge.

PADILLA, AMADO M., ed. (1995). *Hispanic Psychology: Critical Issues in Theory and Research,* SAGE.

PADILLA, FÉLIX (1985). *Latino Ethnic Consciousness: The Case of Mexican Americans and Puerto Ricans in Chicago,* University of Notre Dame Press.

PAPPAS, GREGORY (1998). «The Latino Character of American Pragmatism», *Transactions of the Charles S. Peirce Society* 34, 1: 93-112.

PARSONS, TALCOTT (1975). «Some Theoretical Considerations on the Nature and Trends of Change of Ethnicity», en N. Glazer and D. P. Moynihan, eds. *Ethnicity: Theory and Experience,* Harvard University Press, pp. 53-83.

PARÍS POMBO (1990). *Crisis e identidades colectivas en América Latina,* Plaza y Valdés.

PAZ, OCTAVIO (1961). *El laberinto de la soledad,* Cuadernos Americanos, trad. Lysander Kemp (1961). *The Labyrinth of Solitude: Life and Thought in Mexico,* Grove Press.

PEREÑA, LUCIANO (1992). *The Rights and Obligations of Indians and Spaniards in the New World,* Universidad Pontificia de Salamanca and Catholic University of America Press.

PÉREZ STABLE, E. J. (1987). «Issues in Latino Health Care», *Western Journal of Medicine* 146: 213-218.

«Philosophy in America in 1994» (1996). *Proceedings and Addresses of The American Philosophical Association* 70, 2: 131-153.

PINTA LLORENTE, M. DE LA (1953-58). *La Inquisición española y los problemas de la cultura y de la intolerancia,* Ediciones Cultura Hispánica.

POPKIN, RICHARD (1964). *The History of Scepticism from Erasmus to Descartes,* Van Gorcum.

Proceedings and Addresses of The American Philosophical Association 61, 2 (1987); 65, 5 (1992); 66, 5 (1993); 70, 1 y 2 (1996).

QUESADA, VICENTE G. (1910). *La vida intelectual en la América española durante los siglos XVI, XVII y XVIII,* Arnoldo Moen y Hermano.

QUINE, W. V. O. (1987). «Indeterminacy of Translation Again», *Journal of Philosophy* 84, 5-10.

———— (1973). *The Roots of Reference,* Open Court.

———— (1971). «On What There Is», en Charles Landesman, ed. *The Problem of Universals,* Basic Books, pp. 215-227.

———— (1970). «On the Reasons for the Indeterminacy of Translation», *Journal of Philosophy* 67, 178-183.

———— (1969). «Ontological Relativity», en *Relativity and Other Essays,* Columbia University Press, pp. 69-90.

———— (1953). *From a Logical Point of View,* Harvard University Press, pp. 1-19.

QUIJANO, ANÍBAL (1995). «Modernity, Identity, and Utopia in Latin America», en J. Beverly, M. Aronna, y J. Oviedo, eds. *The Postmodernist Debate in Latin America,* Duke University Press, pp. 201-216.

RAMA, ANGEL (1984). *La ciudad letrada,* Ediciones del Norte.

———— (1982). *Transculturación narrativa en América Latina,* Siglo XXI.

RAMOS, SAMUEL (1963). *El perfil del hombre y la cultura en México,* Universidad Nacional Autónoma de México.

———— (1962). *Hacia un nuevo humanismo: Programa de una antropología filosófica,* Fondo de Cultura Económica, originalmente publicado en 1940.

———— (1951). «En torno a las ideas sobre el mexicano», *Cuadernos Americanos* 10: 103-114.

———— (1949). «La cultura y el hombre en México», Filosofía y Letras 36: 175-185.

———— (1943). *Historia de la filosofía mexicana,* Imprenta Universitaria.

RAMSDEN, H. (1974). *The 1898 Movement in Spain,* Manchester University Press.

REDMOND, WALTER, y BEUCHOT, MAURICIO (1987). *Pensamiento y realidad en Alonso de la Vera Cruz,* Universidad Nacional Autónoma de México.

———— (1985). *La lógica mexicana en el Siglo de Oro,* Universidad Nacional Autónoma de México.

RIBEIRO, DARCY (1971). *The Americas and Civilization,* Dutton.

RIVANO, JUAN (1971). «Proposiciones sobre la totalización tecnológica», en *En el Límite* 1: 46-64.

———— (1965). *El punto de vista de la miseria,* Universidad de Chile.

RODÓ, JOSÉ ENRIQUE (1957). *Obras completas,* Editorial Aguilar.

———— (1957a). *Ariel,* en *Obras completas,* Editorial Aguilar, pp. 226-237, trad. F. J. Stimson (1922). Ariel, Riverside Press.

RODRÍGUEZ, RICHARD (1981). *Hunger of Memory: The Education of Richard Rodriguez.* An Autobiography, D. R. Godine.

ROIG, ARTURO ANDRÉS (1993). *Rostro y filosofía de América Latina,* EDIUNC.

———— (1986). "The Actual Function of Philosophy in Latin America», en Jorge J. E. Gracia, ed. *Latin American Philosophy in the Twentieth Century,* Prometheus Books, pp. 247-259.

ROMANELL, PATRICK (1954). *La forma de la mentalidad mexicana: Panorama actual de la filosofía en México,* El Colegio de México.

ROMERO, FRANCISCO (1964). *Theory of Man,* trad. William Cooper, University of California Press.

ROOT, MARLA P. P., ed. (1992). *Racially Mixed People in America,* sage.

ROSENBLAT, ANGEL (1954). *La población indígena y el mestizaje en América,* 2 vols. Editorial Nova.

RUCH, E. A. (1981). "African Philosophy: The Origins of the Problem», en E. A. Ruch and K. C. Anyanwu, eds. *African Philosophy: An Introduction to the Main Philosophical Trends in Contemporary Africa,* Catholic Book Agency, pp. 180-198.

RUSSELL, BERTRAND (1956). *Logic and Knowledge, Essays 1901-1950,* ed. R. C. Marsh, Allan and Unwin.

—— (1948). *Human Knowledge: Its Scope and Limits,* Simon and Schuster.

SALAZAR BONDY, AUGUSTO (1986). «The Meaning and Problem of Hispanic American Thought», en Jorge J. E. Gracia, ed., *Latin American Philosophy in the Twentieth Century,* Prometheus Books, pp. 233-244.

—— (1969). *Sentido y problema del pensamiento hispano-americano,* con trad. al inglés de Arthur Berdtson, University of Kansas Center for Latin American Studies.

—— (1968). *¿Existe una filosofía de nuestra América?* Siglo XXI.

SALMERÓN, FERNANDO (1980). «Los filósofos mexicanos del siglo xx», en *Cuestiones educativas y páginas sobre México,* Universidad Veracruzana, pp. 138-181.

—— (1969). «Notas al margen del sentido y problema del pensamiento hispano-americano», en Augusto Salazar Bondy, *Sentido y problema del pensamiento filosófico hispanoamericano,* University of Kansas Center of Latin American Studies.

—— (1958). «Los problemas de la cultura mexicana desde el punto de vista de la filosofía», *La Palabra y el Hombre 6*; reimp. en (1980). *Cuestiones educativas y páginas sobre México, Universidad Veracruzana,* pp. 135-137.

—— (1952). «Una imagen del mexicano», Filosofía y Letras 41-42; rep. in (1980). *Cuestiones educativas y páginas sobre México,* Universidad Veracruzana, pp. 197-209.

SALMON, NATHAN (1989). «Names and Descriptions», en D. Gabbay y F. Guenthner, eds. *Handbook of Philosophical Logic. Vol. IV: Topics in the Philosophy of Language,* Reidel, pp. 409-461.

SAMBARINO, MARIO (1980). *Indentidad, tradición, autenticidad: Tres problemas de América Latina,* Centro de Estudios Latinoamericanos Rómulo Gallegos.

SÁNCHEZ-ALBORNOZ, C. (1956). *España, un enigma histórico,* 2 vols., Editorial Sudamericana.

SARMIENTO, DOMINGO FAUSTINO (1998). *Facundo: Civilization and Barbarism,* Penguin Books.

SCHMITT, CHARLES B., *et al.,* eds. (1988). *The Cambridge History of Renaissance Philosophy,* Cambridge University Press.

SCHUTTE, OFELIA (2000). «Negotiating Latina Identities», en Jorge J. E. Gracia y Pablo De Greiff, *Ethnic Identity, Race, and Group Rights: Hispanics in the US,* pp. 61-75.

—— (1993). *Cultural Identity and Social Liberation in Latin American Thought,* SUNY Press.

—— (1987). «Toward an Understanding of Latin-American Philosophy: Reflections on the Foundations of Cultural Identity», *Philosophy Today* 31: 21-34.

SCHWARTZMANN, FÉLIX (1950, 1953). *El sentimiento de lo humano en América,* 2 vols., Universidad de Chile.

SCORRAILLE, RAOUL (1912). *François Suárez de la Compagnie de Jésus,* 2 vols., P. Lethielleux.

SEARLE, JOHN R. (1984). *Intentionality: An Essay in the Philosophy of Mind,* Cambridge University Press.

SEDILLO LÓPEZ, ANTOINETTE (1995). *Historical Themes and Identity: Mestizaje and Labels.* Latinos in the United States: History, Law and Perspective Series, vol. 1, Garland Publishing.

SEED, PATRICIA (1993). «More Colonial and Postcolonial Discourses», *Latin American Research Review* 28: 146-152.

SHORRIS, EARL (1992). *Latinos: A Biography of the People,* W. W. Norton.

SIERRA BRAVO, R. (1975). *El pensamiento social y económico de la escolástica desde sus orígenes al comienzo del catolicismo social,* 2 vols., Consejo Superior de Investigaciones Científicas.

SOLANA, MARCIAL (1941). *Historia de la filosofía española: Epoca del Renacimiento (siglo XVI),* 3 vols., Real Academia de Ciencias Exactas, Físicas y Naturales.

STABB, MARTIN (1967). *In Quest of Identity: Patterns in the Spanish-American Essay of Ideas,* 1890-1960, University of North Carolina Press.

STAVANS, ILAN (1995). *The Hispanic Condition: Reflections on Culture and Identity in America,* HarperCollins.

STEPHAN, COOKIE WHITE (1992). «Mixed-Heritage Individuals: Ethnic Identity and Trait Characteristics», en Marla P. P. Root, ed. *Racially Mixed People in America,* SAGE, pp. 50-63.

SZALAY, LORAND B. y DÍAZ-GUERRERO, ROGELIO (1985). «Similarities and Differences between Subjective Cultures: A Comparison of Latin, Hispanic, and Anglo Americans», en Rogelio Díaz-Guerrero, ed. *Cross-cultural and National Studies in Social Psychology,* North-Holland, pp. 105-132.

TAYLOR, CHARLES (1984). «Philosophy and Its History», en Richard Rorty, *et al.,* eds. *Philosophy in History: Essays in the Historiography of Philosophy,* Cambridge University Press, pp. 17-30.

TAYLOR, DICEY, *et al.* (1998). «Epilogue: The Beaded Zemí in the Pigorini Museum», en Fatima Bercht, *et al. Taíno: Pre-Columbian Art and Culture in the Caribbean,* El Museo del Barrio, pp. 158-169.

THERNSTROM, STEPHAN (1982). «Ethnic Groups in American History», en *Ethnic Relations in America,* Prentice Hall, pp. 3-27.

TIENDA, M., y ORTÍZ, V. (1986). «Hispanicity and the 1980 Census», *Social Sciences Quarterly* 67, 3-20.

TRENTMAN, JOHN (1982). «Scholasticism in the Seventeenth Century», en Norman Kretzman, *et al.,* eds. *The Cambridge History of Later Medieval Philosophy,* Cambridge University Press, pp. 835-837.

TREVIÑO, FERNANDO (1987). «Standardized Terminology for Hispanic Populations», *American Journal of Public Health* 77: 69-72.

TRIANDIS, H. C., *et al.* (1984). «Simpatía as a Cultural Script of Hispanics», *Journal of Personality and Social Psychology* 47: 1363-1375.

TODOROV, TZVETAN (1984). *The Conquest of America: The Quest of the Other,* trad. Richard Howard, Harper and Row.

UNAMUNO, MIGUEL DE (1968). «Hispanidad», en *Obras completas*, Excélsior, vol. 4, pp. 1081-1084.

USA Today, August 8, 1997.

U.S. Bureau of the Census (1996). *Statistical Abstracts of the United States, 1996*, US Government Printing Office.

———— (1988). *Development of the Race and Ethnic Items for the 1990 Census*, Population Association of America.

VASCONCELOS, JOSÉ (1957). *Obras completas*, 4 vols., Libreros Mexicanos.

———— (1957a). *La raza cósmica*, en *Obras completas*, Libreros Mexicanos, vol. 2, pp. 903-942.

———— (1937). *Historia del pensamiento filosófico*, Imprenta Universitaria.

———— (s.f.). *Indología: una interpretación de la cultura iberoamericana*, Agencia Mundial de Librería.

VEGA, BERNARDO (1984). *Memoirs of Bernardo Vega: A Contribution to the History of the Puerto Rican Community in New York*, ed. César Andreu Iglesias, trad. Juan Flores, Monthly Review Press.

VEGA, INCA GARCILASO DE LA (1959). *Comentarios Reales de los Incas*, Emecé.

VIDAL, HERNÁN (1993). «The Concept of Colonial and Postcolonial Discourse: A Perspective from Literary Criticism», *Latin American Research Review* 28: 113-119.

VILLEGAS, ABELARDO (1963). *Panorama de la filosofía iberoamericana actual*, Editorial Universitaria de Buenos Aires.

———— (1960). *La filosofía de lo mexicano*, Fondo de Cultura Económica.

VILLORO, LUIS (1950). *Los grandes momentos del indigenismo en México*, El Colegio de México.

VINCENT, JOAN (1974). «The Structuring of Ethnicity», *Human Organization* 33, 4: 375-379.

VITORIA, FRANCISCO DE (1917). *De indis et De iure belli relectiones*, ed. Ernest Nip, The Carnegie Institution of Washington.

VOBEJDA, BARBARA (1998). «Hispanic Children Are Leading Edge of the U.S. Demographic Wave», *Washington Post*, reimp. *Buffalo News*, julio 15, A-6.

Webster's Third New International Dictionary (1966). Encyclopaedia Britannica.

Webster's Third New International Dictionary (1961). G. & C. Merriman Co.

WEYR, THOMAS (1988). *Hispanic U.S.A.: Breaking the Melting Pot*, Harper and Row.

WINDELBAND, WILHELM (1958). *A History of Philosophy*, 2 vols., Harper and Brothers.

WIREDU, KWASI (1991). «On Defining African Philosophy», en Tsenay Serequebarhan, ed. *African Philosophy: The Essential Readings*, Paragon House, pp. 87-110.

WITTGENSTEIN, LUDWIG (1965). *Philosophical Investigations*, trad. G. E. M. Anscombe, Macmillan.

———— (1961). *Tractatus Logico-Philosophicus*, trad. D. F. Pears and B. F. McGuiness, Routledge and Kegan Paul.

ZACK, NAOMI, ed. (1996). *Race/Sex*, Routledge.

———— ed. (1995). *America Mixed Race: The Culture of Microdiversity*, Rowman & Littlefield.

———— (1993). *Race and Mixed Race*, Temple University Press.

ZEA, LEOPOLDO (1996). *La filosofía americana como filosofía sin más*, Siglo XXI.

———— (1983). *América como conciencia*, Universidad Nacional Autónoma de México.

242 *Identidad hispánica / latina*

ZEA, LEOPOLDO (1978). *Filosofía de la historia americana,* Fondo de Cultura Económica.
—— (1968). *El positivismo en México: Nacimiento, apogeo, y decadencia,* Fondo de Cultura Económica.
ed. (1968). *Antología de la filosofía americana contemporánea,* B. Costa Amic.
—— (1963). *The Latin American Mind, trad.* James H. Abbott and Lowel Dunham, University of Oklahoma Press.
—— (1948). *Ensayos sobre filosofía en la historia,* Stylo.